Viktor Farkas

Geheimsache Zukunft
Von Atlantis zur hohlen Erde

Viktor Farkas

GEHEIMSACHE ZUKUNFT
Von Atlantis zur hohlen Erde

Michaels Verlag

Alle Rechte der Verbreitung, auch durch Film, Funk und
Fernsehen, durch Nachdruck, Kopie oder
Datenverarbeitungsanlagen aller Art, sind vorbehalten.

Titelgestaltung: Petra Friebel

ISBN: 3-89539-074-7

2. überarbeitete Auflage
10/2004

Michaels Verlag
Ammergauer Str. 80
86971 Peiting
Tel.: 08861-59018, Fax: 08861-67091
www.michaelsverlag.de
e-mail: mvv@michaelsverlag.de

Inhalt

Vorwort: Vor dem Abgrund? 7

TEIL I:
Menschheit wohin? - Fünf Minuten nach Zwölf 13

Am Scheideweg 15 * Aussterben durch Vermehrung? 18 * Wenn die Erde stirbt 21 * Was nicht mehr werden kann 23 * Krieg gegen den Durst 25 * Vom Artenmord zum Selbstmord 26 * Der Mensch als Amokläufer 28 * Das „Orakel" von Green Bank 30 * Ein überlegener Menschentyp? 32 * Wir sind nicht die einzigen - mehrere Evolutionen 36

Teil II:
Versunkene Reiche - Unsichtbare Geschichte 39

Die Legende von „Thule"... 41 * ...und ihre dunkle Seite 43 * Sehnsucht nach Atlantis 48 * Ein achter Kontinent? 55 * Archäologische Ungereimtheiten 62 * Wenn Völker sich erinnern 64 * Im Flug von Hyperborea um die Welt 67* Sich verändernde Landkarten 71 * Die Atlantis-Debatte 74 * Die Aale von Atlantis 75 * Das Wort „Atlantis" 78 * Zwei identische Berichte 82 * Von der Arktis nach Amazonien 84 * Kennen die Hopi die Vergangenheit und die Zukunft? 85 * Hat der jüngste Tag wirklich stattgefunden? 89 * Ein wenig bekannter Atlantis-Forscher 97 * Heinrich Schliemanns geheimes Testament 99 * Schliemann II sucht Atlantis 100 * Der König von Atlantis 101 * Das Atlantis-Papyrus 103 * Die Spur der Überreste aus Atlantis 106 * Ein neuer Schliemann 108 * Pyramidengeheimnisse 110 * „Verbranntes Dunkel" 113 * Sonne, Schlange und Trinität 119 * Frappierende Übereinstimmungen 122 * Hat man das Erbe von Atlantis bereits gefunden? 127 * Rätselhafte Tiere 131

Teil III:
Geheimes Wissen - Entschleierte Vergangenheit 135

Sprechende Köpfe, Roboter und Zauberspiegel 137 * Ewige Lichter 140* Wissensvernichtung 143 * Götterkriege 146 * Schlachtfeld Erde 152 * Das Waffenarsenal der Götter 159 * Beweise in Glas 162

TEIL IV:
Die „Anderen" unter uns - Abweichler oder Fremde? 167

Schlafende Programme 169 * Kaspar Hauser - der Junge aus dem Irgendwo 171 * Wunderkinder und darüber hinaus... 173 * Das Netzwerk der „Anderen" 176 * Leben Unsterbliche unter uns? 179 * Atlantis lebt 183 * Überleben im Bauch der Erde 185 * Shangri La, Agharti, Shamballah 188* Der König der Welt 193 * Eine anachronistische Vision 199 * Rishis - prophetische Vorfahren in fliegenden Wagen 202 * Die Spur der Großen Alten 208 * Wächter der Menschheit? 209 * Spuren und Hinweise 212 * Die Erde ist hohl 214 * Ein Tunnelsystem rund um die Welt 219 * Unterirdisches „Utopia" 225 * Vril - Macht aus fernen Tagen 230 * Utopia mit kleinen Fehlern 238 * Reise ins Herz des Geheimnisses 249 * Berichte der anderen Art 252 * Atlantis erwacht 257 * Verdichtete Elektrizität 258 * Die Blackpool/Ägypten-Connection 261 * Nonas Warnung 264

Ausklang 266
Retter aus der Vergangenheit? Es ist fünf nach Zwölf 266 * Nur ein Roman? 267

Resümee: Indizien für Hartnäckige 272
Bibliographie und weiterführende Literatur 280
Register 287

Vorwort: Vor dem Abgrund?

„Ich glaube nicht, dass die Menschheit
dieses Jahrtausend überleben wird."
Stephen Hawking im September 2000
in Edinburgh anlässlich der
Vorstellung seines neuen Buches
„The Universe in a Nutshell".

Die Ehrlichkeit verlangt es, abseits der phantastischen Hoffnungen für das Dritte Jahrtausend, auch der harten Realität ins Auge zu schauen, die dem neckischen Sprichwort „Gibt der Herr das Haserl, gibt er auch das Graserl" leider nicht gerecht wird. Vielleicht sollte man sich lieber die überlieferten Worte eines namentlich nicht genannten Theologen zu Herzen nehmen: „Wir sind eine Epidemie für unseren Planeten." Könnte die Erde sprechen, würde sie dem sicher zustimmen. Wie es scheint, setzt unsere Spezies, die sich selbst unpassenderweise „Homo sapiens", der denkende Mensch, nennt („Homo criminalis" oder „autodestructus" wäre passender), gerade dazu an, die Weltbühne zu verlassen - allerdings erst, wenn alles in Trümmern liegt. Wer nicht der naiven Vorstellung anhängt, der Mensch sei im Grunde gut und man müsse lediglich ideale Rahmenbedingungen schaffen, damit die Einsichtigen einander spontan die Hände reichen, wird schmerzlich erkennen, dass es bereits fünf vor Zwölf ist. Vielleicht sogar fünf nach Zwölf.
Jedermann weiß nicht nur, dass schrankenlose Vermehrung unweigerlich in der Katastrophe mündet, sondern auch, dass Kriege für die Masse der Bürger, also für das Wahlvolk, eine unerquickliche Sache sind, und dass Ressourcen ein Ende haben. Dessen ungeachtet wird permanent Krieg geführt, vermehrt und verschmutzt - jeder Vernunft zum Trotz.
Nun ist das Dritte Jahrtausend da. Und damit das Ende der Beschwichtigungen und Schönfärbereien über die Lage des Planeten und seiner Bewohner. Überall ist der Mensch dabei, die letzten Paradiese mit eiserner Hand zu vernichten (die ersten Inseln versinken bereits aufgrund des Klimawandels). Längst haben wir das fein gesponnene, unsichtbare und sehr empfindliche Beziehungsnetz zwischen uns und

dem „Rest" der Natur (welch passender Ausdruck!) zerrissen. Auf geradezu selbstmörderische Weise beraubt sich der Mensch seiner Existenzgrundlagen. Aber das verwundert nicht wirklich, bedenkt man, wie wir immer schon auch miteinander umgegangen sind.
Denken wir nur an das zwanzigste Jahrhundert, das rätselhafterweise als „fortschrittlich" oder gar „human" angesehen wird. Die einzigen Fortschritte, die darin stattfanden, waren wissenschaftlicher Natur, und auch sie wurden regelmäßig auf das Bestialischste missbraucht. Im zwanzigsten Jahrhundert, das mit dem Völkermord an den Armeniern begonnen hat und mit Massenschlachtungen von Menschen zu Ende gegangen ist, wie man sie seit Dschingis Khan nicht mehr kannte, wurden Kriege immer weniger gegen Soldaten geführt. Neunzig Prozent der Kriegsopfer im überwiegenden Teil des zwanzigsten Jahrhunderts waren Zivilisten, hauptsächlich Frauen, Kinder und Alte. Auf ihre Vernichtung zielten die Bemühungen der jeweiligen Kriegsgegner auch ganz offen ab. Stichwort: „Vernichtung des menschlichen Potentials", „Einsatz der Hungerwaffe" oder was der Monstrositäten noch mehr sind. Ein echter „Fortschritt", bedenkt man, dass an der Wende vom neunzehnten zum zwanzigsten Jahrhundert bei kriegerischen Auseinandersetzungen fünfundneunzig Prozent der Toten Uniform trugen und fünf Prozent Zivilpersonen waren. Mittlerweile hat sich der Prozentsatz umgedreht.
Zyniker äußerten, beim Kosovokrieg von 1999 sei der „Idealwert" von hundert Prozent Nicht-Kombattanten fast erreicht worden, zumindest in Bezug auf die Soldaten der angreifenden NATO, lässt man die Behauptungen über die Folgen der Uran-Munition beiseite. Noch Zynischere betrachten selbst diese Kontroverse als ein weiteres Detail für den immer rasenderen Amoklauf des Menschen gegen den Menschen. Und gegen die Natur, die allerdings bereits durch Seuchen aller Art zurückzuschlagen beginnt.
In AIDS und Ebola, in wiedererwachenden alten Plagen wie Typhus, Tuberkulose oder Pest, aber auch in menschengemachten Katastrophen - Stichwort BSE, Maul- und Klauenseuche und andere Desaster - sehen viele die ersten Zeichen eines Strafgerichtes von geradezu biblischer Dimension. Unwillig und leise geben Fachleute zu, dass die aus all dem zwangsläufig resultierenden Völkerwanderungen, lokalen und internationalen Konflikte zu einem Weltbürgerkrieg - auch mit

Nuklearwaffen - führen können. So sieht es aus im angebrochenen glorreichen Dritten Jahrtausend.

Unsere stammesgeschichtlich bedingte Kurzsichtigkeit hat offensichtlich zur heutigen Lage der Welt geführt, die vernunftbegabten Außerirdischen wie das Werk von Wahnsinnigen erscheinen müsste. Sie würden wohl die antennenbewehrten Köpfe schütteln, oder was sie an deren Stelle haben, angesichts der endlosen Konferenzen und Tagungen über den Niedergang des Ökosystems, und damit der Basis allen Lebens, indessen genau das frisch fröhlich im Gange ist.

Leicht abgewandelt bringt es ein Zitat von Sir Karl Popper auf den Punkt: „Die Philosophen diskutieren über die Existenz der Welt, während sie gerade zur Hölle fährt." Zur „Beruhigung" wird gelegentlich darauf verwiesen, die Natur sei noch viel umweltschädigender als der Mensch, was an die bekannte Diagnose erinnert, ein Patient habe fünf Krankheiten, aber glücklicherweise sind nur drei davon tödlich.

Nur schlagartig ausbrechende Weisheit, gepaart mit der Abkehr vom Eigennutz, könnte die Superkatastrophen verhindern, von denen alle reden. Die Zustände auf unserer Erde scheinen jedoch der schlagende Beweis dafür zu sein, dass sich nirgendwo ein solches Wunder anbahnt. Der Homo sapiens, wie wir ihn kennen, ist offensichtlich nicht imstande, sein Überleben ernsthaft zu sichern. Am oberen Ende unseres Rückenmarks hockt ein „Geschwür" in seiner Schädelkapsel, das dem Homo sapiens die Herrschaft über den Erdenkreis gesichert hat: sein Gehirn. Ihm verdankt er die Macht über Leben und Tod des ganzen Planeten. Die notwendige Vernunft sicherte es ihm allerdings nicht. Der Mensch ist nicht nur ein Parasit der Erde, er ist offensichtlich auch ein überlebensunfähiger, ein dummer Parasit. Clevere Parasiten töten ihre Wirte nämlich nicht. Wir schon. Schlimmer noch, wir tun es im vollen Bewusstsein der Tatsache, dass wir keine zweite Erde im Keller haben. Anscheinend können wir einfach nicht anders.

In dieser Situation delegieren viele die Lösung der Menschheitsprobleme an übermenschliche Helfer. Bevorzugt werden astrale Mächte, seien sie nun himmlischen Ursprungs, gütige Raumbrüder in „feinstofflichen Lichtschiffen", die „Würdige" in im wahrsten Wortsinn höhere Sphären bringen, oder „klassische" Aliens in handfesten Raumschiffen. Kein Rettungsanker scheint zu exotisch.

Selbst nüchterne Alltagsmenschen sind heute bereit, jedes noch so schwache Indiz für bare Münze zu nehmen, dass Außerirdische herbeieilen könnten, um den Karren aus dem Dreck zu ziehen, in den wir ihn nach wie vor hineinfahren. Wobei sich niemand fragt, welchen Grund Nichtmenschen überhaupt haben sollten, eine monströse Spezies wie die unsere zu retten. Schließlich würden wir - wären wir die Überlegenen - mit ihnen zweifellos ebenso umgehen, wie wir das mit unsereinem und mit allen anderen Lebewesen zu tun pflegen. Damit genug der extraterrestrischen Aspekte.

Alle Publikationen zur Alien-Thematik aufeinander gelegt dürften die Höhe eines Berges erreichen. Es ist nicht meine Absicht, ihn durch dieses Buch noch ein Stückchen höher zu machen. Ich möchte vielmehr eine andere Spur verfolgen, für die es zumindest ebenso viele, wenn nicht mehr Indizien gibt wie für das Wirken von Außerirdischen: Die Spur in unsere eigene Vergangenheit.

Wir wissen viel, aber noch lange nicht alles über die Entstehung des Lebens. Immer wieder muss das Alter der Menschheit korrigiert werden. Anfang 2001 verdoppelte es sich durch unerwartete Funde in der Baringo-Region des kenianischen Grabenbruchs „Rift Valley" von drei auf sechs Millionen Jahre. Diese Zeitspanne bietet reichlich Platz für den mehrfachen Aufstieg und Niedergang hoher und höchster Zivilisationen, für das Erlangen und das Vergessen phantastischer Erkenntnisse - aber auch für das Nicht-Vergessen.

Arrogant gehen wir davon aus, das Endprodukt einer kontinuierlichen kulturell-zivilisatorischen Entwicklung zu sein. Und zwar das erste und einzige. Eine ebenso anmaßende wie triste Anschauung, bedenkt man, in welch desaströser Sackgasse diese Entwicklung augenscheinlich mündet. Es gibt jedoch kein Naturgesetz, das Intelligenzen einen Weg vorschreibt, der wie der unsere sehenden Auges in den Untergang führt. Andere, bessere Wege sind möglich. Wir kennen einige davon sehr wohl, schaffen es aber nicht, sie zu beschreiten. Vielleicht wurden diese Wege vor undenklichen Zeiten von unseren Vor-Vorfahren - die im Gegensatz zu uns keine „dummen Parasiten" waren - nicht nur erkannt, sondern auch gegangen.

Folgen Sie mir bei der weder von Ideologie noch von Vorurteilen oder Radikalismus beeinflussten Suche nach einem uralten Menschentyp, der Höhen erklommen haben könnte, vor denen wir noch stehen. Uns ähnliche, aber ungleich weisere Verwandte, die uns vielleicht seit Jahrtausenden am Gängelband führen und möglicherweise seit langem ein Konzept für die Zukunft des Homo sapiens - und der Erde - verfolgen. Anders als artfremde Außerirdische könnten Vertreter einer solchen reiferen Verwandtschaft bereit sein, den Hals der Menschheit aus der Schlinge zu ziehen, die sie seit Jahren so emsig knüpft und sich mittlerweile bereits selbst umgelegt hat. Wie man unvernünftigen Kindern ein gefährliches Spielzeug im letzten Moment aus der Hand nimmt. Alle, die glauben, wir würden nicht jeder Hilfe bedürfen, die wir kriegen können, lade ich zu einem Streifzug durch die Welt im Dritten Jahrtausend ein. Dieser kurze Rundblick in dem globalen Schlacht- und Irrenhaus, in das der „denkende" Mensch seinen Planeten verwandelt hat, der ein Garten Eden sein könnte, zeigt mehr als deutlich, dass es nicht mehr lange so weitergehen kann...

Viktor Farkas

TEIL I: Menschheit wohin?
Fünf Minuten nach Zwölf

„Das Gedächtnis der Menschheit ist
erstaunlich kurz. Ihre Vorstellungskraft
für kommende Leiden
ist fast noch geringer.
Die Abgestumpftheit ist es,
die wir zu bekämpfen haben.
Ihr äußerster Grad ist der Tod."
Bert Brecht

Am Scheideweg

Vorab eine Frage: Was ist der Unterschied zwischen einem Optimisten und einem Pessimisten? Der Optimist ist überzeugt, wir leben in der besten aller möglichen Welten. Der Pessimist fürchtet, dass es tatsächlich so ist.
Aldous Huxley, Autor von „Schöne Neue Welt", stellte vor mehr als sechzig Jahren fest: „Ungelöst wird das Problem der Bevölkerungsexplosion alle anderen Probleme unlösbar machen." Anfang der siebziger Jahre des zwanzigsten Jahrhunderts sagte ein US-Professor namens Ernest E. Snyder mit erstaunlicher Genauigkeit für das Jahr 2000 eine Weltbevölkerung von sechs Milliarden voraus. Man ging damals von einem jährlicher Zuwachs von 50 Millionen aus, der bereits als Alptraum betrachtet wurde. Derzeit drängen Jahr für Jahr etwa achtzig bis hundertzehn Millionen neue Esser in den Selbstbedienungsladen Erde. Wie viele es genau sind, darüber wird gestritten.
Selbst bei „nur" 80 Millionen mehr pro Jahr ist zu befürchten, dass Professor Snyders weitere Prognose, im Jahr 2070 würden sich dreißig Milliarden Menschen gegeneinander pressen, sogar noch übertroffen wird. Allein für die Ableitung der Körperwärme, die von den dichtgedrängten Massen der dreißig Milliarden Erdenbürger erzeugt wird, würde die gesamte Industrieleistung der zukünftigen Erde benötigt werden. Hölle auf Erden.
In meiner bisherigen Lebenszeit (ich bin Jahrgang 1945) hat sich die Menschheit annähernd verdreifacht. Kommentar überflüssig bzw. wurde vor mehr als hundert Jahren schon geäußert, und zwar von Theodor Billroth (1829-1894), dem Begründer der berühmten Wiener Schule der Chirurgie. Seine Worte klingen unangenehm aktuell: „Der medizinische Fortschritt wird die Menschheit durch Überbevölkerung vernichten, sofern er nicht Hand in Hand mit Bevölkerungskontrolle geht." Professor Billroth ist nicht der einzige gewichtige Sorgenmacher und Warner.
Der Geistliche und Geschichtsprofessor Thomas Robert Malthus war der erste Wissenschaftler, der die Gefahr unkontrollierten Bevölkerungszuwachses wissenschaftlich, wenn auch etwas fanatisch

zu erfassen trachtete. Sein oft zitierter und noch öfter missbrauchter Satz aus dem Jahr 1798 „Die Bevölkerung vermehrt sich in geometrischer Reihe, Nahrung nimmt nur in arithmetischer Reihe zu" ist ebenso legendär wie in Verruf geraten.
Ein anderer Wissenschaftler, der Astrophysiker Sir Fredrick Hoyle, hat errechnet, dass die Masse der Menschheit aufgrund ihres vorliegenden Ansteigens in 6000 Jahren größer wäre als die gesamte Materie des bekannten Universums. Der 1992 verstorbene Biochemiker und SF-Autor Isaac Asimov stellte eine parallele Hochrechnung an, die das Jahr, in dem Menschenmasse und Masse des Universums identisch wären, später ansetzt, nämlich „erst" im Jahr 6800. Sehr beruhigend, denn eines muss jedem klar sein: Dazu kann es nicht kommen. Auch nicht zu anderen Szenarien.
Selbst wenn wir nämlich nur etwa ein Viertel dieser 6000 oder 6800 Jahre in die Zukunft blicken, wird uns auch ganz schön mulmig. Bei weiterer Vermehrung, wie sie im Gange ist, wäre das Gesamtgewicht der Menschheit nämlich schon im Jahr 3500 genauso so groß wie das Gesamtgewicht der Erde (immerhin 6700 Trillionen Tonnen). Da die Masse nicht größer, sondern lediglich umgeschichtet, bzw. verdrängt werden kann, wäre die Erde dann - theoretisch - völlig in Menschen umgewandelt und als Planet nicht mehr vorhanden. Ein Menschenball würde um die Sonne kreisen. Kommentar überflüssig.
Die Zunahme der Erdbevölkerung verkörpert in geradezu klassischer Weise das Prinzip exponentiellen Wachstums: Zur Erreichung der ersten Milliarde Anfang des neunzehnten Jahrhunderts brauchte der Homo sapiens über zwei Millionen Jahre. Für die zweite Milliarde benötigte er nicht einmal hundert Jahre . Zur Vertiefung im Detail:
Etwa vor erdgeschichtlich läppischen 6000 Jahren bewohnten um die 20 Millionen Menschen die Erde. Um sich auf 40 Millionen zu verdoppeln, brauchte die Menschheit 2000 Jahre. Zu Christi Geburt hatte sie es erst auf bescheidene 160 Millionen gebracht. Ihre Verdoppelung auf 360 Millionen dauerte weitere 1000 Jahre. Die nächste Verdoppelung beanspruchte 900 Jahre, die übernächste 800 usw. Man erwartet, dass eine Verdoppelung von derzeit 6 auf 12 Milliarden keine zwanzig Jahre dauern wird, die von 12 auf 24 Milliarden nur noch zehn, usw. Immer mehr Menschen verdoppeln sich immer schneller.Es liegt zwar auf der Hand, wird aber dennoch so gut wie ignoriert, dass jeder

Verdoppelung an Menschen auch eine Verdoppelung an Nahrungsmitteln und Güterproduktion gegenüberstehen muss. Soll die Menschheit nicht laufend ärmer, hungriger, ungebildeter und elender werden, muss neben jeder Straße eine zweite gebaut werden, neben jedem Kraftwerk ein weiteres. Noch einmal so viele Wälder müssen abgeholzt, zweimal so viele Atomabfälle gelagert, doppelt so viele Abgase aus Auspuffen und Schornsteinen geblasen, doppelt so viele Dreckberge ins Meer gekippt, doppelt so viel Chemie auf die Felder gesprüht, doppelt so viele unglückliche Tiere in Tierfabriken und Tiertransporte hineingestopft werden. Die Zahl der Krankenhäuser, der Gefängnisse, der Brunnen (und der Wasserklosetts), der Schulen, der Nutztiere, der Bergwerke usw. muss im gleichen Maße ansteigen wie die Zahl der Menschen. Anfang dieses Jahrhunderts konnte man in Medien Berechnungen wie diese lesen: Um den gegenwärtigen ärmlichen Lebensstandard der durchschnittlichen indischen Bevölkerung aufrechtzuerhalten, müsste die Regierung in Neudelhi jedes Jahr rund 127.000 Schulen neu bauen, 373.000 Lehrer neu ausbilden und rund 4 Millionen Arbeitsplätze schaffen. Außerdem zusätzliche 10 Millionen Tonnen Nahrungsmittel herbeischaffen. All das nur, um die jährliche Zuwachsrate in Indien zu versorgen. Die Dramatik der Situation lässt sich an dem in anderen Medien zitierten makabren Beispiel ablesen, das im Britischen Ärztejournal „The Lancet" gemacht worden sein soll: „Der tägliche Abwurf einer Atombombe des Typs, der über Hiroshima barst, würde die Vermehrung (der Weltbevölkerung) kaum mindern. Es wäre dann täglich zwar mit 90.000 Toten zu rechnen, aber am gleichen Tage gäbe es schon wieder 250.000 Neugeborene." Es schaudert einen: Makaberer, um nicht zu sagen morbider, geht es wohl kaum.

Weitere Schlussfolgerungen seien dem Leser überlassen.

Aussterben durch Vermehrung?

Isaac Asimov hat sich nicht nur mit dem Hoyle-Szenario auseinandergesetzt, sondern auch eine Reihe von Überlegungen zum Bevölkerungswachstum angestellt. Darunter eine Berechnung, die ebenso originell wie erschütternd ist. Eines ist sie leider nicht: falsch. Asimov ging von der totalen Masse aller lebendigen Organismen aus, die derzeit etwa zwanzig Billionen Tonnen beträgt (das sind zwanzigtausend Milliarden Tonnen). Rund zehn Prozent davon, also an die zwei Billionen Tonnen, sind Tiere, einschließlich des Homo sapiens, auch wenn wir uns gerne für etwas Besseres halten.

Einen höheren Anteil an tierischem Leben kann es nicht geben, weil ein Verhältnis von 90 Prozent Flora und 10 Prozent Fauna die Grundlage der Balance des Lebens ist. Das pflanzliche Leben muss immer weit überwiegen, da sich Tiere entweder direkt von Pflanzen ernähren oder Pflanzenfresser fressen beziehungsweise andere Fleischfresser, die ihrerseits Pflanzenfresser fressen. Wie vielgliedrig die Kette des Fressen-und-Gefressen-Werdens auch sein mag, am Anfang und am Ende stehen immer die Pflanzen. Nimmt eine Tiergattung zu, wird dafür eine andere weniger. Ein perfektes Gleichgewicht. Jedoch nicht mit unsereinem als Teilnehmer.

Derzeit beträgt die Masse der Menschheit geschätzte dreihundert Millionen Tonnen. Das ist etwas mehr als ein Sechstel Promille der gesamten Fauna. Somit ist das Gesamtgewicht der Tiere ungefähr sechstausend mal so groß als das der Menschheit. Würde die Menschheit um den Faktor sechstausend anwachsen, wäre sie in ihrer Gesamtheit genauso schwer wie es die Gesamtheit aller Tiere früher war, uns eingeschlossen. Die anderen Tiere gäbe es dann allerdings nicht mehr. Wir hätten sie verdrängt. Alle hätten uns durch ihren Tod weichen müssen. Es gäbe absolut keinen Platz mehr für Katzen, Hunde, Nutztiere, Vögel, Pferde, Hühner, Frösche, Heuschrecken, Käfer, Würmer, Fische oder für sonst irgend etwas, das da kreucht und fleucht. Ebensowenig für Bäume, Wiesen, Felder. Wir wären die einzige animalische Spezies auf Erden. Mutterseelenallein und hungrig.

Um die dicht gedrängten hungrigen Mäuler zu füttern, müsste diese Mega-Menschheit alle Pflanzen mit nicht essbaren Teilen beseitigen

und statt dessen einen Mikroorganismus züchten, um sich ausschließlich davon zu ernähren. Von wahren Gebirgszügen an Abfall, einschließlich der äußerst infektiösen menschlichen Ausscheidungen, wollen wir gar nicht reden. Dieses Szenario ist in der Tat schreckenerregend, aber, so glaubt man frohgemut, weit weit in der Zukunft angesiedelt. Das muss doch noch Jahrtausende, wenn nicht gar Zehntausende Jahre dauern, bis der Homo sapiens einsam und allein eine verwüstete Welt mit einer Bevölkerungsdichte von über einer halben Million Menschen pro Quadratkilometer bewohnt. Irrtum!
Etwa zwölf Verdoppelungen, für die die Menschheit bei der derzeitigen Vermehrungsrate keine vierhundert Jahre braucht, reichen aus, und wir haben es geschafft. Dann gibt es nur noch uns und den Pflanzenbrei auf Erden; jeder Erdenbürger mit einem persönlichen „Freiraum" wie ein Legebatteriehuhn. Selbst optimistischsten Schwarmgeistern dürfte klar sein, dass wir uns schon weit vorher unter uns selbst und unter unseren Abfallprodukten begraben hätten, beziehungsweise, dass schon lange davor ein echter Weltkrieg um Ressourcen, Nahrungsmittel, Platz und ganz besonders um Wasser im vollen Gange sein muss.
Wir kennen die Routineantwort auf solche Prognosen. Steigender Lebensstandard, so heißt es gebetsmühlenartig, würde die Vermehrung einbremsen. Eine trügerische Hoffnung. Sie entpuppt sich nämlich nicht nur aufgrund der zwangsläufigen ökologischen Auswirkungen weltweiter Wohlstandsvermehrung als Horror, sondern wurde zudem vor über einem Vierteljahrhundert durch ein mathematisches Modell des Systems Menschheit vom Systemanalytiker Jay W. Forrester als Seifenblase entlarvt. Besagtes Modell, das unter dem zutreffenden Titel „Der teuflische Regelkreis" veröffentlicht wurde, zeigt ein fatales Zusammenspiel von wechselwirkenden Faktoren, von denen jeder einzelne eine Zunahme aller anderen hervorruft: Bevölkerungswachstum führt zu mehr Industrialisierung, mehr Nahrungsmittelproduktion und zur Besiedelung von mehr Bodenfläche. Mehr Nahrungsmittel und Siedlungsland begünstigen eine weitere Bevölkerungszunahme - und los geht's wieder von vorne. Neben diesen nachvollziehbaren Prognosen gibt es auch noch unliebsame Überraschungen aus der Praxis.
Wohlstand, so hat sich gezeigt, kann das Grundproblem nämlich unmittelbar anheizen ohne Forresters stufenweise Entwicklung zu

durchlaufen. Wie Joseph Lelyveld in The New York Time Magazine unter dem Titel „It's God's Will - Why Interfere?" berichtet, wurde in einem acht Jahre dauernden Feldversuch von Entwicklungshelfern im indischen Verwaltungsbezirk Kaira gezielt der Lebensstandard der Bevölkerung gehoben. Mit dem Ausgang des Versuchs hatte niemand gerechnet: Nach den acht Jahren lag die Geburtenziffer über dem nationalen Durchschnitt. Manche Völker sind eben kinderfreundlicher als andere. Man denke nur an den vielgesuchten Osama bin Laden, Abkömmling einer saudischen Milliardärsfamilie und gleichzeitig das siebzehnte von fünfzig Kindern, wenn man der Presse glauben will.

All das sind unangenehme, um nicht zu sagen „unkorrekte" Überlegungen, aber die Natur entzieht sich nun einmal jeglicher moralischer oder moralisierender Bewertung.

Wie man einem Bericht des World WatchInstitute von 1994 entnehmen soll, war 1984 das letzte Jahr, bei dem es durch Einsatz von Kunstdünger zu einer nochmaligen Steigerung der Weltgetreideproduktion gekommen ist. Das seit 1950 vervierfachte Fangergebnis auf allen Weltmeeren stieg bis 1989 und nimmt seitdem kontinuierlich ab.

In „Bild der Wissenschaft" wurde Ende 2000 vermerkt: „Während die Weltbevölkerung jährlich um rund 80 Millionen Menschen wächst, verringert sich im gleichen Zeitraum das Ackerland um schätzungsweise 25 Milliarden Tonnen fruchtbaren Bodens."

Wenn die Erde stirbt

„...und wenn sie satt sein werden, dann werden sie zur Befriedigung ihrer Gelüste Tod und Leid, Drangsal, Angst und Schrecken unter allen lebendigen Wesen verbreiten. In ihrem maßlosen Übermut werden sie sogar zum Himmel fahren wollen... Da wird auf und unter der Erde oder im Wasser nichts übrig bleiben, was sie nicht verfolgen, aufstöbern oder vernichten werden, und nichts, was sie nicht aus einem Land in ein anderes schleppen werden..."
Leonardo da Vinci

Atom- und Chemieunfälle sind bereits so häufig, dass man sie schon gar nicht mehr wahrnimmt. Dauernd stranden Wale und andere Meeressäuger, die aufgrund ihrer Kontamination als Sondermüll entsorgt werden müssen. Eine Ölpest jagt die nächste. Riesige Teppiche toter Fische, Krabben und anderer Meerestiere, wie sie beispielsweise schon mehrmals neben den Touristenstränden von Rio de Janeiro herumlagen, werden aufgrund ihrer Häufigkeit bereits zur Kleinmeldung.
Die Böden und Meere haben ihren Sättigungsgrad an Giften nahezu erreicht. Das vernetzte Ökosystem des Planeten hängt durch die rasende weltweite Bautätigkeit am seidenen Faden, was so gut wie überhaupt nicht in den Medien erwähnt wird. Ebenso wenig erwähnt wird der Umstand, dass der Erdboden sich in einem ununterbrochenen Mineralisierungsprozess befindet, einem Stadium zunehmender Verfestigung. Im Laufe der Zeit verwandelt er sich in Wüstensand oder in unfruchtbaren Ton. Ohne laufende Regenerierung gäbe es keinen Ackerboden. Legionen von Regen-würmern lockern Milliarden Tonnen Ackerboden besser auf, als Pflüge es je vermögen. Sie bilden die erste Gäranlage. Den Würmern folgt die weidende - nicht die in Tierfabriken stramm stehende - Kuh als zweite Gärfabrik. Exkremente und Misthaufen sorgen für den dritten Gär-prozess. Der Kreislauf ist beendet, und der Boden lebt - zumindest in der Theorie. Die Praxis sieht anders aus.

Seit dem 19. Jahrhundert hat sich in diesem fundamentalen Überlebenskreislauf ein Bruch vollzogen, da der Humus durch den massenhaften Einsatz von chemischen Düngemitteln auf rein mineralischer Basis, also von Stickstoff-, Phosphat-, Kalidüngern usw., systematisch abgetötet wird. Deshalb erschöpft sich der Boden aus Mangel an biologisch aktiven Bestandteilen selbst in den fruchtbarsten Gegenden der Erde; in den USA, in Russland, in Asien und in Europa, kurzum weltweit. Auf dem ganzen Planeten breitet sich die Wüste aus und frisst sich wie ein Krebsgeschwür in das uns nährende Erdreich...
Eines ist klar: der Hut brennt. Nicht zuletzt aufgrund von ehernen Begrenzungen und Regulativen. Falls wir so fortfahren wie bisher, wird die UV-Strahlung in wenigen Jahrzehnten derart intensiv sein, dass kaum noch Pflanzen wachsen, einschließlich der Grundnahrungsmittel wie Reis, Gerste, Mais. Die Gesundheitssysteme wären schon vorher zusammengebrochen. Trotzdem gibt es unbeirrbare Optimisten, die an sanfte Lösungen für harte Probleme glauben. Globalisierungsfanatiker und/oder fatalistische Zyniker zählen sogar frohgemut die Vorteile des Klimawandels auf. Manche sind schlicht der Meinung, es gäbe überhaupt keinen Grund zur Sorge: Menschheit und Wirtschaft könnten in schöner Zweisamkeit in alle Ewigkeit wachsen, auch wenn die Erde ein absolut endliches System ist.
Repräsentanten dieser neuen Art von Religion - genau das ist der Glaube an ein ewiges Mehr nämlich - seien daran erinnert: Es gibt Dinge, die nur sehr begrenzt vermehrt werden können, um nicht zu sagen gar nicht. Eines davon ist fatalerweise die Lebensgrundlage von Arm und Reich...

Was nicht mehr werden kann

Ein Wasserforschungsprojekt in Amherst im US-Bundesstaat Massachusetts stellte vor der Jahrtausendwende fest, dass die weltweiten Lebensmittelvorräte aus Wassermangel um mehr als ein Zehntel zurückzugehen drohen. Die wenigsten sind sich bewusst, dass für Menschen genießbares Süßwasser nicht einmal drei Prozent des Weltwasserhaushaltes ausmacht und dass selbst von diesen drei Prozent nur ein Drittel genutzt werden kann. Die anderen zwei Drittel sind nämlich Eis.

Die galoppierende Rodung der Wälder von Afrika sowie Mittel- und Südamerika wird die Regenfälle weiter reduzieren. Das Wasser wird knapper, die Dürreperioden werden länger, die Menschen immer mehr. Angesichts dieses Teufelskreises verstummen sogar die Gentechnologie-Euphoriker, denn eine gentechnologisch wundersame Vermehrung von Wasser ist ein Ding der Unmöglichkeit (die von Nahrungsmitteln übrigens auch, wohlgemerkt. Wer sich mit diesem Problemkreis näher befassen will, kann das in meinem Buch „Zukunftsfalle - Zukunftschance" in den eingehenden Kapiteln über die Gentechnologie nachlesen. Siehe meine Homepage www.farkas.at).

Im von Menschenmassen berstenden Mexico City wird heute schon doppelt so viel Grundwasser aus darunterliegenden Grundwasserbecken entnommen als zufließt. Folge: Die Quellen versiegen, der Boden bricht ein und ganze Stadtviertel versinken. Wassermangel und Dürre drohen. Die Bevölkerung wächst weiter.

In Kairo, wo 1995 die als ziemlich erfolglos gewertete Weltbevölkerungskonferenz stattgefunden hat, sollen laut Medienberichten aufgrund der hemmungslosen Wasserentnahme für die immer mehr werdenden durstigen Münder die Pyramiden in den Boden einsinken.

Schon heute leidet jeder zweite Bewohner eines Entwicklungslandes aufgrund von unsauberem Wasser an zumindest einer Krankheit. Wegen Mangels an reinem Wasser stirbt alle acht Sekunden ein Kind. Kaum mehr als zwei Jahrzehnte in der Zukunft werden 45 bis 50 Nationen durch Wassernot von Seuchen und schweren sozialen Konflikten heimgesucht werden. Etwa 80 Prozent aller Krankheiten in Entwicklungsländern gehen nach Angaben der Gesellschaft Deutscher

Chemiker auf das Konto von verschmutztem Wasser. Niemand weiß, wie viel Wasser heute weltweit geklärt wird. In Südamerika sind es gerade mal zwei Prozent, schätzt das World Resources Institute.

Die „World Commission On Water for the 21st Century", eine internationale Initiative mit Beteiligung der UNO und der Weltbank, rechnet vor: Etwa 20 Prozent zusätzliches Süßwasser werden bis 2025 benötigt, denn bis dahin wird die Menschheit, konservativ geschätzt, um weitere zwei Milliarden gewachsen sein. Aber die Wasservorräte auf der Erde bleiben voraussichtlich auf etwa demselben Stand wie heute.

Die Erde ist ein „versalzter Wasserplanet". Bislang können sich nur wohlhabende Staaten den Betrieb der energiefressenden Entsalzungsanlagen leisten. Spitzenreiter der Entsalzungsliga ist daher - wenig verwunderlich - Saudi-Arabien. Ob die Entsalzung von Meerwasser oder salzigem Grundwasser langfristig eine vernünftige Lösung für die Welt ist, darüber streiten sich die Experten. „Solche Verfahren sind zu teuer und wegen großen Energieverbrauchs ökologisch bedenklich. Mit Entsalzungsanlagen kann bestenfalls der Trinkwasserbedarf gedeckt werden. Sehr viel mehr Wasser braucht man aber für die Landwirtschaft", sagte Roland Schertenleib von der Eidgenössischen Anstalt für Wasserversorgung, Abwasserreinigung und Gewässerschutz (EAWAG) in Dübendorf bei Zürich. Zwei Drittel des heutigen Wasserverbrauchs gehen nach Angaben des World Watch Institute auf die Bewässerung landwirtschaftlicher Flächen zurück. Wenn die Bevölkerung weiter rasant wächst, steigt zwangsläufig der von Privathaushalten fürs Trinken, Kochen und Waschen genutzte Anteil. Das kann auf Kosten der Getreideproduktion gehen.

Die Warnungen von Fachleuten, dass „Wasserkriege" bevorstehen, werden immer unüberhörbarer. „Bald wird es Kriege ums Wasser geben", warnte der Generalsekretär des UN-Städtegipfels Habitat II. Es ist bereits so weit, dass manche Schwellenländer ihre Bemühungen zum Aufbau nuklearer Kapazitäten unverhohlen mit der Bereitschaft begründen, für Platz und nicht zuletzt für Wasser als den Lebenssaft des 21. Jahrhunderts sogar einen Atomkrieg zu führen.

Krieg gegen den Durst

Wasserkonflikte schwelen rings um die Welt, sogar vor der Haustür Europas, wie Medien gelegentlich berichten. So soll die Türkei mit ihrem Atatürk-Staudamm ein Drittel des Euphratwassers abgeklemmt haben, das früher unbegrenzt in den Irak und nach Syrien floss. Weitere Dämme, auch für den Tigris, sollen in Planung sein. Auf Proteste Syriens und des Iraks hätte die Türkei mit der Stationierung von Boden-Luft-Raketen reagiert. Seit dem Frühjahr 2003 ist der Irak als Protestierer ausgefallen.

Wasser ist seit jeher ein äußerst knappes Gut in dieser sensiblen Region, und ein hart umkämpftes, wie man diversen Veröffentlichungen entnehmen kann. Beispielsweise soll Israel 1967 die syrischen Golanhöhen auch deshalb erobert haben, weil einer der Oberläufe des Flusses Jordan dort entspringt, oder das Westjordanland unter anderem besetzt haben, um sich die Kontrolle über reiche Grundwasservorkommen zu sichern.

Dieser kleine Ausflug zu einem der virulentesten Krisenherde der Welt zeigt, dass oft handfeste materielle Interessen Konflikte begleiten können, die vordergründig aus anderen Motiven geführt werden, beispielsweise zur Durchsetzung der Menschenrechte, Einführung der Demokratie oder zur Beseitigung von Massenvernichtungswaffen, die man nach dem Einmarsch vergeblich suchen muss.

Die nationalen Überlebensinteressen werden noch ganz andere Dimensionen im globalen Ringen annehmen, wenn die Vergewaltigung der Erde und ihrer Lebensformen weiter so voranschreitet, wie das derzeit ungebremst im Gange ist...

Vom Artenmord zum Selbstmord

Der Mensch ist der
einzige Fehler der Natur."
W. D. Gilbert

Schon 1955 machte der damalige deutsche Präsident Gustav Heinemann anlässlich einer Rede in der Frankfurter Paulskirche eine erstaunlich gegenwärtig klingende Feststellung, nämlich „dass die dominierende Weltanschauung unter uns nur aus den drei Sätzen besteht: Viel verdienen. Soldaten, die das verteidigen, und Kirchen, die beides segnen."
Da sich seither an dieser Aussage nichts geändert hat - im Gegenteil! - ist unser Untergang eine beschlossene Sache. Wir können uns das Überleben ja auch gar nicht leisten, wie nicht nur die letzten Entwicklungen schlagend beweisen (die aber besonders augenfällig).
Die Rodrigo-de-Freitas-Lagune vor der brasilianischen Millionenstadt Rio de Janeiro galt lange Zeit als Naturparadies. Nachdem viele Jahrzehnte lang giftige Abwässer eingeleitet worden waren, verwandelte sich die Bucht in eine Kloake. Anfang 2001 kam es zur unvermeidlichen Katastrophe. Hunderttausende Fische verendeten qualvoll und trieben Bauch an Bauch im Wasser. Diese - von einsamen Mahnern präzise vorausgesagte - Umweltkatastrophe von Rio ist nur eine von Hunderten weltweit. Wie besessen wird auf allen Kontinenten der Ast abgesägt, auf dem wir alle sitzen - gleichermaßen in den reichen Ländern wie in der Dritten Welt. Sei es in Spanien, wo Tausende Tonnen Dieselöl einen der größten und schönsten Flüsse des Landes verseuchten, oder in Zentralafrika, wo die letzten unberührten Regenwälder abgeholzt werden, überall wird die Natur vergewaltigt, ausgebeutet, zerstört. So wie vor den Malediven, wo die für das Leben auf der Welt so wichtige schillernde Welt der Korallenbänke einen leisen Tod stirbt. Und nicht zuletzt draußen auf den Weltmeeren, die bis zur letzten Flosse leergefischt werden. Mit einem Wort: Es geht dem Leben an den Kragen. Dem pflanzlichen wie dem tierischen und auch unserem, wenn man arrogant genug ist, den Homo sapiens als „Sonderschöpfung" zu betrachten und nicht als (entartete) Tiergattung.

Nicht wenige erwarten seit dem etwas mühsamen Amtsantritt von George W. Bush jr. eine weitere Beschleunigung unseres Marsches ins Verderben, war doch eine seiner ersten Amtshandlungen der Ausstieg aus dem Kyoto-Vertrag gegen den Treibhauseffekt. Seine weiteren Aktionen lassen noch ganz anderes erwarten. Aber was soll's? Wenn der Schornstein rauchen soll, kann man sich das Überleben eben nicht leisten, das sollte jeder begreifen.

Ein kurze Bestandsaufnahme zeigt, wohin die Reise geht: Von 1500 bis 1850 starb etwa alle zehn Jahre eine Art aus. Von 1850 bis 1950 erhöhte sich das Artensterben auf eine Art pro Jahr. In den neunziger Jahren des zwanzigsten Jahrhunderts wurden bereits täglich zehn Gattungen ausgerottet. Mit dem Beginn unseres Jahrhunderts scheidet bereits jede Stunde eine Art dahin. Eine schlimmere Massenausrottung als durch den Dinosaurier-Meteor vor 65 Millionen Jahren!
Hand in Hand mit diesem Gemetzel erreicht unsere „Humanität" einsame Höhen. Einzelpersonen werden in weltweiten Rettungsaktionen mit größter Medienbeteiligung rund um die Welt transportiert, einsame Wale durch Einsatz gigantischer Mittel aus dem Packeis befreit, siamesische Zwillinge mit einem Aufwand getrennt, der Hunderte Kinder retten könnte. Völkermord, Hunger- und sonstige Katastrophen, bestialische Tierversuche, Tierfabriken und Tiertransporte, tägliche Massaker an Menschen und Tieren in unvorstellbarem Ausmaß und globales Elend sind da schon weniger interessant. Unsere Natur ist offenbar von Haus aus so deformiert, dass den meisten nicht einmal bewusst ist, welche Grausamkeit der Homo sapiens wider besseres Wissen mit größter Selbstverständlichkeit unentwegt entfaltet.

Der Mensch als Amokläufer

„Die Vorstellung, die Greuel des
21. Jahrhunderts nicht erleben
zu müssen, ist mir sehr angenehm."
Stanislaw Lem

Peinlicherweise werden Gräueltaten nicht nur von entmenschten Horden oder indoktrinierten Fanatikern durchgeführt, sondern oft genug von stinknormalen Zeitgenossen. Es ist beklemmend, wie leicht sich saturierte Wohlstandsmenschen zu Gewalttaten aufhetzen lassen und wozu sie erst fähig sind, wenn es ihnen wirklich schlecht geht (wie sagt Brecht so wahr: „Erst kommt das Fressen und dann die Moral."). Noch erschreckender sind die Untaten aus idealistischen, religiösen, patriotischen - in der Regel also nicht „niederen" - Motiven. Manchmal wird ohne zu denken gemetzelt und noch viel öfter einfach deswegen, weil es befohlen wurde.
Schlimmer noch: Es kann genügen, wenn jemand „die Verantwortung" übernimmt, um brave Bürger zu Mördern zu machen. Stichwort Milgram-Experiment, in dessen Verlauf zwischen sechzig und siebzig Prozent der Probanden aus demokratischen Ländern bereit gewesen wären, einen Fremden, der ihnen nichts getan hatte, mit Stromstößen zu Tode zu quälen. Einzig und allein deswegen, weil eine „Autoritätsperson" (der Versuchsleiter im weißen Mantel) sagte: „Drehen Sie den Strom auf. Ich übernehme die Verantwortung." Mehr über das Milgram- und andere enthüllende Experimente, darunter „Zimbardos Hölle", auf dem Oliver Hirschbiegels Film „Das Experiment" basiert, verrate ich in meinen Büchern „Zukunftsfalle - Zukunftschance" und „Jenseits des Vorstellbaren". Der Mensch war und ist in seiner überwältigenden Mehrzahl grundsätzlich zum Verzicht auf sein Menschentum bereit, oftmals sogar freudig, das zeigen unheilvolle Massenbewegungen. Dieser unselige Mechanismus - unsere wahre Natur, wie Stanley Milgram resignierend feststellte - veranlasst selbst aufgeklärte Demokraten zu Grausamkeiten, die sie bewusst ablehnen. In Extremsituationen fallen die allerletzten Schranken. Man denke nur an Mord und Totschlag im Straßenverkehr einschließlich des „Kampfes um den Parkplatz".

Das zwanzigste Jahrhundert war bereits ein unglaublich bluttriefendes. Um vergleichbare Ungeheuerlichkeiten zu finden, muss man in die Zeit des Dreißigjährigen Krieges, der Inquisition oder der Ausrottungsfeldzüge des Mittelalters und der Antike zurückgehen. Trotzdem dürfte das zwanzigste Jahrhundert ein fröhliches Satyrspiel gewesen sein, verglichen mit den zu erwartenden Apokalypsen des Dritten Jahrtausends, das mit Seuchen und Gemetzeln an Mensch und Tier begonnen hat. Was uns bevorstehen dürfte, sind Ökokriege, Massensterben und Massenausrottungen, pandemische Seuchen, Migrationsströme, atomare Stammesfehden, Nuklear- und Biowaffenterroristen, Vernichtungswettbewerbe, Wirtschaftskonflikte, Umwelt- und Ressourcenvernichtungen, Weltbürgerkrieg, steigende Inhumanisierung und andere Albträume. Dieser kleine Spaziergang durch unsere unerfreuliche Wirklichkeit sollte nur einige wenige Schlaglichter werfen. Die Situation ist natürlich viel komplexer - und viel schlimmer. Wer sich mit der Situation des Planeten eingehend auseinandersetzen und darüber informieren will, ob wir uns nicht vielleicht doch noch selbst im letzten Moment aus dem Sumpf ziehen können, der wird in meinen Büchern „Zukunftsfalle - Zukunftschance" oder „SCHATTEN DER MACHT" Antworten auf Fragen finden, die er sich insgeheim schon gestellt haben mag. Ehe wir die Gefilde der sozusagen klassischen Analysen zur Lage und zur Zukunft der Welt und der Menschheit hinter uns lassen, ein abschließender Gedankengang zur Frage, wann nun der Zeitpunkt zum Eingreifen uns wohlgesinnter Mächte gekommen sein könnte. Während manche bereits aufgegeben haben und angesichts unleugbarer Entwicklungen resignierend feststellen „Es ist schon zu spät. Wir können uns das Überleben einfach nicht leisten", huldigen andere scheuklappenbewehrt einer unbegründeten Zukunftseuphorie nach dem bewährten Motto des Mannes, der aus dem dreißigsten Stockwerk eines Hauses fällt und beim Vorbeistürzen am ersten Stock zuversichtlich meint: „Bis jetzt ist es gut gegangen. So wird es weitergehen." Dieses Denkmuster ist leider das am weitesten verbreitete. Um dem Dümmsten aller Argumente „Warum soll gerade jetzt etwas passieren?" entgegenzutreten, beziehe ich mich auf eine öffentlich wenig bekannte Berechnung. Sie hat vordergründig nicht viel mit der erörterten Problematik zu tun, sagt aber dennoch klipp und klar: Unser Überleben, oder Nicht-Überleben, entscheidet sich nicht erst in einer unbestimmten Zukunft.

Das „Orakel" von Green Bank

Im November 1961 versammelten sich im Radioastronomischen Observatorium in Green Bank, West Virginia, USA, elf bedeutende Wissenschaftler, um die Wahrscheinlichkeit außerirdischen intelligenten Lebens mathematisch zu erfassen. Unter ihnen waren Kapazitäten wie die Astronomen Frank D. Drake und Otto Struve, der Neurologe, Analytiker und Delphinforscher John C. Lilly, die Physiker Philip Morrison und Guiseppe Cocconi, der Mathematiker Su Shu-Huang, und der 1996 verstorbene Astronom und Astrophysiker Carl Sagan. Für den Fall, dass einer der Anwesenden während der Konferenz den Nobelpreis erhalten würde, war Champagner kalt gestellt. Diese Vorkehrung hatte nichts mit Überheblichkeit zu tun. In der Tat wurde dem Chemiker Melvin Calvin während der Tagung der Nobelpreis für Chemie zuerkannt. Damals entstand die in Fachkreisen berühmte Green-Bank- oder Drake-Gleichung, eine mathematische Formel zur Bestimmung der Zahl möglicher außerirdischer Zivilisationen.

In den frühen Fassungen ging man von einer sehr hohen Zahl solcher Zivilisationen in unserer Galaxis aus, die über zweihundert Milliarden Sonnen umfasst. In den seither vergangenen Jahren wurden laufend neue Erkenntnisse in die Grundformel eingearbeitet. Das führte zu einer permanenten Reduktion der angenommenen Zivilisationen, wobei unsere eigenen, sich laufend verdüsternden Zukunftsperspektiven wesentlich dazu beigetragen haben, die Zahl lebensfähiger Langzeitzivilisationen in der Green-Bank-Gleichung schrumpfen zu lassen.

Was dieses monumentale Formelwerk über Aliens für die Menschheit so bedeutend macht, ist der siebente und letzte Faktor der Gleichung: L für die Lebensdauer (Longevity) von Zivilisationen. Er gibt jenen Zeitpunkt an, an dem sich entscheidet, ob eine Zivilisation mit Getöse untergeht oder ob sie sehr alt wird. Dieser finale Wendepunkt ist gemäß unserer Zeitrechnung 6.500 Jahre nach Entwicklung der Schrift. Wer über ausreichende Geschichtskenntnisse verfügt, wird erblassend erkennen: das ist jetzt - wobei damit nicht heute oder morgen gemeint ist, sondern die nächsten Jahrzehnte.

Damit beantwortet sich die selbstbetrügerische Phrase „Warum soll es uns gerade jetzt an den Kragen gehen?" beziehungsweise: „Warum soll, wer auch immer, gerade jetzt eingreifen?" Weil es Zeit ist! Wer die Flammenzeichen dafür an der Wand immer noch nicht sieht, braucht eine Brille.

Eine kleine, aber feine Kurzgeschichte des berühmten US-Autors Stanley Ellin hat schon vor Jahren das unheilvolle Wirken des „denkenden Menschen" auf den Punkt gebracht. Ihre Hauptperson ist ein Wissenschaftler, der von der Idee besessen ist, mit Tieren zu kommunizieren. Nach Jahren intensiver Forschung und Entwicklung ist es ihm tatsächlich gelungen, ein Gerät dafür zu entwickeln. Nun kann er endlich Antwort auf die Frage nach dem Grund für den Zug der Lemminge erhalten, die ihn seit Jahren beschäftigt. Er nimmt einen Lemming, setzt ihm die Elektrodenkappe zur Kommunikation zwischen den Spezies auf und stellt ihm die lange gewälzte Frage: „Lieber Lemming. Wir Menschen können überhaupt nicht verstehen, warum ihr sonst so klugen Tiere euch immer wieder zu Millionen ins Meer stürzt." Darauf antwortet der Lemming: „Und wir Lemminge können nicht verstehen, warum ihr Menschen das nicht tut." Ganz schön zynisch - vielleicht aber nicht für einen Vertreter der Tierwelt.

Betrachtet man die menschliche Geschichte mit ihrer Vielzahl von Niedergängen, Schlachtfesten, Untaten und kaum zu beschreibendem Elend, gepaart mit immer rapider fortschreitendem Untergang der Lebensgrundlagen für Mensch, Tier und Pflanze, fragt man sich, wie schlimm die Zukunft eigentlich noch werden kann.
Damit sind wir bei der Frage, ob die Welt nicht selbst dann noch zu retten ist, wenn wir es nicht schaffen, und wer oder was die verborgenen Retter sein mögen...

Ein überlegener Menschentyp?

„Der Mensch ist nur ein Anfang,
ein Entwurf zu etwas Vollkommenerem."
Quinet

Es würde zu weit führen, die Milliarden von Jahren dauernde Entwicklung vom Einzeller zum Homo sapiens auszubreiten, in deren Verlauf die geschlechtliche Vermehrung entstand, sich die Sinnesorgane bildeten und die Entwicklung des immer komplexer werdenden Nervensystems einsetzte, die schlussendlich im Gehirn ihre vorläufige Krönung fand. Jenem „Meistergewebe", das dem flexibelsten aller Säugetiere (dem Menschen) die Macht über das Feuer der Sterne verleihen sollte.

Obgleich unser konkretes Wissen über die Vorgänge im menschlichen Gehirn mehr als dürftig ist, scheint es wahrscheinlich, dass die Entwicklung dieser größten Schaltzentrale der Erde noch nicht abgeschlossen ist. Hinweise darauf lassen sich in manchen Hirnregionen entdecken, unter anderem im Bereich des Basalen Neocortex an der Unterseite des Stirn- und Schläfenhirns. So viel zur Theorie, wenn auch extrem verkürzt.

Und wie sieht es in der Praxis aus? Sind sie schon irgendwo zu erkennen, die Vertreter eines neuen Menschentyps, der nicht wie wir von seinen Trieben beherrscht wird, sondern von der Vernunft? Gegenfrage: Woran sollte man diesen neuen Typ erkennen? An einer hohen Stirn wie getarnte Außerirdische in schlechten Science-Fiction-Filmen? An Antennen am Kopf (von wegen telepathischer und anderer PSI-Fähigkeiten)? Oder schlicht und einfach daran, dass er „voll super" ist, wie man es heutzutage „cool" ausdrücken würde? Da müsste er allerdings mitspielen und sich zu erkennen geben.

Bis jetzt ist noch keine Personengruppe aufgefallen, deren Vertreter sich öffentlich brüsten, völlig gesund, athletisch, hundertprozentig ausgeglichen zu sein und das Leben wie ein Spiel zu bewältigen. Das muss nicht heißen, dass vereinzelte Exemplare nicht gelegentlich in den Netzen zappeln könnten, die unsere moderne Zivilisation seit langem in steigender Zahl und Maschendichte über alle Lebensbereiche wirft.

Beispielsweise wurde der Psychiater der englischen Erziehungsbehörde in Wolverhampton, Dr. J. Ford Thomson, bereits im Jahr 1956 auf einen Siebenjährigen aufmerksam gemacht, der seine Eltern und Lehrer durch unglaubliche Fähigkeiten in Angst versetzte. Der erstaunliche Knabe konnte schwierigste astronomische Fragen beantworten, obwohl er erwiesenermaßen nichts darüber gelesen hatte. Selbst dann wäre es für einen Jungen von sieben Jahren eine „übermenschliche" Leistung, einen so komplizierten Stoff zu begreifen. Die Untersuchung ergab, dass er eine uns fremde Deduktionsfähigkeit besaß. Sie erlaubte es ihm, Zusammenhänge durch logisches Nachdenken zu erkennen, auch wenn er von ihnen vorher nichts gehört hatte. Sein Talent erinnert an die Vorstellungen mancher antiker Denkschulen, die sich die Arbeitsweise eines höher entwickelten, alle Zusammenhänge erkennenden Geistes in etwa so vorstellen: Aus der Form einer Feder, erkennt er den Vogel, aus dem Vogel die Welt, über die er fliegt, aus der Welt das Universum. Alles nur aus einer kleinen Feder...

Bald stand fest, dass nicht einmal der Ausdruck „Wunderkind" dem kleinen Jungen gerecht werden konnte. Dieser Fall veranlasste Dr. Thomson eine großflächige Untersuchung der Intelligenz von Schulkindern in die Wege zu leiten, die ganz England umfasste. In Zusammenarbeit mit dem British Medical Research Council, den Physikern der Universität von Harwell und einer Reihe weiterer Universitätsprofessoren wurden 5000 Schüler im gesamten Land getestet. Dazu wurde ein repräsentativer Querschnitt der Bevölkerung herangezogen, ähnlich den Verfahren, mit denen Wirtschaftsunternehmen, Demographen oder Werbeagenturen anhand einer kleinen Gruppe auf das Verhalten oder die Meinung einer großen Zahl von Personen schließen.

Nach ein-einhalb Jahren Forschungsarbeit kam die Studie zu dem Schluss, ein jäher Anstieg der durchschnittlichen Intelligenz hätte stattgefunden und sei wahrscheinlich weiter im Gange. Dr. Thomson abschließend: „Mehr als ein Drittel der zuletzt untersuchten Kinder besitzt einen Intelligenzquotienten (IQ) von 140. Dieser Wert entspricht dem eines Genies."

Nur wenige Jahre später trat der Genetiker Lewis Terman mit einer nicht weniger epochalen Aussage an die Öffentlichkeit. Nach dreißig

Jahren Arbeit mit Wunderkindern sei er zu der Ansicht gelangt, dass sich auf diesem Gebiet etwas Entscheidendes verändert hatte. „Superfähigkeiten" gingen heute nicht mehr verloren, so seine Worte. Das war in der Tat sensationell, da Wunderkinder bisher ihre Fähigkeiten nach der Pubertät einbüßten und zu eher durchschnittlichen Erwachsenen heranwuchsen. Terman wagte die kühne Vermutung, eine nicht bestimmbare Anzahl von überlegenen Erwachsenen, deren Intelligenz jenseits der von normalen Zeitgenossen angesiedelt ist, könnte seit Jahrzehnten unter uns existieren. Ein mutiger Vertreter der wissenschaftlichen Gemeinde.

Ersetzt man lediglich die Formulierung „seit Jahrzehnten" durch die „seit Jahrtausenden", werden unsere hypothetischen überlegenen Vorfahren plötzlich vage greifbar. Noch mehr Substanz könnte ihnen ein Faktor verleihen, der bei der Thomson- und Terman-Studie zwar nicht berücksichtigt wurde, aber durchaus eine Rolle gespielt haben kann. Als Thomsons Team die superklugen Kinder entdeckte und Terman eine neue Qualität bei Wunderkindern konstatierte, waren die Atomversuche in West und Ost in vollem Gange. Die Gesamtradioaktivität der Welt betrug seit Jahren das Fünfunddreißigfache des Wertes, den sie zum Beginn des zwanzigsten Jahrhunderts aufgewiesen hatte. Das könnte der Evolution einen Stoß bei der Schaffung neuer Spezies gegeben haben. Nicht alle Mutanten müssen negative Abweichler, nicht lebensfähig oder Horrorgestalten sein, wie Hollywood sie liefert.

Nimmt man an, dass es in fernster Vergangenheit zu einer dramatischen Radioaktivität gekommen ist, könnte jene Entwicklung, die Thomson, Terman und seither viele andere festgestellt haben, vor Jahrtausenden schon einmal stattgefunden haben. Woher diese Radioaktivität gekommen sein soll, erörtere ich in dem Kapitel „Götterkriege" im Teil III. Aber eins nach dem anderen.

Bisher konnte Schritt für Schritt folgendes logisch argumentiert werden: Sogar unter uns könnte es Weiterentwickelte geben, die wir „Zurückgebliebenen" ebenso wenig enttarnen können, wie Hunde in der Lage sind, den Hundefänger auszutricksen. Dasselbe gilt natürlich auch, und zwar im gesteigerten Maße, für eine ältere, höher entwickelte Spielart der menschlichen Gattung. Uns vorhergegangene Verwandte, die schon vor zig-Tausenden von Jahren jenen Stand erreicht haben könnten, zu dem sich Thomsons jugendliche Testpersonen, Termans neue Wunderkinder oder auch die geheimnisvollen Indigo-Kinder, über die es reichlich Literatur gibt, hinentwickeln mögen. (Zu den außergewöhnlichen Indigo-Kindern empfehle ich das Buch von Elsbeth Devi, ebenfalls im Michaels-Verlag erschienen).

Wir sind nicht die einzigen - mehrere Evolutionen

Derzeit rivalisieren zwei gängige Theorien zur Menschheitsentwicklung miteinander: Die „Out of Africa"- und die „Multiregionale" Hypothese. Das erste Modell geht vom Ursprung des Menschen in Afrika aus, das zweite postuliert eine Entwicklung des Homo erectus zum Homo sapiens nicht nur allein in Afrika, sondern parallel dazu an mehreren Stellen in Asien und Europa (südliches Spanien, Bretagne, Äthiopien, Ostafrika, Himalaja und andere Orte), von wo aus sich die Populationen ausgebreitet und miteinander vermischt haben sollen.

Wenig beachtet wurde im Sommer 1999 darüber berichtet, die Auswertung von DNS-Material von Menschen aus acht Populationen (Frankreich, China, Vietnam, der Mongolei und vier afrikanische Ethnien) habe ein unterschiedliches Auftreten des Zuckerstoffwechsel-Gens DDHA1 ergeben. Ein wissenschaftliches Mysterium, das aber dennoch keinen Hund hinter dem Ofen hervorlockte. Das Sensationelle daran ist, dass besagtes Gen bereits vor dem Auftreten des modernen Menschen vor rund 200.000 Jahren existierte. Es weist in seinem Stammbaum zwei frühe Haplotypen auf. Das sind bestimmte Sequenzfolgen der Nukleotidbasen Adenin, Guanin, Thymin und Cytosin, die das sogenannte Alphabet des Lebens bilden. Einer dieser Haplotypen findet sich nur in Afrika. Der zweite spaltete sich in zwei Varianten auf, von denen sich eine ebenfalls bei den heutigen Afrikanern findet, die andere jedoch ausschließlich bei Nicht-Afrikanern. Diese Ergebnisse machen nach Ansicht einiger Fachleute dem afrikanischen Ursprungsmodell den Garaus, da es nach ihnen mindestens drei „Ausgangszentren" des Menschen gegeben haben muss.

Im Spätherbst 1999 versetzte ein sensationeller Fund in Tiflis in Georgien der afrikanischen Hypothese einen weiteren Schlag. Forscher entdeckten zwei 1,8 Millionen Jahre alte menschliche Schädel, die nach Ansicht vieler Anthropologen die menschliche Evolution revolutionieren könnten. Die bisher außerhalb von Afrika gemachten Funde des Homo erectus hatten nur etwa 1,4 Millionen Jahre zurückgereicht. Aktuelle Schädelfunde aus Kenia werfen sogar die vormals unerschütterliche Lehrmeinung über den Haufen, die Hominiden der vergangenen drei

Millionen Jahre würden einer einzigen Linie entstammen. „Der auf den Namen Kenyanthropus platyops getaufte, 3,2 bis 3,5 Millionen Jahre alte Urmensch beweist, dass es bereits vor 3,5 Millionen Jahren zwei Linien der Entwicklung unserer Vorfahren gegeben hat" stellte die Paläontologin Meave Leakey (Frau von Richard D. Leakey, dem Sohn des berühmten Paläontologen Louis Leakey) fest, deren Team im Frühjahr 2001 Schädel und Knochen des „flachgesichtigen Menschen aus Kenia" gefunden hatte. Na also!
Damit erheben sich mehrere Fragen. Wenn die Altvorderen uns sogar überlegen waren, wieso erstreckt sich ihre Zivilisation heute nicht über die ganze Welt? Was hat sie untergehen lassen? Wo war sie und wo sind die vermuteten Überlebenden? Leben sie unentdeckt unter uns oder hausen sie an verborgen Orten? Oder beides? Ein ganz schönes Fragenpaket, dem wir nur Schritt für Schritt zu Leibe rücken können.
Zuvor eine Klarstellung: Das Thema ist ein heikles. Viele Menschen haben heute - im Vorgefühl, das Ende eines Zeitalters herannahen zu sehen - den Wunsch, sich die Scheuklappen von den Augen zu reißen und alles, was man ihnen weisgemacht hat, radikal in Frage zu stellen. Wie jeder andere bin ich mir voll bewusst, welches Übel mit sogenannten „alternative Evolutionslehren" angerichtet werden kann und bereits angerichtet wurde - besonders, wenn sie sich zu nebulosen Vorstellungen eines Stammbaumes von „esoterischen Ur-Rassen" versteigen, dessen verkrümmte Zweige von Ober- und Unterrassen strotzen. Das Unheil, das im vorigen Jahrhundert von Nazi-Deutschland ausging, ist ein exemplarisches Beispiel dafür, dass man mit bösem Willen alles und jedes für Zwecke missbrauchen kann, die im Objekt des Missbrauchs so gar nicht angelegt waren. Ideologien und Wahnvorstellungen haben daher in meinen Überlegungen kein Platz, es sei denn, sie werden als solche kenntlich gemacht.
Anklänge daran sind nicht beabsichtigt, wohl aber unverkrampfte Überlegungen über eine Vorgeschichte, die durchaus etwas anders aussehen kann, als unsere Schulweisheit sie propagiert. Mir geht es um reine Wissenschaft, um nichts anderes, worunter ich allerdings eine ernsthafte Auseinandersetzung mit alten Überlieferungen und mit wenig beachteten Forschungsergebnissen ebenso verstehe wie das Befassen mit „Dingen, die es eigentlich nicht geben dürfte". Nach dieser Klarstellung nun also der Reihe nach, Bedenkliches zuerst...

Teil II: Versunkene Reiche
Unsichtbare Geschichte

Wir wissen nicht.
Doch sie wissen es.
Die Steine wissen es
und erinnern sich.
Maschinen durchquerten die Lüfte,
ein flüssiges Feuer erschien,
sein Licht erstrahlte,
der Funke des Lebens, des Todes.
Durch die Macht des Geistes
erhob sich die Masse der Steine.
Inschriften bewahrten
das Geheimnis ihrer Weisheit,
und jetzt wird uns alles offenbart.

Nicolas Roerich (1874 bis 1947)
Maler, Forscher und Philosoph

Die Legende von „Thule"...

Die sogenannte „Thule-Gesellschaft", deren unseliges Wirken nach Ansicht einiger Historiker untrennbar mit den dubiosen Wurzeln des Dritten Reichs verbunden ist, war ursprünglich 1910 von Professor Felix Niedner gegründet worden.
1913 erschien im Diederichs-Verlag in Jena eine 24-bändige Ausgabe der nordischen Mythen und Heldensagen unter dem Namen „Thule". Beworben wurde die monumentale Edition mit Sätzen wie: „Thule ist nicht Vergangenheit, Thule ist die ewige germanische Seele."
Seit 1918 spielte der undurchsichtige Abenteurer Rudolf von Sebottendorff (Rudolf Glauer) die erste Geige bei der Thule-Gesellschaft, als deren eigentlicher Gründer er von vielen angesehen wird.
Ab 1919 gaben „bedeutende Eingeweihte" wie Paul Rohrbach, Freiherr Roman von Ungern-Sternberg, Karl Haushofer, ein Schüler des Abenteurers und Okkultisten Georg Iwanowitsch Gurdjieff (1868, bzw. 1872-1949) oder der Schriftsteller Dietrich Eckart der Thule-Gesellschaft neue Impulse und vor allem ein Erkennungszeichen: das (rückläufige) Hakenkreuz. Für sie war es ein Symbol der Evolution, des Umlaufs der Gestirne um den Pol und der Erschaffung des Feuers bei den alten Indern.
In der Tat ist das so schmählich missbrauchte Hakenkreuz ein altes universales Sinnbild, das man bei allen Völkern findet. Beispielsweise ist es ein Emblem des Buddhismus. Das älteste bekannte Hakenkreuz stammt aus Siebenbürgen vom Ende der Steinzeit. Es ist auf einer steinernen Lampe aus der Madeleine-Höhle und den Täfelchen von Glozel ebenso eingeritzt wie auf den Kieseln von Moulin Fiat und den prähistorischen Wallbauten aus dem Mississippigebiet. Es kommt in der Inschrift auf dem Newton Stone in Nordschottland vor. Man findet es in alten chinesischen Darstellungen, auf Spindeln aus dem 14. Jahrhundert oder in den Trümmern von Troja. Die Aufzählung könnte seitenlang fortgesetzt werden.
Die Thule-Gesellschaft bezog sich auf alte griechische und römische Texte, in denen es heißt, der griechische Seefahrer und Geograph Pytheas von Marseille habe im Jahre 330 vor Christus sechs Tagesreisen nördlich von Schottland eine Zivilisation mit dem Namen „Thule"

entdeckt. Auch der römische Geschichtsschreiber Prokop berichtete Einzelheiten über die Kultur und Lebensweise der Thules. Alles in allem recht spärliche Informationen.

Das hinderte Sebottendorff nicht, diese gequälten Hinweise auf eine erste germanische Kultur mit anderen Hypothesen zu verknüpfen und zu einem imposanten „Thule-Mythos" auszubauen. Wie andere „Germanenforscher" betrachtete auch er die riesigen Bauten der Megalithzeit als Zeugnisse einer nordischen Urkultur. Indem er die schwachbrüstigsten „Beweise" kunstvoll zusammenfügte, erklärte Sebottendorff „Thule" zur ältesten Kultur der Erde, deren Vertreter bereits ein schier unglaubliches technisches und astronomisches Wissen besessen hätten.

Sogar Bibelstellen, in denen von einem „ersten Volk" die Rede ist, das „ferne von der Welt Ende" gekommen ist, „groß wie Riesen und ungestüm auf Rossen daherbrausend", mussten als Indizien für eine nordische Herrenrasse herhalten, vor der bereits Moses das Volk Israel gewarnt haben soll. Für Sebottendorff stand fest, „dass die Wiege unserer göttlichen Vorfahren auf einer großen Insel im hohen Norden gestanden hat, dort, wohin heute noch die Zugvögel und Meeresfische ihre Fahrt lenken, um zu brüten bzw. zu laichen."

Von 1934 an wurde die Thule-Gesellschaft zu einem mächtigen Geheimbund, dessen Name der Öffentlichkeit nicht bekannt werden durfte, ja nicht einmal denen, die sich um Aufnahme bewarben. Für solche Anwärter setzte man vor der Einweihung das Gerücht in Umlauf, dass es sich bei der Gemeinschaft um einen geheimen Deutschritterorden handle, der sich seltsamerweise „Poseidonsritter" nannte - anscheinend ein verschleierter Bezug auf das Atlantis des Meergottes Poseidon.

Wie es weiterging, wissen viele, nicht aber, dass die Wurzeln zu dieser Entwicklung bereits um die Wende zum zwanzigsten Jahrhundert in die „deutsche Erde" gesenkt worden waren. Was aus diesem umdüsterten Konglomerat heranwachsen sollte, musste die Welt leidvoll erfahren.

...und ihre dunkle Seite

Der Autor und Filmemacher Dr. Rüdiger Sünner, dessen Film „Schwarze Sonne" große Beachtung gefunden hat, geht in seinem gleichnamigen Buch einem tabubeladenen Mythos auf den Grund: dem NS-Mythos von Atlantis...

Um die Wende vom neunzehnten zum zwanzigsten Jahrhundert erschien im deutschsprachigen Raum das Hauptwerk der russischen Okkultistin Helena Petrowna Blavatsky (1831-1891) „Die Geheimlehre". In diesem bizarren Pamphlet, dessen Untergruppe „Das Buch Dzyan" ihr angeblich von „geheimen Meistern" namens „Mahatmas" (sprich Superwesen), die in verborgenen Höhlen in Tibet hausen, diktiert wurde, finden sich die sogenannten „Arier".

Dieser verquere, von wüsten mythologischen Spekulationen umrahmte Rassenbegriff, der später so unselig in die Geschichte des blutigen zwanzigsten Jahrhunderts eingehen sollte, gilt laut Blavatsky für die Nachkommen längst versunkener und riesenhafter Urvölker, die einst auf Kontinenten wie „Atlantis", „Mu" oder dem nordpolaren „Hyperborea" gelebt und hohes magisches Wissen und wissenschaftliche Kenntnisse besessen haben sollen - Aufhebung der Schwerkraft und Luftschifffahrt eingeschlossen. Für die Anhänger der umtriebigen Russin waren die zyklopischen Bauten von Stonehenge oder die Riesenstatuen auf den Osterinseln Relikte dieser „halbgöttlichen Vorfahren", die durch „Vermischungen mit niederen, tierähnlichen Rassen" und durch den Missbrauch ihrer Macht degeneriert wären. Katastrophen, von denen die zahlreichen Sintflutsagen oder Platons Atlantis-Erzählung berichten, hätten ihr Reich schließlich vernichtet. Es kamen aber nicht alle um. Einige Überlebende, so Blavatsky, wären in andere Weltteile ausgewandert und hätten dort die „arische Rasse" begründet, in der letzte Reste des einstigen Geheimwissens weiterleben soll. Ihr heiliges Zeichen wäre das Hakenkreuz, in dem Helena Blavatsky auch ein Symbol für „Mjölnir," den Hammer des germanischen Donnergottes Thor, sah, der bei näherer Betrachtung erstaunliche Züge aufweist, mit denen wir uns noch befassen werden.

Zur gleichen Zeit entstanden die Schriften von Karl Penka, Ludwig Wilser und Georg Biedenkapp, die den Ursprung der „Arier" ebenfalls

in den hohen Norden verlegten. Skandinavien bzw. sogar der Nordpol wurden zur neuen „Völkerheimat" erklärt.
Solche wilde Theorien legten den Grundstein für das Gedankengebäude der nordischen „Ario-Germanen", das von Guido von List und Lanz von Liebenfels weiter ausgebaut wurde. Den völkischen Esoterikern der Jahrhundertwende war nicht an sachlicher Mythen-Interpretation gelegen. Sie wollten zwingende Beweise für die uralte Herkunft und spirituelle Überlegenheit des „Ariers" auf den Tisch legen. 1908 schrieb List beispielsweise: „Das wirkliche Ursprungsland des Inhaltes der Edda liegt hoch im Norden, im Lieblingslande Apollos, in dem die Sonne nicht unterging, wie Herodot die Polarländer der Hyperboreer nennt."
Es stimmt durchaus, dass die Griechen von den sagenhaften „Hyperboreern" erzählen, einem Volk, das angeblich „jenseits des Nordwindes" (hyper-boreas) lebte, von den „Titanen" abstammte und unsterblich sein sollte. Der Sonnengott Apollo käme dort her und kehre jedes Jahr in seine alte Heimat zurück, um sich dort geistig zu regenerieren. Als Beweis dafür wurde Apollos Wagen genannt, der von Schwänen gezogen werde, die im Süden kaum vorkommen.
Viele Dichter und Schriftsteller versuchten „Hyperborea" geographisch zu lokalisieren, etwa in der Balkangegend oder im nördlichen Skandinavien, ohne dass sie auf die Idee kamen, es könnte sich dabei um ein Reich von Übermenschen und Halbgöttern gehandelt haben. Guido von List allerdings schon.
Hemmungslos deutete er mythologische Begriffe, wie es ihm beliebte, damit sie in sein Konzept eines „arischen" Urparadieses am Nordpol passten. In diesem Geist nahm er auch „Fimbulwinter" der „Edda" wörtlich als Beweis für gewaltige historische Naturkatastrophen, die prähistorische Kontinente hatten versinken lassen. Die wahrscheinlichere Deutung, dass die Edda-Dichter bei der Beschreibung des „Riesenwinters", der das Anbrechen der „Götterdämmerung" bezeichnet, von der christlichen Apokalypse beeinflusst waren, scherte Guido von List wenig.
Auch Lanz von Liebenfels, Herausgeber der Zeitschrift „Ostara", die der junge Adolf Hitler begeistert verschlang, wollte nicht zurückstehen. 1911 widmete er eine ganze Ostara-Ausgabe der „Urheimat und Urgeschichte der Blonden heroischer Rasse", in der die Schriften von Helena Blavatsky, Penka, Wilser und List zitiert werden. Lanz betrach-

tete die megalithischen Steinkreise in aller Welt als Wegmarken einer blonden Herrenrasse, die in grauer Vorzeit von Nordeuropa aus über die ganze Welt gezogen sei und überall Spuren ihrer Sonnenreligion hinterlassen habe.

In dieser Atmosphäre kam das Buch „The Arctic Home in the Vedas" des Sanskritkenners Bai Gangadhar Tilak gerade recht, in dem aus indischen und persischen Mythen Hinweise für einen nordpolaren Ursprung der „Arier" herausgelesen werden. Der Autor interpretierte die in diesen Texten häufig auftauchende Aussage, die Tage und Nächte der Götter würden je sechs Monate dauern, als eine Zeiteinteilung, die nur aus polaren Breitengraden stammen könne. Darüber hinaus sah er in bestimmten Metaphern („Glanz des Berges") eine Beschreibungen des „Nordlichtes". Textstellen, die von „Weltachse" und „Drehung des Himmelsgewölbes" sprechen, nahm er als Beweise für Wahrnehmungen, die nur von Nordvölkern gemacht werden können, über denen sich die Sterne kreisförmig um einen Mittelpunkt drehen. Tilaks Buch erschien 1903 in Poona und wurde wenig später auch in deutschen Publikationen zitiert.

Wie Blavatsky und andere hätte sich der hochgebildete Inder niemals träumen lassen, zu welchen Exzessen er durch seine Arbeit unwissentlich beitragen sollte. Die Kühnheit seiner Deutungen und der außergewöhnliche Umstand, dass ausgerechnet ein Inder vom hohen Norden schwärmte, beflügelte die völkisch-okkulten Kreise in Deutschland dazu, das Buch zu einem Beweis für ihre Spinnereien von arischen Übermenschen, Thule-Mythos und anderen Unausgegorenheiten hochzustilisieren. Eine brisante Mischung, die ihre Wirkung bis tief ins „Dritte Reich" hinein entfalten sollte.

So eröffnete der Mitbegründer der berüchtigten SS-Stiftung „Ahnenerbe", Herman Wirth, 1933 in Berlin und Bremen eine stark besuchte religionsgeschichtliche Ausstellung mit dem Titel „Der Heilbringer. Von Thule bis Galiläa und von Galiläa bis Thule", in der anhand von Darstellungen, Fotos, Symbolen, Modellen, Felszeichnungen oder der astronomischen Orientierung von Steinkreisen bewiesen werden sollte, dass kontinuierliche Traditionslinien von der Megalithzeit bis ins jüngere Volksbrauchtum verlaufen. Auch für Wirth war die „Thule-Kultur" eine „Geistesurquelle für die Menschheit".

Die bei nahezu allen Naturvölkern zu findende Sonnenreligion wurde von ihm rigoros zum alleinigen Kulturgut der atlantisch-nordischen Rasse erklärt und als ein weiteres Indiz für eine uralte „Lichtreligion" der „Thule-Kultur" aufgefasst. Er forderte mit flammenden Worten den Inhalt dieser Ausstellung in die Lehrpläne der Schulen aufzunehmen und eine permanente Dauerschau einzurichten: „Möge die Wiedererstehung unserer geistigen Vergangenheit ... unserem Volke die Selbsterkenntnis und Selbstbestimmung wiedergeben und jene gottgewollten und gottgegebenen Kräfte wieder in uns wachsen lassen zur Erfüllung unserer Aufgabe in Gegenwart und Zukunft. Dazu helfe uns der Geist des Ahnenerbes, dass wir ein freies, einiges und großes Volk der Deutschen werden aus dieser Zeit der „heiligen Wende".
In zahlreichen Zeitschriften des „Dritten Reiches" schien „Thule" immer wieder als „Seelenheimat der nordischen Rasse" auf. Ebenso schwülstige wie bombastische Formulierungen herrschten vor, so hieß es beispielsweise in der Publikation Nordland: „Thule ist in der Erinnerung das Paradies, wo unser Volk seine Kindertage verlebt hat, und auch das verlorene Paradies, wie Dante es schilderte, denn es kommt nie wieder. Heute liegt Thule auf dem Grunde des atlantischen Ozeans, und nur ab und an tönen aus dem träumenden Vineta Glockenklänge dumpf und schwer, wie es im Liede heißt. Wir aber wissen, dass es wieder auferstanden ist. Deutschland heißt heute das Land, wo die Enkel der arischen Ahnen leben und ihre Art bewahren." Man begnügte sich aber nicht nur mit feurigen Reden, mythischem Geraune oder seitenlangen Elogen.
Im Juni 1936 brach eine Gruppe von zwanzig SS-Führern zu einer Studienfahrt nach Island auf, um nach Spuren des vergangenen Thule zu suchen. Einer von ihnen war der Schriftsteller, SS-Mann, fanatische Gralsucher und Katharer-Experte Otto Rahn (1904-1939). In seinem 1937 erschienenen Buch „Luzifers Hofgesind" berichtete er über den Verlauf der Expedition. Er sah sich in der Nachfolge des bereits erwähnten griechischen Seefahrers Pytheas von Marseille, der - wie Rahn glaubte - auf seiner Nordlandfahrt die Urheimat Apollos gesucht und Spuren von den Hyperboreern gefunden hatte.
Die Expedition und zugleich Wallfahrt war jedoch eine Enttäuschung für Rahn und seine SS-Kollegen. Die kahle Insel wirkte öde, gänzlich ohne mystischen Zauber. Die Männer suchten vergebens nach Kult-

stätten oder Hinweisen auf uralte Besiedlungen. Rahn geriet in Zweifel, ob Thule wirklich Island sein konnte, und dehnte seine Spekulationen mit bescheidenem Erfolg auch auf den nördlichen skandinavischen Raum aus. Sein Tod durch Selbstmord im Alter von 35 Jahren setzte seinen Aktivitäten ein frühes Ende.

Zweifel jedweder Art waren Rahns SS-Kollegen Edmund Kiß hingegen völlig fremd. 1939 veröffentlichte Kiß einen „Thule-Roman", in dem er diese Kultur in mythische Zeiten zurückversetzte und als Außenposten des versunkenen Atlantis in der Nähe des heutigen Grönlands bezeichnete. Aufgrund einstiger milder Klimaverhältnisse sollte über Jahrtausende ein ewiges Paradies geherrscht haben. Wörtlich: „Die Winter in den Thuleländern waren damals, ehe das Reich verging, mild und fast ohne Schnee gewesen und der Sommer wie ein ewiger Frühling. Wenn es am nördlichen Erdpol Land gegeben hätte, wäre dort der Roggen reif geworden. Das Land aber war selten in den thuleschen Meeren, nur Inseln gab es, große und kleine, und die größte unter ihnen war Grönland, das in den Heimatlauten des Nordens Grünland genannt wurde, weil dort fast bis in polare Gegenden hinauf ein einziger grüner Garten reichte..."

Nach Kiß besaß die Thule-Kultur ein großes Wissen und auf ihren Schiffen wehte die Reichsflagge von Atlantis: ein blaues Banner mit dem silbernen gehakten Kreuz. Und wenn die Singschwäne an der Reling vorbei übers Meer zogen, klang es, „als würden tausend Harfen gerührt". Nach Anbruch der Eiszeit - so heißt es - sei das Thule-Paradies in einer Kältekatastrophe untergegangen und die Nordmänner hätten auf Schiffen ihre geliebte Heimat verlassen müssen. So verwandelte sich eine Idylle durch widrige Umstände ins Kriegerisch-Imperialistische.

Dieser radikale Schund und sein politischer Verwirklichungsversuch ist unter ungeheurem Getöse auf dem Schindanger der Geschichte gelandet, wo solche Auswüchse auch hingehören.

Nachdem wir uns den Missbrauch vor Augen geführt haben, der mit den Überlieferungen der Völker getrieben werden kann, wenn Wahnsinnige sich ihrer bemächtigen, können wir es wagen, ihnen ernsthaft und mit gebotener Zurückhaltung auf den Grund zu gehen. Sachlich, aber nicht mit Scheuklappen versehen. Beginnend mit dem Mythos aller Mythen: Atlantis...

Sehnsucht nach Atlantis

Wie eingangs klar gesagt: Unsere Zivilisation, ja sogar der Fortbestand der menschlichen Spezies, steht auf der Kippe wie nie zuvor. Es gibt keinen Vergleich in der bekannten Geschichte - nur in der unbekannten. Die einzige Analogie für eine Situation, in welcher dermaßen viel auf dem Spiel stand wie in der heutigen, findet sich im Untergang von Atlantis, der sich mit einem Neubeginn der Menschheit verbindet (ob uns ein solcher möglich sein wird, steht allerdings auf einem anderen Blatt). Wie auch immer.
Einschlägige Fachleute sind sich nicht einig, ob es mehr Literatur zum Zweiten Weltkrieg oder zu Atlantis gibt. Ohne zu dieser Frage eine Meinung zu äußern, soll damit gezeigt werden, wie ungeheuerlich die Atlantis-Literatur ist. Als der griechische Philosoph Platon oder Plato (ca. 429-348 v. Chr., Sohn des Ariston und Schüler von Sokrates) im 5. Jahrhundert vor Christus die Geschichte des untergegangenen Atlantis in seinen „Timaios-" und „Kritias-Dialog" einbaute, konnte er wahrlich nicht ahnen, dass er damit für eine nicht enden wollende Diskussion sorgen würde. Interessant ist in dem Zusammenhang, dass Platon in mehreren seiner Werke von riesigen, bewohnten Tunneln im Inneren der Erde spricht. Noch frappierender ist eine Formulierung aus dem Kritias-Dialog, deren anachronistische Natur bislang anscheinend außer Erich von Däniken niemandem aufgefallen ist. Sie lautet: „So entstand die Zeit gleichzeitig mit dem Weltall, auf dass beide, zugleich erschaffen, auch zugleich wieder aufgelöst werden." Mein Tipp: Fragen Sie einen Astrophysiker, ob das eine konkrete Aussage aus den aktuellsten Theorien zur Entstehung des Universums ist, und verraten Sie ihm erst hinterher, wenn er dem zugestimmt hat, woher sie stammt. Das dürfte selbst skeptische Wissenschaftler ins Grübeln bringen, gilt es doch heute als erwiesen, dass Raum und Zeit zugleich entstanden sind. Weit weniger bekannt als Platons Atlantis ist die nur in Fragmenten erhaltene Schrift „Atlantika" des Mythensammlers Hellanikos von Lesbos, in der nicht nur der Name Atlantis verwendet (er bedeutet dort „Tochter des Atlas"), sondern auch eine Verbindung zu Poseidon, Atlantis und den Inseln der Seligen hergestellt wird. Da es Hellanikos' Anliegen war, ähnlich wie bei Hekataios von Abdera (um 300 v. Chr.),

die griechischen Mythen zusammenzutragen und in eine logische Ordnung zu bringen, muss es vor ihm bereits eine verwurzelte mythische Atlantistradition in Griechenland gegeben haben, die mit der Familie des Meeresgottes Poseidon zusammenhängt.

Psychologen meinen, Atlantis sei untrennbar mit dem tief in der menschlichen Seele verankerten Wunsch nach dem Paradies verbunden. Im Gegensatz zu himmlischen Gefilden könnte Atlantis aber eine durchaus irdische Wurzel haben, die weit in unsere Vergangenheit zurückreicht. Veröffentlichungen über Atlantis überschwemmen seit Jahrhunderten den Markt. Millionen Menschen wurden und werden von der Faszination dieses Themas angesteckt. Es wäre ebenso vermessen wie Platz verschwendend, sich mit allen Theorien und Deutungen auseinandersetzen zu wollen. Statt dessen will ich versuchen, in diesem Berg - den ich natürlich nicht komplett durchackern konnte (kein Mensch kann das) - so gut und logisch wie möglich einen roten Faden zu finden, gewebt aus sachlichen Theorien, glaubwürdigen Überlieferungen, Berichten und Tatsachen, so phantastisch manche davon auch anmuten. Schwerpunkte meiner Erörterungen sollen jene Fakten (nicht wirre Vermutungen) sein, die man üblicherweise nicht in der klassischen bzw. weit verbreiteten Atlantis-Literatur von Muck bis Spanuth, von Berlitz bis Kaminski findet, deren Erkenntnisse natürlich auch erwähnt werden. Generationen von Forschern und Abenteurern haben nach Atlantis gesucht, seit 1626 das Buch „Nova Atlantis" (Das neue Atlantis) von Sir Francis Bacon, Viscount of St. Albans und Baron of Verulam, erschienen war. Zu einer Zeit, als die Kolonisierung der Neuen Welt begonnen hatte, beförderte es die seit dem Ende der Antike vergessene Atlantislegende wieder ins Bewusstsein vieler Menschen.

Weniger bekannt ist, dass dieses Werk der Auslöser für das Rosenkreuzer-Manifest gewesen sein soll und - vielleicht noch bedeutender - dass es von manchen Interpreten als „Blaupause" für das kommende Amerika verstanden wurde. Der Viscount of St. Albans beschreibt in „Das neue Atlantis" die Geschichte einer schiffbrüchigen Familie, die auf einer geheimnisvollen Insel strandet. Die dort Lebenden besitzen eine für das siebzehnte Jahrhundert kaum vorstellbare Technik mit Flugmaschinen, Unterseebooten und was sonst noch dazu gehört. Bacon bezieht sich auf Amerika als neues Atlantis und beschreibt die Gründung eines wissenschaftlichen Instituts nach den Richtlinien des „Unsichtbaren Kollegiums" des Rosenkreuzer-Manifestes. Das soll den Anstoß zur Gründung der „Royal Society" durch den Orden der Rosenkreuzer unter der Herrschaft des englischen Königs Charles II. gegeben haben. Bei einer Rede im englischen Parlament erklärte Bacon, sein Buch „Das neue Atlantis" wäre die Vorlage für die Schaffung einer neuen Welt in Amerika. Die im Jahr 1606 erfolgte Gründung der „Virginia Company" und die darauf folgende Besiedelung von Virginia sei für ihn sowohl ein politischer als auch ein spiritueller Akt, soll er weiter gesagt haben. Das nur am Rande. Dem Buch Bacons folgten im 17. und 18. Jahrhundert weitere zum Thema.

Platon selbst gibt mehrere Hinweise darauf, dass er die von ihm wiedergegebene Atlantis-Geschichte ernst genommen hat. Nach seinen Worten handelte es sich um eine „durchaus wahre Sage", um eine „wahre Begebenheit" und eine „wahre Erzählung." Platon bezeichnete seine Geschichte niemals als „mythos" (Legende) sondern stets als „logos" (wahres Wort). Die klassische Atlantis-Theorie ist zwar bei Platon festgeschrieben, geht aber auf den Staatsmann und Gesetzgeber (er war 594/93 Archon von Athen), Philosophen, Dichter und Historiker Solon (ca. 640-558 v. Chr.) zurück, der seine Quellen aus Ägypten bezog. Nach seinem Archonat verließ er als etwa Fünfzigjähriger für zehn Jahre Athen mit dem Plan, nach Ägypten zu gehen und dort ägyptisches Wissen zu studieren. Als er nach Ägypten kam, ging ihm schon der Ruf voraus, der Weiseste unter den sieben Weisen Griechenlands zu sein, weiser gar als Thales von Milet. Solon zeichnete aus, dass er vor dem Respekt hatte, was den Ägyptern heilig war. Er hatte die Weisheit einzusehen, dass die Ägypter über ein tieferes und fundierteres historisches Wissen verfügten als er selbst und seine griechischen Zeitgenossen. In Ägypten regierten zu der Zeit die Pharaonen der XXVI. Dynastie. Sie stammten aus Sais in Unterägypten, hatten das Land von der assyrischen Fremdherrschaft befreit und für den Handel und für kulturelle Beziehungen mit Griechenland geöffnet. Ein Teil dieser aufblühenden Verbindung beider Länder war eine ägyptisch-griechische Übersetzerschule in Sais, der Geburtsstadt des ersten ägyptischen Herrschers Amasis. Diese Stadt suchte Solon auf und interessierte sich dort vor allem anderen für den Tempel der Neith. Diese Göttin heißt in Griechenland Athene und ist die Namensgeberin der Heimatstadt Solons. Im Zuge seiner intensiven, lang dauernden Studien machte einer der Priester - entweder Pateneit oder Psonchis, darüber sind sich die griechischen Geschichtsschreiber uneinig - Solon mit einer Säuleninschrift über das Weltreich von Atlantis vertraut, jener Kultur, die vor selbst damals undenklichen Zeiten existierte und die im Laufe eines schrecklichen Tages und einer schrecklichen Nacht versunken sein soll. Sogar einem so hochgebildeten Griechen wie Solon waren diese Informationen vorher völlig unbekannt gewesen. Der Säulentext nennt zwei Daten, welche der Priester des Neith-Tempels für Solon als die Zeit vor (damals) 9000 bzw. 8000 Jahren berechnete.

Tief beeindruckt brachte Solon den Inhalt der Säuleninschrift nach Griechenland. Wie berichtet wird, trug er sich mit dem Gedanken ein Atlantis-Epos zu verfassen, war aber anscheinend bereits zu alt für ein solches Werk. Statt dessen gab er sein Wissen an seinen vertrauten Freund und Verwandten Dropides weiter. Über dessen Sohn Kritias (496-403 v. Chr.), der seinen gleichnamigen Enkel von Jugend auf mit dem Nachlass des Solon vertraut machte, ist der Inhalt der Säuleninschrift von Sais zu Platon gelangt, der ihn in zweien seiner Alterswerke („Timaios" und „Kritias") verarbeitete. Platon selbst war mütterlicherseits mit Kritias (dem jüngeren und dem älteren) und somit auch mit Solon verwandt.

Etwa drei Jahrhunderte nach Solon berichtete der Neuplatoniker Proclus, dass der griechische Philosoph Crantor aus Soloi die inhaltliche Übereinstimmung zwischen dem von Solon stammenden Atlantis-Bericht Platons und jenem Säulentext feststellte.

Papyrus-Kopien der Säuleninschrift von Sais sollen in der Bibliothek von Alexandria aufbewahrt worden und 47 v. Chr. dem berühmt-berüchtigten Brand zum Opfer gefallen sein.

Die Insel von Atlantis war demnach nicht klein, eher schon ein Kontinent, größer als das damalige „Lybien" (Nordafrika) und „Asien" (Naher Osten). Von allen Seiten von einem niedrigen Berg umschlossen, soll sich Atlantis auf einer Ebene erstreckt haben. Von prachtvollen Palästen, einer aufwändigen Hafenanlage und großen Wundern ist die Rede. Und von einer Katastrophe, die all diese Pracht im Meer verschwinden ließ. Hat Platon sich das alles ausgedacht? Oder handelt es sich um die Beschreibung einer verlorenen Kultur, an die sich nur noch die Ägypter erinnerten, von denen die Griechen dann ihr Wissen bezogen? Im zwanzigsten Jahrhundert nahm die Atlantisdebatte außerordentlich komplexe Dimensionen an. Da waren zunächst die Propagandisten des „okkulten Atlantis", beispielsweise die bereits erwähnte Helena Petrowna Blavatsky, Rudolph Steiner und der Amerikaner Edgar Cayce. Letzterer präsentierte in seinen in Trance abgehaltenen „Readings" eine phantastische Atlantisgeschichte. Durch Kontakt mit den Seelen ehemaliger Atlanter wollte Cayce erfahren haben, dass Atlantis, das er meist „Poseidia" nannte, bereits vor zehn Millionen Jahren existierte und eine grandiose technische Zivilisation hervorgebracht hat, an der es letztlich auch zugrunde ging.

Das amerikanische Medium Edgar Cayce, der „schlafende Prophet", gilt als der größte Seher aller Zeiten. Er wurde am 18. März 1877 auf einer Farm in der Nähe von Hopkinsville in Kentucky geboren. Von frühester Kindheit an zeigte er Wahrnehmungsfähigkeiten, die über die normalen fünf Sinne weit hinausgingen. Im Verlauf einer psychosomatischen Erkrankung, an der er mit Anfang zwanzig litt, gelang es ihm, sich selbst in eine Art hypnotischen Schlaf oder Trance zu versetzen - etwas, das er bereits als Kind praktiziert hatte, um seine Schulbücher auswendig zu lernen.

Während solcher veränderter Bewusstseinszustände war Cayce in der Lage exakte klinische Diagnosen für sich selbst und später auch für andere abzugeben, die weit über allem Möglichen lagen - selbst über den heutigen Diagnosemethoden. Die Medizin zog aus seinem einzigartigen Talent großen Nutzen, bekämpfte ihn aber gleichzeitig bis aufs Messer. Nichtsdestotrotz hielt die Universität von Chicago Cayce für so bedeutend, dass sie 1954 eine Doktorarbeit annahm, die sein Leben und Werk zum Thema hatte.

Edgar Cayce starb am 3. Januar 1945 und hinterließ über 14.000 stenographische Aufzeichnungen von telepathisch-hellsichtigen Mitteilungen, die er während eines Zeitraums von dreiundvierzig Jahren für über 8000 Menschen abgegeben hatte. Es sind die erwähnten „Readings" (Lesungen). Nur in einschlägigen Kreisen ist bekannt, dass der „schlafende Prophet" in vielen seiner Lesungen auch eine Reihe von ausführlichen Aussagen über Atlantis gemacht hat. Er bezog sich dabei auf

frühere Reinkarnationen in Atlantis, auf die Anfangstage unseres Planeten und auf dessen Zukunft.
Cayce stellte eindeutig fest, dass der Atlantis-Kontinent zwischen dem Golf von Mexiko und dem Mittelmeer lag, und wies daraufhin, dass Beweise dafür in den Pyrenäen, in Marokko, Honduras, in Yucatan und in Amerika zu finden seien. Auch die Westindischen Inseln hielt er in diesem Zusammenhang für wichtige Fundorte von Atlantis-Beweisen, ebenso nannte er das Gebiet um Bimini in der Karibik. Auch die ominöse „Vril-Kraft" erwähnte er, von der später die Rede sein wird.
Berichten zufolge äußerte er über die ersten Tage der Erde folgendes: „Die extrem nördlichen Gegenden waren damals im Süden. Anders gesagt: Die Polargegenden waren damals dorthin gedreht, wo sie die tropischen und subtropischen Regionen ausmachten ... Der Nil floss in den Atlantischen Ozean. Was jetzt die Sahara ist, war ein bewohntes Land und sehr fruchtbar. Was jetzt der mittlere Teil unseres Landes, das Mississippibecken, ist, war damals nichts als Ozean. Nur das Plateau war über Wasser, die Gegenden, die jetzt Teile von Nevada, Utah und Arizona sind, bildeten den größeren Teil dessen, was wir als die Vereinigten Staaten kennen.
Dieses Gebiet an der Atlantischen Küste bildete damals den äußeren Teil, die Niederungen von Atlantis. Die Anden bzw. die Pazifikküste von Südamerika nahmen damals den äußersten westlichen Teil von Lemurien ein.
... Es gab Veränderungen zu der Zeit, als die Aufstände in Atlantis und die Reisebewegung nach Süden erfolgte. Die weißen und die gelben Rassen kamen mehr in den Teil mit Ägypten, Indien, Persien und Arabien, und die Veränderung kam mit der Drehung der Achse."
Cayces „mentale Kontaktperson" betonte, es habe ursprünglich fünf Rassen gegeben: eine weiße, eine schwarze, eine rote, eine braune und eine gelbe. In seinen Lesungen bezeichnete Cayce sie als die „fünf Entwürfe", die gleichzeitig auf unserem Planeten erschienen, was die Anhänger der Evolutionstheorie aufs Tiefste bestürzte. Cayces Lesungen enthalten auch noch viele andere Informationen über die Entwicklung der frühen Menschen. Laut Cayce stammte das Volk der Atlanter von den sogenannten „Lemuriern" ab, einer mysteriösen Mischrasse aus Göttern und Menschen, die im Pazifik untergegangen war. Wer sich mit diesem für moderne Begriffe krausen Gedankengebäude einer

„gänzlich anderen Evolution" vertraut machen will, muss sich mit den Lehren der Theosophen (Stichwort Madame Blavatsky) und der Anthroposophen (Stichwort Rudolf Steiner) auseinandersetzen, die besonders beim Atlantis-Thema große Parallelen aufweisen. Edgar Cayce beeinflusste viele Atlantisforscher wie etwa Charles Berlitz, der das Thema in seinem ersten Buch „Das Atlantis-Rätsel" noch zurückhaltend anging, sich aber in späteren Büchern mehr und mehr immer kühneren Spekulationen hingab, die sich nicht zuletzt auch auf Cayces Aussagen stützten.

Für hemmungslos spekulationsfreudige Autoren, aber auch Radikalisten stammt die „nordische Rasse" von Aliens ab, während die Schwarzen die ursprünglichen Einwohner der Erde sind. Demnach kommen die wahren Urahnen der Atlanter, Sumerer usw. bis zu den Germanen aus dem Weltall, und zwar aus dem System des 68 Lichtjahre entfernten roten Riesensterns der Spektralklasse K5 „Aldebaran", dem Hauptstern im Sternbild des Stiers, den die Perser als einen der vier „Königlichen Sterne" betrachteten und den die antiken Griechen „Fackel" nannten. Dort sollen zwei Planeten das Reich „Sumeran" bilden, in dem es ein „Herrenvolk" von „hellen Gottmenschen" und diverse „niedere" (farbige) Völkerschaften geben soll. Besagte Aliens wären vor Millionen Jahren auf die Erde gekommen und hätten vor 300.000 Jahren durch Gentechnologie den Homo sapiens als Arbeitssklaven geschaffen. Diese hätten nach Rückzug ihrer außerirdischen „Schöpfer" eine Zivilisation in Tibet errichtet, die sich ausbreitete. Daraus entstanden die Atlantiden. Nach dem Untergang des Atlantiskontinents sei es dann zur Gründung der Kulturen von Ägypten, Ur und China gekommen. Letzte Zuflucht und nach wie vor atlantisches Machtzentrum sei Tibet - das „Reich der Schwarzen Sonne". Damit sind wir unversehens wieder beim Thule-Bund und bei Sebottendorff, der 1917 von Aliens über den noch nebulöseren Uraltorden der „Herren vom Schwarzen Stein" (Nachfolger der Tempelritter) Alien-Technik erhalten haben soll, und waten abermals in den schlammigen Gewässern einer unseligen Vergangenheit. Mit diesen wirren Vorstellungen, die heutzutage zu einem Klotz am Bein seriöser Forschung in Richtung Vorgeschichte, speziell Atlantis, geworden sind, genug des Phantastischen und Extremen. Wie könnte die Sache wirklich aussehen? Sollte es Atlantis in welcher Form auch immer gegeben haben, wo mag es sich befunden haben?

Ein achter Kontinent?

Platons Bericht und ein großer Teil der Atlantisliteratur vom 17. bis zum 20. Jahrhundert lokalisieren Atlantis im Atlantik. Das wohl bekannteste frühe Atlantisbuch stammt wie Bacons „Neues Atlantis" aus dem 17. Jahrhundert. Es wurde von dem Jesuitenpater Athanasius Kircher verfasst und trägt den Titel „Untergegangene Welt" (Mundus Subterraneus). Kircher, der neben Leibniz als bedeutendster deutscher Wissenschaftler seiner Zeit gilt, war ein echter Universalist. Ausgebildet in mehreren alten Sprachen konnte er Platon im Original lesen. Sein Buch ist auch heute noch bekannt und wird gerne als Quelle verwendet, nicht zuletzt weil Kircher eine Karte von Atlantis anfertigte, die die Insel in der Mitte des Atlantiks zwischen Europa und Amerika zeigt. Weltweit zum Gesprächsthema wurde Atlantis im 19. Jahrhundert durch den amerikanischen Kongressabgeordneten Ignatius Donnelly, der die damals entdeckte riesige Erhebung am Grunde des atlantischen Ozeans namens „Delphingürtel" als Aufhänger für eine dramatische Atlantis-Theorie benutzte. Für Donnelly waren Ägypten und andere antike Hochkulturen Kolonien von Atlantis und der biblische Sintflutbericht eine Erinnerung an den Untergang von Atlantis. Donnellys aufsehenerregendes Buch „Atlantis, The Antediluvian World (Atlantis, Die vorsintflutliche Welt)" erschien 1882. Es wurde umgehend zu einem Bestseller (in zeitgeistigen Worten sogar Mega-Seller) mit über fünfzig Auflagen, der auch heute noch laufend zitiert wird. Im deutschsprachigen Raum gilt der österreichische Ingenieur Otto Muck als ernst zu nehmender Atlantisforscher. In seinem 1954 erstmals erschienenen und seitdem immer wieder aufgelegten Buch „Atlantis - die Welt vor der Sintflut" vertrat er die These, dass Atlantis am 5. Juni des Jahres 8498 v. Chr. durch den Einschlag eines Asteroiden in der Nähe von Puerto Rico vernichtet wurde. Durch den Impakt hätten sich die Kontinentalplatten verschoben. Das auf dem mittelatlantischen Rücken gelegene Atlantis sei auf diese Weise untergegangen. Ähnlich wie Donnelly sieht auch Muck in Atlantis die Wiege der Menschheit und glaubt, auf diese Weise gewisse Parallelen bei weit auseinander liegenden Kulturen erklären zu können. Wie es scheint, hat Muck einiges von Donnelly übernommen, unter anderem die heute immer noch in der Atlantisforschung herumgeisternde Vorstellung, Atlantis habe einst den warmen Golfstrom blockiert und so die Eiszeit in Europa entstehen lassen. In Otto Mucks Buch „Alles über Atlantis" findet man die schematisch abgebildeten beiden Kontinente Afrika und Amerika mit Atlantis in der Mitte. Durch eine Katastrophe wird dieser Kontinent dann abgesenkt, und es ergibt sich das heutige Bild. Das sieht überzeugend aus, hat aber seine Mucken. Geologen wie der 1999 an einer heimtückischen Krankheit viel zu früh verstorbene Dr. Johannes Fiebag halten entgegen, ein Kontinent wie „Atlantis" könnte nicht absinken. Sein spezifisches Gewicht würde ihn daran hindern. Er könnte vielleicht in einzelne Schollen zerfallen, aber diese Schollen würden dann horizontale und keine vertikalen Bewegungen durchführen (Subduktionstheorie). Darüber hinaus besteht das Material des mittelatlantischen Rückens nicht aus dem gleichen Gestein wie die Kontinente, wie Muck und seine Zeitgenossen angenommen haben.

Möglich ist, dass es im Laufe der Geschichte des Atlantiks immer wieder kleine Inseln (Teile des mittelatlantischen Rückens) gab, die über das Wasser ragten und dann versanken. Derartige Bewegungen geschehen langsam und stetig, nicht in einem plötzlichen katastrophalen Ereignis. „Katastrophe" ist das Stichwort für die Atlantis-Verfechter. Sie halten sich unter anderem an die Veröffentlichungen des Geologen-Ehepaars Edith und Alexander Tollmann über den Einschlag eines Asteroiden oder Kometen vor etwa 10.000 Jahren. Diese Vorstellung beruht unter anderem auf den Arbeiten des Geologen E. Gill, der an der australischen Ostküste Tektiten fand, deren Alter er auf knapp über 14.000 Jahre datierte. (Tektiten sind geschmolzenes Erdmaterial, das durch die Gluthitze beim Aufprall von Meteoriten entsteht.)

Für die These eines „Atlantis im Atlantik" werden auch archäologische Funde bemüht. Beispielsweise die rätselhaften Ruinen, die sowjetische Wissenschaftler am Mount Ampère unter dem Meeresspiegel des Atlantiks entdeckt und fotografiert haben. 1974 sollte das sowjetische Forschungsschiff „Petrovskij" Fotos vom Meeresboden im Gebiet des Hufeisen-Archipels anfertigen, einer U-förmigen Gruppe von Unterwasserbergen, die ungefähr 483 Kilometer westlich von Gibraltar aus dem Meeresboden aufsteigen. Sie liegen in demselben Gebiet, in dem die berühmte Insel von Kapitän Robson ebenso schnell aus dem Meer aufgetaucht war, wie sie auch wieder verschwand. Einige der submarinen Erhebungen des Hufeisen-Archipels kommen bis auf weniger als hundert Faden (ein Faden ist 1,828 Meter) an die Wasseroberfläche heran, beispielsweise die Unterwasserkuppen Ampère und Josephine. Das Ziel der Expedition war die Untersuchung der Sandbänke in den seichten Gewässern des Mittelmeeres und des Atlantischen Ozeans in der Nähe der Nordwestküste Afrikas. Das an Bord befindliche Forschungsteam umfasste neben anderen Experten einige Geologen und Biologen, einen Mitarbeiter des Instituts für Ozeanographie der UdSSR und Spezialisten für Unterwasserfotografie. Als die Fotos der „Petrovskij" schließlich vorlagen, waren die Forscher besonders von den Aufnahmen überrascht, die die Kuppe des Ampère zeigten, der aus einer Tiefe von mehr als dreitausend Metern bis zu 60 Meter unter dem Meeresspiegel ansteigt. Der Fotograf Wladimir Iwanowitsch Marakujev bemerkte zu den Fotos: „Noch während der Expedition, als ich die Aufnahmen entwickelt hatte und die ersten Abzüge machte, wurde mir klar, dass ich Derartiges noch nie zuvor gesehen hatte. Das ozeanographische Institut der UdSSR hat ein umfangreiches Archiv von Unterwasserbildern, die im Verlauf vieler Jahre auf zahlreichen Expeditionen in alle Teile der Weltmeere gemacht wurden. Wir besitzen auch Kopien von vielen tausend Aufnahmen unserer amerikanischen Kollegen. Aber noch nie ist mir etwas untergekommen, das so sehr den Spuren menschlichen Lebens und menschlicher Tätigkeit in Bereichen gleicht, die einst trockenes Land gewesen sein könnten."

Die Wissenschaftler der „Petrovskij" suchten weder nach Überresten von Atlantis noch spielte das rätselhafte Land irgendeine Rolle bei ihren Forschungen. Darum hatten sie zunächst nicht einmal bemerkt, dass auf einigen ihrer zahlreichen Aufnahmen auch archäologische Relikte zu erkennen waren.

Das geht aus einer zusammenfassenden Darstellung der Expedition von M. Barinov hervor, die 1979 in der Ausgabe Nr. 8 der sowjetischen Zeitschrift „Znanie-Sila" veröffentlicht wurde. Bis dahin hatten die Sowjets allerdings einige Jahre lang den Mantel des Schweigens über die Expedition und ihre Ergebnisse gebreitet.

In dieser Zusammenfassung stand unter anderem: „Auf dem ersten Bild sehen wir links eine Mauer, an deren oberem Rand deutlich einzelne Steinblöcke zu erkennen sind ... Obwohl die Linse fast senkrecht nach unten gerichtet war, kann man das Mauerwerk an insgesamt fünf Stellen ganz deutlich erkennen. Die einzelnen Steinblöcke dürften etwa ein-einhalb Meter hoch und etwas mehr als das lang sein, wenn man die durch die geringe Entfernung zwischen Linse und Objekt verursachte Verzerrung berücksichtigt.
Auf dem zweiten Foto sehen wir dieselbe Mauer direkt von oben. Sie zieht sich diagonal durch das Bild. Das Kontroll-Lot ist in der Mitte des Bildes zu sehen. Die Stärke der Mauer lässt sich ohne Schwierigkeiten auf ungefähr fünfundsiebzig Zentimeter berechnen. Die Mauerblöcke sind beiderseits der Mauer deutlich zu erkennen. Auf allen Fotos sieht man dicken, rötlichbraunen Seetang.
Das dritte Foto stammt aus einer anderen Aufnahmeserie von der Kuppe des Ampère. Auf diesem Foto ist eine mit Lava bedeckte Fläche zu sehen, die in drei Stufen abzufallen scheint. Wenn man den oberen und den nur undeutlich sichtbaren unteren Rand dazurechnet, können wir alles in allem fünf Stufen erkennen. Natürlich sind sie verfallen und außerdem von glasartigen Schwämmen überwuchert."
Nach einer Begutachtung der Originalfotos äußerte Professor Andreij Aksjonov, Vizedirektor des Instituts für Ozeanographie der Sowjetischen Akademie der Wissenschaften: „Meiner Ansicht nach standen diese Gebilde früher auf der Erdoberfläche."
Zur selben Zeit, als der Artikel in „Znanie-Sila" veröffentlicht wurde, gab es in der Weltpresse zahlreiche Sensationsberichte über die Entdeckung der Petrovskij. Der Verdacht kam auf, dass in der „Znanie-Sila" nicht alle Informationen über die Fotos veröffentlicht wurden. Damit verlassen wir den Atlantik fürs erste.

Manche Autoren versuchten, Atlantis in oder nahe ihrer jeweiligen Heimat aufzuspüren. Diese originelle Spielart von Lokalpatriotismus hat sich bis in die Gegenwart fortgesetzt. Der wohl bekannteste Vertreter dieser Gattung in Deutschland ist der nach dem Zweiten Weltkrieg in Verruf geratene Pastor Jürgen Spanuth (1907-1998), der in mehreren Büchern zu beweisen versuchte, dass Helgoland ein Überrest von Atlantis ist. Nach Spanuth war Atlantis eine bronzezeitliche

Hochkultur (bis ca. 1200 v. Chr.) mit Zentrum auf oder in der Nähe von Helgoland, das bis ins 17. Jh. eine große Insel war („Das ‚witte Kliff' stürzte erst bei der letzten ‚großen Mandränke' im 17. Jahrhundert ein, bei der weitere Landteile in der Nordsee überflutet wurden.").

Der deutsche Archäologe Eberhard Zangger lokalisierte Atlantis in Troja, fast könne man sagen, eine späte Hommage an den deutschen Troja-Entdecker Heinrich Schliemann. Das mag überraschen, sieht man doch von Troja heute nur das, was vier Kilometer von den Dardanellen entfernt auf dem heute türkischen Hügel Hissarlik (früher Hellespont) die Jahrtausende überdauert hat; auch liegt Troja nicht am Meer. Doch das war einmal anders. Um etwa 1300 v. Chr. lag Troja an einer Bucht. Es war ein Hafen für Schiffe, die auf der 65 Kilometer langen Meeresstraße der Dardanellen zwischen Europa und Asien fuhren, welche die Ägäis mit dem Marmara-Meer verbindet. Archäologen haben die Ebene um den Hügel Hissarlik untersucht und fanden Spuren der eigentlichen Stadt Troja. Schiffe, die ins Marmara-Meer fuhren, mussten Troja passieren. Durch die Erhebung von Zöllen erreichte die Stadt einen ungeahnten Wohlstand und für die damalige Zeit eine enorme Größe. Das rief sicher auch Neider auf den Plan oder es erregte Ärger bei denen, die keinen Handel treiben konnten ohne Zölle an Troja zu entrichten. So mag es in der Tat zu Kriegen zwischen Mykenern (Griechen) und Trojanern gekommen sein. Ob Troja durch diese Kriege zerstört oder erst im Zuge der Völkerwanderungen des zwölften vorchristlichen Jahrhunderts verlassen wurde, ist zur Zeit nicht bekannt.

War Troja nun Atlantis? Dagegen spricht einiges. Zunächst einmal die Lage: Troja liegt nicht jenseits der Säulen des Herkules (Gibraltar), sondern bei den Dardanellen, östlich von Athen. Die Beschreibung der städtischen Pracht durch Platon deckt sich nicht mit dem, was in Troja gefunden wurde. Troja war nicht so pompös wie Atlantis. Auch das von Platon angegebene Alter macht Probleme: Atlantis soll 9000 Jahre vor Platos Atlantisdialog untergegangen sein, Troja 700 vor Christus.

Platons Beschreibung deutet eher auf Westspanien hin, möglicherweise auf das legendäre Tartessos. Im Dialog wird das „Gadeirische Land" erwähnt - Gadeira aber lässt sich genau lokalisieren: es handelt sich dabei um die heutige spanische Hafenstadt Cadiz am Atlantik. Immerhin fand man dort, wo Tartessos vermutet wird, Überreste einer Stadt, in der Archäologen sogar Hinweise auf Kontakte zu Ägypten nachweisen konnten. Auch Spuren eines Krieges sind vorhanden.

Atlantis wird auch in den Regionen vermutet, die heute vom Wasser des Schwarzen Meeres bedeckt sind, um 6000 v. Chr. aber trockenes Land und Uferregionen eines großen Süßwassersees waren. Für diese Gebiete konnten die amerikanischen Geophysiker Walter Pitman und William Ryan gemeinsam mit Wissenschaftlern aus Bulgarien, Russland und den USA eine gewaltige Sintflut nachweisen. Um 6000 v. Chr. siedelten Menschen am Ufer des damaligen Süßwassersees und betrieben Ackerbau und Viehzucht. Als die Barriere zwischen Marmara-Meer und dem Schwarzmeersee brach, ergoss sich sturzflutartig Salzwasser in den Binnensee, überflutete die Küstenstreifen und zwang die Menschen zur Flucht in höher gelegene Regionen. So entstanden nicht nur die zahlreichen Sintflutlegenden, sondern auch die Erinnerungen an ein längst untergegangenes Land, in dem paradiesische Zustände geherrscht haben sollen. Lag Atlantis also an den Ufern des Schwarzmeersees? Hier gibt es aber zwei Probleme: einmal der Ort (nicht jenseits der Säulen des Herkules) und die Zeit (nicht 9000 Jahre vor Platon). Höchstens die Argonautensage, bei der es sich um einen frühen Bericht der Erkundung des Schwarzen Meers handeln soll, könnte für diese Annahme sprechen, heißt es doch in einem Abschnitt: „... abends gehen sie ans Land in der Insel der Atlantiden ... sie sollten die Weih' in dem Eiland nicht verschmähen, die Geheimnisse nicht..."

Das Problem hier: Die Argonauten erkundeten das Schwarze Meer zu einer Zeit, als der Zugang zum Marmara-Meer geöffnet war. Ein Atlantis an den Ufern des Schwarzmeersees wäre zu dieser Zeit längst untergegangen gewesen. Moderne Geologen argumentieren, die Ozeanböden seien heute so gut vermessen, dass da einfach nichts ist, was mit einer Großinsel im Atlantik in Übereinstimmung gebracht werden könne. Dies sei auch von der Plattentektonik her überhaupt nicht möglich, da im Atlantikboden kein Ozeanboden versenkt oder subduziert (unterschoben) wird, wie der Fachausdruck lautet. Das trifft aber nur zu, wenn Atlantis durch einen geologischen Prozess versunken ist, nicht aber, wenn es durch einen schlagartigen Kataklysmus vernichtet wurde. Man erinnere sich der Zeile „Versunken im Laufe eines schrecklichen Tages und einer schrecklichen Nacht".

Wenn Atlantis tatsächlich existiert hat, lag es auf einer geologischen Schwächezone erster Ordnung. Die extrem dünne Erdkruste steht unter permanenter Zugspannung und ist zudem von Längs- und Querbrüchen durchsetzt. Ein Asteroideneinschlag im Atlantik könnte das ganze empfindliche Gebiet, in das Atlantis eingebettet war, nämlich das Azorenplateau mitsamt dem Mittelatlantischen Rücken entzündet haben, so dass sich die atlantischen Vulkanketten schlagartig gemeinsam ergossen. Ein Impaktbeben könnte weitere Spuren verwischt haben. Bei all diesen Theorien einer schnellen Vernichtung spielen Überlegungen hinsichtlich eines frühgeschichtlichen Atomkriegs noch gar keine Rolle, auf den sich mehr Hinweise entdecken lassen, als der klassischen Archäologie oder Geschichtsschreibung lieb ist. Ausführliches dazu in den Kapiteln über „Götterkriege".

Das Geologen-Ehepaar Tollmann hält die einstige Existenz eines atlantischen Mikrokontinentes im Atlantik durchaus für denkbar - und für wahrscheinlich! Die Tollmanns weisen darauf hin, dass es auf dem Atlantikboden kein ungestörtes Magnetstreifenmuster gibt. Wenn ausgetretener Basalt abkühlt, dann erfolgt eine neue Magnetisierung der Eisenminerale, die wiederum dem Ozeanboden das Streifenmuster „aufdrückt". Nun fehlt aber gerade im Raum nordöstlich und südwestlich der Azoren dieses Muster. Das spricht sehr für einen Impakt, denn bei einem solchen würden die Muster durch die starke Erhitzung ausgelöscht werden.

Tatsächlich fehlt im Bereich des Azoren-Rückens weithin die ansonsten übliche Sedimentbedeckung über der Basaltkruste des Ozeans, die ein Hinweis auf einen Basaltaustritt erst in erdgeschichtlich jüngerer Zeit wäre. Es gibt also tatsächlich geologische Indizien, die für die ehemalige Existenz von Atlantis genau dort sprechen, wo es laut Plato einst lag: im Atlantischen Ozean vor den Toren Gibraltars!

Ist es also doch denkbar, dass in diesem empfindlichen Gebiet einst eine Großinsel gelegen haben könnte, die blitzartig abgesenkt wurde?

Archäologische Ungereimtheiten

Die offizielle Geschichtsschreibung endet fünf- bis sechstausend Jahre vor unserer Zeit. Vorher herrschte nach offizieller Lesart Öde, Leere und Barbarei. Bereits hier spießt es sich gewaltig, wie schon ein einziges Beispiel belegt: Im armenischen Medzamor wurden über dreitausend Jahre alte Werkzeuge und Instrumente aus Stahl ausgegraben. Jeder Schüler weiß, welch industriellen Aufwandes es bedarf, den Kohlenstoff aus dem Eisen zu entfernen, um daraus Stahl zu erzeugen. Artefakte, die es nicht geben dürfte, sind Legion.

Im angelsächsischen Sprachraum gibt es schon länger den Begriff „ooparts" (out of place artifacts) für anachronistische Funde, die dort dank immer besserer Untersuchungsmethoden etwa seit der Mitte des neunzehnten Jahrhunderts eingehend erforscht werden. So sorgte bereits 1845 Sir David Brewster für Verwirrung bei der berühmten „British Association for the Advancement of Science" (Britische Vereinigung für die Entwicklung der Wissenschaft), als er den ehrwürdigen Mitgliedern eine eindeutig als solche identifizierbare Schraube präsentierte, die zur Hälfte in einem mindestens sechzig Millionen Jahre alten Granitblock aus dem Kindgoodie-Steinbruch in Nordengland steckte. In der Juniausgabe des Scientific American von 1851 findet sich der Bericht über eine glockenförmige Vase aus einer Legierung von Silber und Zinn. Sie ist mit Einlegearbeiten reichlich verziert, die Blumenarrangements darstellen. Entdeckt worden war das anspruchsvoll ausgeführte Kunstobjekt in fünfzehn Metern Tiefe bei Sprengarbeiten am sogenannten „Meeting House-Hügel" in Dorchester im US-Bundesstaat Massachusetts, eingebettet in einer Millionen Jahre alten Gesteinsschicht. 1936 entdeckte der Farmer Tom Kenny aus Plateau Valley in Colorado beim Graben eines Gemüsekellers in derselben geologischen Schicht, in der Millionen Jahre alte Fossilien des dreizehigen Miozän-Urpferdes zu finden sind, das Teilstück einer gepflasterten Straße. Arbeiter aus Blue Lick Springs in Kentucky stießen einige Meter unterhalb(!) eines Mastodon-Skelettes auf ein präzise bearbeitetes Straßenpflaster.

Gekünstelte „natürliche Erklärungen" für „ooparts" sind oft von einer solchen Peinlichkeit, dass ich sie hier nicht wiedergeben möchte. Mehr

über Anachronistisches dieser Art findet sich in meinem gleichfalls im Michaels-Verlag erschienenen Buch „Neue UNERKLÄRLICHE PHÄNOMENE" (siehe auch meine Homepage www.farkas.at)
Seien wir ehrlich: Die von der Wissenschaft zugestandene Zeit, in der die Menschheit den phantastischen Sprung von den Ackerbauern in den Tälern des Nil, des Euphrat und des Tigris bis zu unserer modernen Technik geschafft haben soll, ist für diese Entwicklung schlicht und einfach zu kurz. Es wäre fürwahr ein Wunder, wenn die Menschen im Lauf von nur 6000 Jahren vom Ochsenkarren zu unseren Luxusautomobilen und vom Bumerang zu unseren ferngesteuerten Satelliten gelangt wären. Die Wissenschaft kennt keine Wunder. Den einzigen Ausweg aus dem Dilemma bietet die Hypothese, dass die von der Archäologie anerkannten Kulturen auf die Kenntnisse, Überlieferungen, Hinterlassenschaften und Geheimnisse vorangegangener Hochkulturen und Zivilisationen aufbauen konnten.

Legt man die verordneten Scheuklappen ab, so ist es mehr als wahrscheinlich, dass die Ursprünge des Menschen viel weiter zurückreichen, als unsere Lehrmeinung es wahrhaben will. Die Erde hat gewaltige Kataklysmen erlebt, die hauptsächlich durch die Verlagerung ihrer Achse und den Absturz riesiger Meteoriten ausgelöst wurden. Anfang 2001 wurde von Wissenschaftlern festgestellt, dass im Laufe der Erdgeschichte mindestens zwei Asteroiden auf der Erde eingeschlagen sind, deren Dimensionen ausreichen, um auf unserem Planeten keinen Stein auf dem anderen zu lassen.

Einer dieser Impakte erledigte vor 65 Millionen Jahren nicht „nur" die 140 Millionen Jahre lang unumstritten herrschenden Dinosaurier, sondern alle Lebewesen mit einem Körpergewicht von mehr als zehn Kilogramm. Ihm verdanken wir die Entwicklung vom kleinen Insektenfresser zum anmaßenden Homo sapiens, der eben im Begriff ist, seinen blauen Planeten so bewohnbar zu machen wie den Mond.

Im Laufe geologischer Umwälzungen, die zwar nicht diese Mega-Ausmaße hatten, aber für weltweite Desaster ausgereicht haben dürften, sind große Zivilisationen spurlos verschwunden. Nicht verschwunden ist die Erinnerung an sie.

Wenn Völker sich erinnern

Bei ehrlicher Betrachtung wird einem klar, dass die Menschheit Gefahr läuft unterzugehen oder von unvorstellbaren Katastrophen heimgesucht zu werden, ohne etwas über ihren Ursprung erfahren zu haben, ohne zu erfahren, ob ihr Geschick von unbekannten Herrschern gelenkt wurde und wird. Die Menschen des dritten Jahrtausends wissen nicht, ob höherstehende Vorfahren in sehr ferner Zeit heute unbekannte große Kulturen geschaffen und wissenschaftliche Großtaten vollbracht haben.

Unser Wissen über die frühe Geschichte ist in Wirklichkeit mehr als lausig. Rätselhaftes aus fernster Vergangenheit lässt uns ahnen, dass die Geschichte vielleicht doch nicht ganz so verlaufen sein könnte, wie es gelehrt wird. Das Aufblühen der ägyptischen Baukunst oder der Bau der Pyramiden erscheinen wie von Zauberhand. Legenden erzählen vom Land der Hyperboreer und der Atlantiden, von „Türmen der fliegenden Menschen von Simbabwe und Peru" und von anderem, das offiziell nicht zur Kenntnis genommen wird. Viele, sehr viele Legenden erzählen von Atlantis.

Folgt man der Darstellung Platons, beherbergte Atlantis eine Hochkultur, die in etwa der Kultur Griechenlands im 5. Jahrhundert vor Christus entsprach. Folgt man den Okkultisten, dann war Atlantis einst eine mächtige technologische Zivilisation, die ihre Spuren auf der ganzen Welt hinterließ. Diese Ansicht behagte vielen Atlantisforschern sehr. Einige von ihnen legten sogar noch weitergehende Thesen vor. Sie stellten Bezüge zwischen Atlantis und Kulturrätseln bzw. kulturellen Gemeinsamkeiten her, und sie wiesen auf seltsame Berichte von frühgeschichtlichen Vorgängen hin, die erstaunlich moderne Züge aufweisen (Stichwort: Götterkriege).

Das heilige Buch der Inder „Bhagavata Purana" zählt vier aufeinanderfolgende Weltalter auf, die der Reihe nach durch die Wut der Elemente zerstört wurden. Der gegenwärtige Zyklus wäre der fünfte. Von dem griechischen Dichter Hesiod (8. Jahrhundert v. Chr.) hören wir, dass im alten Hellas ein ähnlicher Glaube verbreitet war, nachdem es vier Zeitalter gab: zuerst das goldene, in dem die Menschen den Göttern glichen, hierauf das silberne, in dem ihr Verstand sich zu verdunkeln begann, dann kam das eherne Zeitalter mit starken, kriegerisch gesinnten Menschen, die sich gegenseitig vernichteten. Das vierte Zeitalter ist das der klassischen Helden, an deren Abenteuern wir uns begeistern. Auch nach der griechischen Sage befinden wir uns gegenwärtig im fünften Zeitalter, dem eisernen, an dessen Ende wir, wie alle vorhergehenden Geschlechter, von Zeus vernichtet werden (oder von uns selbst). Nach Censorius (geboren 238 n. Chr.) glaubten die Griechen, dass die Welt am Ende jeder dieser Epochen vom Wasser oder vom Feuer verschlungen würde.

Wenn die klassischen Historiker von Göttern und Halbgöttern sprechen, nehmen wir das nicht ernst. Aber warum soll man nicht annehmen, dass im sogenannten goldenen Zeitalter höhere Wesen auf der Erde gelebt hätten? Am Ursprung jeder alten Zivilisation steht ausnahmslos ein göttliches Wesen, das den Menschen die Kultur bringt. Der ägyptische Wissenschaftsgott und Lehrer der ägyptischen Urmutter, der Göttin Isis, Thot, ist identisch mit dem „dreimal großen Hermes Trismegistos", der neben der berühmten Smaragdenen Tafel über 1.200 hermetische Bücher verfasst haben soll. Bereits im 18. Jahrhundert konnte der Gelehrte Dr. Sigismund Bacstrom die bis heute nicht verstummte Behauptung widerlegen, die Tafeln seien ein Produkt des Mittelalters.

Thot/Hermes soll großes Wissen fix und fertig „aus dem Westen" importiert haben. Nach den Beinamen zu schließen, die ihm im „Totenbuch" und in gewissen pharaonischen Inschriften verliehen werden, nämlich „Herr von jenseits der Meere" und „Hüter beider Länder", halten ihn viele für einen der Führer von Atlantis. Einer Legende zufolge soll er die anderen Götter auf seinen Flügeln in den Osten, auf die andere Seite des Meeres Kha, getragen haben.

Das fünftausend Jahre alte chinesische Orakelbuch „I-Ging", in dem moderne Biowissenschaftler frappierende Hinweise auf den Doppelhelix-Wendelfaden im menschlichen genetischen Code entdeckt haben, schreibt sogenannten „himmlischen Genies" das Verdienst zu, zum Segen der Menschheit die Landwirtschaft eingeführt zu haben. Die australischen Eingeborenen geben an, dass sie ihre Kultur himmlischen Wesen namens Baima, Daramulun und Bunjil verdanken.

Dem friesischen „Oera Linda Boek" aus dem achten Jahrhundert, verfasst von einem Mann namens Hiddo Oera Linda, der Überlieferungen gesammelt und katalogisiert hat, wurde Jahrhunderte später, 1256, eine bemerkenswerte Schlussformel hinzugefügt: „Atland (Atlantis) wurde zerstört, als die Erde bebte, der Himmel sich verdunkelte und große Explosionen wie Donner hallten. Als sich dieses begab, führte der König von Atland jene, die nicht getötet worden waren, durch riesige Tunnel in das Land von Wotan." Um Missverständnissen vorzubeugen und gleichzeitig ein interessantes Faktum hervorzuheben: mit dem „Land von Wotan" ist hier Zentralamerika gemeint, wie Kommentatoren des Oera Linda Boeks festgestellt haben. Noch verblüffender wird die Sache, entdeckt man in Harold Bayleys Buch „Archaic England" aus dem Jahr 1919 die erstaunliche Passage, besagter Wotan hätte von Mexiko aus Spanien und Rom durch unterirdische Passagen besucht, die von seinen Brüdern vor langer Zeit gegraben worden waren (und das offenbar unter dem Atlantischen Ozean oder unter der Oberfläche eines Kontinents, der damals noch existent gewesen sein musste).

Diese und eine Reihe ähnlicher, nicht weniger erstaunlicher Überlieferungen oder Aufzeichnungen stammen aus zahlreichen unumstrittenen Quellen in mehreren Ländern auf allen Kontinenten. Aus Bibliotheken in Europa und Amerika, aus den Chroniken der Konquistadoren und den Legenden der Indianer, Araber, Ägypter, Inder, Chinesen und Japaner.

Gräbt man nach den Wurzeln vieler Religionen, so stößt man auf Aussagen chinesischer Taoisten, die von dem Ort erzählen, wo die „Unsterblichen aus dem Westen" hausen, und von Shamballah, der „Stadt der Sternenmenschen". Es gibt uralte australische Berichte von der „Zeit der Träume", einer unendlich fernen Epoche, in der die Menschheit mit himmlischen Wesen in Verbindung stand. Legenden erzählen von geflügelten Schlangen, von Zauberspiegeln, von unterirdischen Palästen und von ewigen Lampen, die die unterirdischen Gewölbe erhellen. Alles nur Phantasien ohne realen Hintergrund in fernster Vergangenheit...?

Im Flug von Hyperborea um die Welt

Griechische und römische Geschichtsschreiber wie Herodot, Diodoros Siculus, Plinius oder Vergil sprechen vom Kontinent Hyperborea als einer großen, im Nordmeer gelegenen Eisinsel, auf der durchsichtige Menschen gelebt haben sollen. Die durchsichtigen Hyperboreer wurden undurchsichtig, als sie sich mit den weißen Völkern des Abendlandes zu vermischen begannen, bewahrten jedoch eine außergewöhnliche Intelligenz, die der aller anderen Menschen überlegen ist. Ihre Hauptstadt „Thule"(!) wurde von den Seefahrern des Mittelalters häufig nach Norwegen, ja sogar auf die Shetland-Inseln verlegt.
Um 1920 zirkulierte in Frankreich die „Revue Baltique", in der vor allem die Frage untersucht wurde, ob als unmittelbare Nachkommen der Hyperboreer die Litauer anzusehen seien, deren Sprache viele Berührungspunkte mit dem Sanskrit hat. Die 1921 in Paris erschienene Zeitschrift „Les Polaires" hatte den Ehrgeiz, den alten Mythos von Hyperborea wieder neu zu beleben. Doch war es vor allem in Deutschland, wo diese Art von Literatur einen besonders fruchtbaren Boden fand und viele Vertreter hatte. Beispielsweise die von Felix Niedner herausgegebene Sammlung „Thule, Altnordische Dichtung und Prosa" (24 Bände, 1911-1930, Eugen Diederichs, Jena), Dietrich Eckarts Kampfzeitschrift „Auf gut deutsch" oder „Die Hanussen-Zeitung", das Blatt des Magiers und Hellsehers Hermann Steinschneider mit dem Pseudonym Erik Jan Hanussen, der von den Nazis ermordet wurde.
Wie schon erwähnt, war der Seefahrer Pytheas aus Marseille so weit wie möglich in den Norden vorgestoßen, und hatte dabei jenseits der Britischen Inseln eine Insel entdeckt, die „zur Sommersonnenwende den Tag ohne die Nacht und zur Wintersonnenwende die Nacht ohne den Tag hatte". Die Wissenschaftler dieser Zeit machten sich darüber ebenso lustig wie die unserer Tage. Auch andere Seefahrer und Historiker sprachen von Thule und verwechselten es einmal mit Island, dann mit den Shetland- oder Orkney-Inseln, ein andermal mit Finnland oder Grönland, so dass heute niemand mehr wüsste, wo es tatsächlich lag, würden uns nicht Überlieferungen darüber Auskunft geben.
Geht man uralten Legenden und Überlieferungen nach, so findet sich folgendes Schema: Vor der weltweiten Katastrophe wurde die Ge-

schichte von den Atlantern geschrieben, nachher von den Hyperboreern, Kelten und Ägyptern. Die Hyperboreer blieben allen Völkern im Gedächtnis als ein geheimnisvolles Volk mit seltsamen Fähigkeiten und unglaublichen Erkenntnissen, das in den polaren Gebieten gelebt haben soll. Die Hauptstadt der Hyperboreer war nach den Überlieferungen Thule. Mit diesem Namen wurde im Altertum der äußerste nördliche Rand der bekannten Welt verbunden, daher auch die Bezeichnung „Ultima Thule."

Der geographische Standort der Hyperboreer ermöglichte es ihnen, die wahren Herren der Welt zu sein. Wahrscheinlich führten sie einen Atomkrieg - von dem sowohl die Mayas als auch die Inder berichten - gegen die östlichen Zivilisationen von Mu, wobei es bei dem Konflikt um den Besitz des Nordpols gegangen sein dürfte. Kurz nach der Sintflut dürften sie ausgestorben sein, nachdem sie den Kulturen Nordeuropas den Stempel ihres Geistes aufgedrückt hatten. Da man von ihnen kein einziges Bauwerk findet, glauben viele, sie wären mehr eine Kaste als ein Volk gewesen.

Die Archäologie und die Überlieferungen beweisen, dass die Hyperboreer oder ihre direkten Nachfahren, die Kelten, vor langer, langer Zeit Kolonisatoren waren, die ihre Herrschaft und Kultur über den ganzen Erdball ausgedehnt haben. Die Kelten - aus der Kaste von Thule hervorgegangen und durch ihre außerordentliche Eignung für die Seefahrt ausgezeichnet - fuhren nach Nord-, Mittel- und Südamerika, machten einen Abstecher nach Polynesien und eroberten das gesamte Mittelmeerbecken.

Die Pelasger (das Wort kommt von „pelagos" = vom Nordmeer kommend) sind die Ahnen der Griechen, Phrygier und Phönizier; sie verehrten die Gottheiten Apollon und Baal und erbauten Megalithe im Schatten einer Eiche oder auf dem Berg Ida. Die Nuraghier, die Hyksos und andere „Völker des Meeres", deren Kopfbedeckung der rituelle Helm mit den Stierhörnern war, ließen sich in Korsika, Sardinien und Ägypten nieder. Die Phönizier lenkten ihre Schiffe in Gewässer, die weit außerhalb der Säulen des Herkules (der Straße von Gibraltar) lagen. Es ist bemerkenswert, dass alle Seefahrernationen - Isländer, Iren, Briten (Engländer), Wikinger, Bretonen, Basken, Spanier und Portugiesen - keltischen Ursprungs sind und heute in Ländern leben, wo es Tumuli (Hügelgräber) und Menhire in großer Zahl gibt.

Außer bei dem bereits erwähnten griechischen Mythographen Hekataios von Abdera, der das erste Buch mit dem Titel „Die Hyperboreer" geschrieben hat, finden wir die meisten Informationen über diese geheimnisvolle Gruppe bei dem Historiker Diodoros Siculus. „Hekataios", so schreibt Diodoros, „und einige andere behaupten, dass es über das Land der Kelten (Nordgallien) hinaus im Ozean eine Insel gäbe, die nicht weniger groß sei als Sizilien. Diese im Norden gelegene Insel wird, so sagen sie, von den Hyperboreern bewohnt, die so genannt werden, weil sie über den Punkt hinaus wohnen, wo der Boreas bläst ... Hier liegt die Geburtsstätte der Latona (Mutter des Apollon), weshalb die Inselbewohner Apollon besonders verehren ... Die Hyperboreer sprechen eine eigene Sprache. Sie zeigen sich gegenüber den Griechen, insbesondere den Athenern und Deliern (von der Insel Delos) äußerst wohlwollend, und diese Gefühle stammen aus sehr alter Zeit. Es gibt sogar Leute, die behaupten, dass mehrere Griechen den Hyperboreern einen Besuch abstatteten, dass sie reiche Opfergaben mit griechischen Inschriften dort gelassen haben und dass umgekehrt Abaris der Hyperboreer (ein skythischer Zauberer, der oft mit Apollon verwechselt wird) einst nach Griechenland reiste, um mit den Deliern die Freundschaft beider Völker zu erneuern. Es wird auch noch gesagt, der Mond scheine sich von dieser Insel aus in nur geringer Entfernung von der Erde zu befinden, ja man könne sogar deutlich dessen Bodenerhebungen erkennen.

Es wird überliefert, Apollon steige alle 19 Jahre auf diese Insel herab. Diese Spanne von 19 Jahren wird von den Griechen das „Große Jahr" (Metonischer Zyklus) genannt. Die Regierung dieser Insel und die Bewachung des Tempels ist Königen anvertraut, die Boreaden (Barden?) genannt werden und Nachkommen des Boreas sind."
Texte wie der von Diodoros Siculus deuten darauf hin, dass Apollon kein Mythos, sondern ein höher entwickelter Mensch aus dem Norden gewesen sein könnte. Immerhin wurde Apollon bei den nordischen Völkern und den Skythen „Abaris, der Hyperboreer" genannt. Er soll die Fähigkeit besessen haben, sich auf einem fliegenden Pfeil fortzubewegen, der vom Okzident ins Land des Jenseits mit rasender Geschwindigkeit geflogen sein soll.

Apollon war also ein fliegendes Wesen wie der irische Zauberer Manannan MacLlyr oder sein Landsmann König Bran, aber auch wie die phönizische Göttin Astarte, wie Assur, der assyrische Gott, der auf einem fliegenden Stier dargestellt wurde, wie Nin-Girsou, der Gott mit den ausgebreiteten Flügeln von Akkad und Sumer, wie Horus der Ägypter, wie Orejona, die Mutter der Inkas, wie Quetzalcoatl, die geflügelte Schlange von Mexiko, oder wie Rama der Inder, der „Vimanas" steuerte, die durch die Lüfte flogen, angetrieben „vom starken Ausstoß des Quecksilbers".

Dieses Füllhorn an Überlieferungen ließe sich noch lange weiter ausgießen. Belassen wir es bei dem Aufgezählten und fragen wir uns, ob es auch greifbare Beweise für diese phantastischen und erstaunlich parallelen Legenden fast aller Völker gibt.

Sich verändernde Landkarten

Haben Sie eine Erklärung für die Existenz eines Meereshafens 21 Kilometer vom Titicaca-See entfernt, der zwischen Peru und Bolivien in den Anden liegt, 3812 Meter über der Meeresoberfläche und 322 Kilometer weit weg von der Küste des Pazifik? Die Ringe, die zum Vertäuen an der Kaimauer der heutigen Ruinenstadt Tihuanaco dienten, sind so riesig, dass sie nur von großen Meeresschiffen benützt werden konnten. In diesem seltsamen Hochgebirgshafen finden sich jetzt noch Spuren von Meeresalgen und Meeresmuscheln, und im südlichen Teil des Sees ist das Wasser salzig.
Tihuanaco soll vor etwa 11.000 bis 12.000 Jahren eine riesige blühende Hafenstadt gewesen sein, die im Zuge der Bildung neuer Gebirgszüge um 3000 Meter angehoben wurde und dadurch einen Teil des Andenplateaus bildete. Eine erstaunliche Vorstellung, die von einigen Wissenschaftlern wie z. B. Arthur Poznanski vertreten wird. Sie weisen unter anderem darauf hin, dass auf den umliegenden Bergen verkalkte Salzwasser-Meerespflanzen gefunden wurden.
Dies ist nur eines der vielen Beispiele dafür, dass die Topographie der Erde sich im Lauf der Zeit grundlegend geändert hat, was von der Wissenschaft ohnedies nicht bestritten wird.

Wenn es möglich wäre, den Atlantik auf einen Schlag trockenzulegen, käme eine gewaltige Bergkette in Sicht, die sich von Island bis gegen den Südpol hin erstreckt. Eine Erhebung südlich der Azoren trägt übrigens den Namen Atlantis.
Professor M. Ewing von der Columbia University machte sich 1949 an die Erforschung der mitten im Atlantik gelegenen Gebirge. In einer Tiefe von 3000 bis 5500 Metern stieß er auf prähistorischen Küstensand. Er stand vor einem Rätsel, denn diesen durch Erosion entstandenen Sand gibt es auf dem Meeresgrund nicht. Aus dieser Entdeckung lässt sich schließen, dass an dieser Stelle Land in großem Umfang im Ozean versunken sein muss. Andernfalls müsste in einer vergangenen Epoche der Meeresspiegel viel tiefer gelegen sein, was die Frage aufwirft, woher seitdem die erhebliche zusätzliche Wassermenge gekommen sein könnte.

Viele Täler auf dem Grunde des Atlantiks bilden einfach die Fortsetzung existierender Flüsse. So kann man Flüsse, die im westlichen Europa ins Meer münden, bis zu einer Tiefe von fünfhundert Metern auf den Meeresboden hinaus verfolgen. Das bedeutet, dass an manchen Orten der heutige Meeresboden früher Festland war. Die Flüsse haben sich ihr Bett eindeutig auf trockenem Land gegraben. Süßwasser ist leichter als Salzwasser und kann daher keine Spuren auf dem Meeresgrund hinterlassen.

Im Jahr 1898 stieß ein französisches Schiff beim Legen eines Unterseekabels in einer Tiefe von 3160 Meter auf einen Block glasartig geschmolzener Lava, die an und für sich nur außerhalb des Meeres entstehen kann. Es muss also in einer Periode, da sich an Stelle des heutigen Ozeans Festland befand, dort eine vulkanische Eruption stattgefunden haben. Inseln pflegen in erklecklicher Zahl aufzutauchen und wieder zu verschwinden, oder auch umgekehrt. Man denke etwa an die Dreier-Inselgruppe der Auroras im Südatlantik, auf denen E. A. Poes Story „Arthur Gordon Pym" handelt. Sie wurden 1762 erstmals vom Walfänger „Aurora" gesichtet und gemeldet. Über dreißig Jahre lang wurden sie immer wieder gesichtet. Sie sind in den Seekarten eingetragen. Es gibt kartographische Zeichnungen und solche von der Topographie sowie von Fauna und Flora der Inseln. Die letzte Sichtung der Auroras stammt aus dem Jahr 1856. Danach konnten die drei Inseln nicht wiedergefunden werden.

Ein vergleichbares Geheimnis umweht Dougherty Island. Anfang des 19. Jahrhunderts entdeckte der amerikanische Walfangkapitän Swain etwa 2600 Kilometer südwestlich von Kap Hoorn eine Insel mit einer Länge von zirka zwölf Kilometern und einer Breite von zirka vier bis fünf Kilometern mit Hunderten Seehunden und Vogelschwärmen. Jahrelang wurde die Insel an den angegebenen Längen- und Breitengraden gesichtet.

Zwei Schiffe, die 1830 ausgesandt wurden, um die Insel zu erforschen, konnten sie nicht finden. Der Walfängerkapitän Dougherty fand sie jedoch an ihrer registrierten Position vor. 1859 bestätigte der englische Kapitän Keates die Angaben von Dougherty, worauf die Insel unter diesem Namen in die Seekarten eingetragen wurde. In den Jahren 1885, 1886, 1890 und 1893 wurde Dougherty Island von mehreren Schiffen angesteuert, vermessen und elementar kartografiert. Dann

verschwand die Insel. Zwischen 1894 und 1930 ließ sich selbst bei idealen Wetterbedingungen keine Spur von ihr entdecken.
Der berühmte Antarktisforscher Kapitän Robert F. Scott kreuzte mehrmals über der Stelle, wo sich die Insel befinden sollte. Er ließ Echolotmessungen bis zu einer Tiefe von über 5000 Metern vornehmen, doch da war nichts. Eine ganze Reihe von Schiffen folgte Scotts Beispiel ohne die Insel finden zu können. Keine Nation hat je den Versuch gemacht, auf sie Anspruch zu erheben. 73 Jahre nach der Registrierung von Dougherty Island wurde das Eiland 1932 wieder aus den Seekarten gestrichen.
1780 wurde die Falkeninsel im südlichen Pazifik von dem spanischen Forschungsreisenden Maurelle entdeckt. Im Jahr 1892 ließ die Regierung von Tonga sie mit 20 000 Kokospalmen bepflanzen, doch zwei Jahre darauf verschwand die ganze Insel im Ozean. Heute beginnt sie wieder aufzusteigen.
In der zweiten Hälfte des 19. Jahrhunderts versank die Insel Tuanaki im Cook-Archipel mitsamt ihren 13.000 Einwohnern im Stillen Ozean. Die Fischer, die frühmorgens auf ihren Booten ausgefahren waren, trafen abends bei ihrer Rückkehr die Insel nicht mehr an.
Nicht alles versinkt, manches taucht aus dunklen Tiefen wieder auf. Techniker der Western Telegraph Company, die 1923 im Atlantischen Ozean nach einem verlagerten Kabel suchten, mussten feststellen, dass das Kabel im Lauf von nur 25 Jahren durch das Aufsteigen des Meeresgrundes auf eine relative Höhe von 3620 Metern gehoben worden war. Im Jahr 1957 sah man in der Nähe der Azoren einen rauchenden Berg aus der Tiefe des Atlantischen Ozeans aufsteigen.
Nicht nur Inseln oder Küstenstriche, auch ganze Kontinente können sich senken oder heben. Im Gebiet der Aleuten nähert sich der Meeresboden des Pazifik immer mehr der Oberfläche. Auch im Atlantischen Ozean ist nach der Ansicht von R. P. Lynch von der Fordham University in New York ein neuer Kontinent im Aufsteigen begriffen. Sehr alte Überlieferungen vieler Völker prophezeien das Wiederaufsteigen eines sagenhaften Kontinents, dem sie die unterschiedlichsten Namen geben. Der verbreitetste davon ist Atlantis, von dessen Wiederaufsteigen auch in Edgar Cayces „Readings" die Rede ist.
Es hilft aber alles nichts: um wieder an die Oberfläche zu kommen, muss Atlantis zuerst einmal da gewesen sein, ehe es versinken konnte.

Die Atlantis-Debatte

Wie schon erwähnt, hat Platon bei der Atlantis-Legende auf verschiedene Quellen zurückgegriffen: Kritias berichtet, Solon habe in der ägyptischen Stadt Sais durch einen Priester von Atlantis erfahren. Aber das war nicht alles. Der Priester berichtet von großen Katastrophen, Sintfluten und Feuersbrünsten, die die Menschheit heimgesucht hätten. Neuntausend Jahre vor dem Besuch Solons in Ägypten hätten die glorreichen griechischen Vorfahren einen Krieg gegen die Atlanter und ihre Verbündeten geführt und gewonnen. Ein interessantes Detail ist schwer wegzurationalisieren. Platon beschreibt die Jagd auf die Stiere von Atlantis, und zwar in einer Art, wie man es auch auf einem ägyptischen Relief im Tempel von Abydos finden kann. Dieses Relief zeigt Ramses II. mit seinem Sohn beim Einfangen eines Opferstieres für den Gott Upunaut. Und so lesen sich einige der Beschreibungen: „Auch Namen legte er (Poseidon) ihnen bei, und zwar dem Ältesten und König den, von dem auch die ganze Insel und das Meer, welches das Atlantische heißt, ihren Namen erhielten, weil der Name des ersten der damaligen Könige Atlas lautete. Dem nachgeborenen Zwillingsbruder, welcher als Anteil den äußersten Teil der Insel erhielt, von den Säulen des bis zum Gadeirischen Lande, wie es jetzt noch in dieser Gegend genannt wird, gab er den Namen, der hellenisch Eumelos, in der Landessprache Gadeiros lautete, und dieser Umstand mag auch zugleich dieser Landschaft ihren Namen gegeben haben." In moderne Sprache übersetzt, bedeutet diese gewundene Rede, dass Atlantis eine große Insel war, die jenseits der Säulen des (Straße von Gibraltar) lag, und die Bezüge zum „Gadeirischen Lande" hat. Letzteres lässt sich gut lokalisieren: Gadeira ist identisch mit der am Atlantik gelegenen heutigen spanischen Hafen- und Provinzhauptstadt Cadiz. Stiefmütterlich behandelte Fakten, die in der gängigen Literatur ein Schattendasein fristen, bzw. ignoriert werden, gibt es gar nicht so wenige. Sie halten selbst für den Insider manche Überraschung bereit. Machen wir uns also auf den Weg in die Vergangenheit. Simple Wasserbewohner können uns vielleicht die Richtung weisen...

Die Aale von Atlantis

Die Fortpflanzung der Aale ist ein Mysterium, das die Wissenschaft seit langem beschäftigt - und auch die Phantasie. Schon Aristoteles interessierte sich für das Problem, ohne aber eine Lösung finden zu können.
Das einzige, das man mit Sicherheit weiß, ist die Tatsache, dass der Aal ein Süßwasserfisch ist, der alljährlich die Wasserläufe verlässt, in denen er lebt, und sich ins Meer begibt.
Wenn die Laichzeit kommt, machen sich die weiblichen Aale in Richtung Meer auf den Weg. Haben ihre Gewässer keinen Abfluss, so kriechen sie sogar über Land, um ans Meer zu gelangen. An den Flussmündungen werden sie von den Männchen erwartet, worauf sie dann vereint im Ozean verschwinden. Die in großer Tiefe unter Ausnutzung der Unterströmung vollführte Hochzeitsreise endet erst, wenn sie in der Sargassosee angelangt sind, die bei den Bermudainseln südwestlich von der Azoreninsel liegt und etwa die Größe von Mitteleuropa hat. In der reichlich von üppigen Tangwäldern durchzogenen Sargassosee legen die Weibchen ihre Eier - die amerikanischen Aale im Westteil und die europäischen im Ostteil. Danach sterben sie.
Von ihrem Instinkt geleitet schlängeln sich die neugeborenen Jungaale gen Wirbelrand zum Golfstrom hin und lassen sich von diesem nach Osten, also in Richtung Westeuropa treiben. Die Reise dauert drei Jahre, wobei die Überlebenden zu Glasaalen werden. Drei Jahre dauert auch die Trennung der Geschlechter, die sich an den Küsten in zwei Gruppen teilen. Die Männchen bleiben im Salzwasser des Meeres, während die Weibchen in die Unterläufe der europäischen Flüsse schwimmen. Mit fünf Jahren ist der Aal geschlechtsreif, dann treffen sich die Geschlechter wieder. An den Flussmündungen beginnt die gemeinsame Rückreise zur Sargassosee. In 140 Tagen sind sie wieder an ihrer Geburtsstätte angelangt, wo sie wiederum die Paarung vollziehen.
Die Wissenschaft fragt sich seit langem vergeblich, warum die Aale zweimal eine so gefährliche und langjährige Reise unternehmen und warum die Weibchen ins Süßwasser wandern. Eine Teilantwort hat man mittlerweile gefunden: Die Aalweibchen werden ausschließlich

im Süßwasser geschlechtsreif. Nur: Warum schwimmen die Aalweibchen nach Westeuropa und nicht nach Westindien, das ja viel näher liegt?

Hierauf wird im allgemeinen geantwortet, die Aale vertrauten sich eben dem Golfstrom an. Aber der Golfstrom treibt sie eben weit weg nach Europa, wo er sich teils nach Süden, teils nach Norden langsam abschwächt. Jedenfalls strömt er nicht mehr zurück, und die Aale müssen ohne diesen schützenden Golfstrom allein den weiten Weg zurücklegen. War das aber immer so?

Wenn Plato recht hat, dann hätte die auf dem Azorenplateau gelegene Insel Atlantis dem Golfstrom den Weg abgesperrt. Dieser wäre dann zurück Richtung Amerika abgelenkt worden. So hätte der Golfstrom einen Kreislauf ausgeführt, dem sich die Aale sicher anvertrauen konnten. Die Aale wären also von ihrem Laichplatz in der Sargassosee vom Golfstrom an die nahegelegenen Flüsse von Atlantis getragen worden, und die Weibchen wären dort geschlechtsreif geworden, während die Männchen draußen im Meer auf sie gewartet hätten. Dann wären sie gemeinsam wieder zu ihrem Geburtsort zurückgekehrt, der jetzt zu ihrem Laichplatz wurde, getragen vom Golfstrom. Wenn die Insel zu existieren aufhörte, würde der Golfstrom die Aale ins ferne Europa verschleppen, wo er sie im Stich ließe. Und genau das tut er.

Nach der Meinung gar nicht so weniger Wissenschaftler und Forscher beweist das Verhalten der Aale schlüssig, dass einmal ein Kontinent zwischen Europa und den Bermudainseln gelegen haben muss, ein Kontinent mit einem gewaltigen Fluss, der seine Mündung gerade dort hatte, wo sich die Sargassosee jetzt ausbreitet.

Die Aale, die durch zig-Millionen von Jahren genetisch programmiert wurden, dort an der Mündung des Flusses zu laichen, behielten diese sonst unbegreiflich erscheinende Gewohnheit bei, auch wenn sowohl der Fluss als auch der Kontinent schon lange verschwunden waren. Jeder Glasaal; jeder der braunen oder grünen Hochzeiter, legt ein stummes Zeugnis für das Vorhandensein von Atlantis in grauer Vorzeit ab. Welche Katastrophe auch immer Atlantis von der Erdoberfläche getilgt haben mag, sie konnte die genetische Erinnerung der Aale nicht zum Verschwinden bringen. Tatsache ist: Das rätselhafte Verhalten der Aale, das Otto Muck als ein Erbe von Atlantis wertete, hat bisher noch keine befriedigende Alternativerklärung gefunden. Doch nicht nur die Aale sind lebende Indizien für Atlantis.

Die breite Palette von Tieren, die auf beiden Seiten des Atlantiks in identischer Form vorhanden ist, impliziert für viele die Existenz einer frühen Landverbindung. Professor Edward Hull vertritt die Ansicht, Fauna und Flora der beiden Hemisphären würden die Theorie eines gemeinsamen vor-eiszeitlichen Zentrums im Atlantik stützen, auf dem sie entstanden sind und sich über diese Landbrücke in beide Hemisphären verbreitet haben. Manche Ameisen gibt es sowohl auf den Azoren als auch in Amerika. Sechzig Prozent der Schmetterlinge und Motten, die man auf den Kanaren findet, stammen aus dem mediterranen Gebiet, usw. Laut Kobelt muss diese Verbindung zwischen der Alten und der Neuen Welt während der Miozän-Epoche, der zweitjüngsten Tertiär-Periode, abgerissen sein.

Das Wort „Atlantis"

Die Phönizier kannten ein geheimes, sehr reiches Land, das bei ihnen „Antilla" hieß. Arabische Legenden berichten von einem Land namens „Ad", in dem die Wiege der Zivilisation gestanden haben soll. Auch dieses lag angeblich im westlichen Ozean. In den alten heiligen Schriften Indiens, den „Puranas" und dem „Mahabharata", ist von den „Weißen Inseln" die Rede, die auch als „Kontinent Attala" bezeichnet wurden. Er befand sich in dem Ozean, der eine halbe Welt von den Küsten ihres eigenen Subkontinents entfernt war. Die Stelle, an der „Attala" gelegen haben soll, stimmt mit der Lage des legendären Atlantis überein, die auch in anderen Quellen genannt wird.
Auf der anderen Seite des Atlantiks gibt es ebenfalls unzählige Hinweise auf die Existenz von Atlantis.
Die Azteken berichteten den Konquistadoren bei ihrer Ankunft in Zentral- und Südamerika, dass ihre Rasse von einer großen Insel namens „Aztlan" stamme, die in dem Ozean im Osten gelegen habe. Namen, die so ähnlich wie das Wort Atlantis klingen, finden sich überall an den Küsten Mexikos, Zentralamerikas und der nördlichen Teile Südamerikas. Auch die Maya kannten „Aztlan", allerdings hieß es früher „Izmachi" und noch früher „Tula" (Thule?).
Der bekannte Pyramidenforscher Peter Lemesurier wies darauf hin, dass die letzte Silbe des Namens Quetzalcoatl „atl" ist. Allein diese Gemeinsamkeiten und Ähnlichkeiten zeigen, dass man Atlantis auch auf der Ebene der Sprachforschung belegen kann.
Die Sprachwurzel „Atl" in der sogenannten Ursprache, aus der sich viele Sprachen ableiten, ist auf beiden Seiten des Atlantiks verbreitet, und gehört zu den Grundlagen aller Sonnen-Mythologien. „Atl" hat die allgemeine Bedeutung: „Reich des gerechten Gottes, Wurzel der Welt, edel und unzerstörbar. Das Land, das durch seinen Adel und sein mächtiges Reich unbesiegbar ist." Im Ägyptischen bedeutet es „Land".
Berücksichtigt man, dass die nordafrikanischen Berber, die ein geografisches Bindeglied zwischen den alten Mexikanern und Kolumbianern einerseits und den Arabern von Ägypten andererseits sind, für ihre Sprachwurzel „Atl" ebenfalls die Bedeutung „Wasser" kennen, so kommt man kaum umhin, „Atl" als „mächtiges und edles, von Wasser umgebenes Reich" zu deuten.

Es kann wohl kaum ein Zufall sein, dass alle Geografen des Altertums Nordafrika, einschließlich Ägyptens, „Libya" nannten, „das Land, wo der Gott Atlas die Welt auf den Schultern trägt", und dass man im alten Mexiko zur selben Zeit einen Gott verehrte, der die Welt auf den Schultern trug!

In der alten Sprache Kolumbiens bedeutet Atl „Land, Reich", auch „Wasser" und schließlich „Oberster des Reiches". Die Ureinwohner von Kolumbien und Venezuela sind Blutsverwandte der Quiché-Mayas, die wie sie aus dem riesigen Mississippibecken stammen. Ihr berühmtes „Popul Vuh" enthält so manche Seltsamkeiten, beispielsweise Berichte von den Reisen königlicher Prinzen zwischen dem Land „Aztlan" und seinen Kolonien im Westen.

Die Quichés haben die Ankunft eines Geschlechts aufgezeichnet, das aus dem Osten kam und wohl von Gott gesandt war, der ihm die zwölf Wege übers Meer erschloss. Sie wussten auch vom „Turm zu Babel, der von Gott zerstört wurde und wo man vormals nur eine Sprache gesprochen hatte".

Die Tolteken behaupten, aus einem Land mit Namen „Aztlan" oder „Atlan" zu stammen, eine Behauptung, die der anerkannte Atlantisforscher Ignatius Donelly (1831-1901) beweisen konnte.

Nimmt man sich die Endung „as" in Atlas vor, haben wir in der Ursprache die Bedeutung: „Basis, Prinzip, Gründung". Logisch weitergeführt wird „Atlas" zum mächtigen Reich, das von Wasser umgeben ist und symbolisch durch einen Riesen gleichen Namens dargestellt wird, der die Welt auf seinen Schultern trägt - Grundlage des Sonnenkultes, den wir auf beiden Seiten jenes Ozeans finden, der „zufälligerweise" Atlantik heißt. Als Indiz dafür, dass der Sonnenkult den Völkern des Altertums von Atlantis überliefert wurde, wird die gleichzeitige Anbetung der Sonne in Ägypten und in Peru, sowie die Herrschaft von Sonnendynastien in diesen beiden Ländern angeführt.

In dem Zusammenhang bekommt einer der interessantesten mexikanischen Codices, der „Codex Tira, Das Buch der Wanderungen" Bedeutung. Wie andere alte Überlieferungen in dieser Weltregion erzählt auch der „Codex Tira" von Wandervölkern, die stets von Osten übers Meer gekommen sind, von dort her, wo die kleinen und großen Antillen (Inseln zwischen Nord- und Südamerika, dem Karibischen Meer, dem Golf von Mexiko und dem Nordatlantik, zu denen unter anderem Kuba, Haiti, Jamaika, Puerto Rico oder Tobago gehören) liegen. Man erinnere sich des „Antillas" der Phönizier. Diese aus Richtung Antillen einwandernden Völker brachten die Wörter mit, die mit „Atl" beginnen. Nimmt man die Begriff „An" und „till" getrennt unter die Lupe, so stellt man fest, dass in der Ursprache oder im Semitischen die Silbe „An" die Bedeutung „Band" hat, „till" wiederum bedeutet „Fähigkeit, Reichtum, Macht, Reich".

Kurz zurück zum Atlantischen Ozean, der zwischen den „heiligen Bergen der einen und der anderen Küste" liegt und auf dessen Ost- und Westseite es einen Riesen namens „Atlas" gab, der die Welt auf seinen Schultern trug. Erinnert dieser Name uns nicht an etwas? Ohne das Präfix „atl" denkt man vielleicht an die Antillen. Könnte es sein, dass die Antillen Teil eines Reiches waren, dessen Name mit der Silbe „Atl" begann? Und könnte das Atlantis gewesen sein? Wer kann bei so vielen Übersetzungen, Legenden, geheimen Berichten und geraunten Überlieferungen über die Jahrtausende wirklich sicher sein, der alte Name hätte Atlantis gelautet und nicht „Atlantillis"?

Wie auch immer, hinter den Antillen liegt ein Land, wo Hunderte von Wörtern mit „Atl" beginnen.

Nicht nur Karl-May-Leser kennen das berühmte Schott el Dscherid in der Nähe von Tunis. Dieser alte See (oder Golf?) wurde von Diodorus Siculus unter den Namen „Bahr Atala" erwähnt (Bahar bedeutet im Arabischen „Meer", kann aber auch zur Bezeichnung großer Gewässer gebraucht werden, wie etwa des Nils oder des Amazonas). Der See hieß also „Meer von Atala".

Die Geschichte lehrt, dass am Schott el Dscherid ein sehr altes Volk vom atlanto-mediterranen Typ lebte. Skelettfunde beweisen das. Sein Ursprung ist unbekannt und geheimnisumwittert. Sie hießen „Atarante" oder „Atalante" und beteten Poseidon an, den Pferdegott des Meeres und „Gründervater von Atlantis". Poseidons Sohn soll der erste König von Atlantis gewesen sein und wird mit „Atlas, dem Träger des Himmelsgewölbes", gleichgesetzt. Bekanntlich soll die Hauptstadt von Atlantis den Namen „Poseidonis" getragen haben. Ihrem Glauben nach ist Poseidon aus dem Westen gekommen.

Seltsamerweise findet sich das Wort „Atala" auch bei den nordamerikanischen Natchez-Indianern. Und auf der anderen Seite des Atlantik blicken die Menschen mit den vielen" atls" in ihren Sprachen nach Osten und behaupten, von dorther sei ihr Gott gekommen. Wenn man außerdem die von diesen Völkern hinterlassenen Spuren auf beiden Seiten des Atlantiks studiert, stellt man fest, dass sie genau identisch sind.

Wer sagt uns, dass die hypothetischen Bewohner eines hochstehenden Volkes, das die Zivilisation von einem verschwundenen Kontinent aus in alle Länder trug, ursprünglich „Atlanter" genannt wurden? Die Überlebenden dieses Reiches könnten Jahrtausende später dessen wahren Namen aus dem Gedächtnis verloren und es nunmehr Atlantis, Atarantis oder so ähnlich genannt haben, weil diese Worte alles umfassten, was in ihren Überlieferungen zu finden war: Adel, Macht, Stolz, ein großes Reich, eine Naturkatastrophe mit zerstörerischen Blitzen, eine Sturmflut, Vulkanausbrüche, furchtbare Stürme - Glanz, Glorie und Apokalypse in einem Begriff vereinigt ...

Zwei identische Berichte

Im Britischen Museum kann man das „Troano-Manuskript" der Maya besichtigen. Er gehört zu fünf alten Hieroglyphentexten, die den Schriften verbrennenden Missionaren entgangen sind und von Auguste Le Plongeon und Abbé Brasseur de Bourbourg im 19. Jahrhundert entdeckt wurden. Die beiden behaupteten, Fragmente des Codex entziffert zu haben. Obwohl Le Plongeon und Abbé Brasseur bedeutende Kenner des frühen Amerika waren, die jahrelang unter den Mayas gelebt hatten und ihre Sprache beherrschten, sind ihre bahnbrechenden Funde vom wissenschaftlichen Establishment in altbekannter Weise recht untergriffig abqualifiziert worden.

Weniger bekannt, aber noch weit interessanter ist ein von Dr. Paul Schliemann, dem Enkel Hermann Schliemanns, zitierter Teil der Übersetzung des Codex, der da lautet: „Im Jahre 6 Kaan, am 11. Muluk des Monats Zak, begannen schreckliche Erdbeben, die ohne Unterbrechung bis zum 13. Chuen dauerten. Die Länder der Berge aus Lehm, oder das Land Mu, waren die Opfer.

Nachdem es zweimal aufgehoben wurde, ist Mu in der Nacht versunken, nachdem es ununterbrochen von unterirdischen Vulkanen untergraben worden war. Der Kontinent wurde mehrmals aufgehoben und niedergesenkt. Schließlich gab die Erde nach, und zehn Nationen wurden ausgerottet und vernichtet. Sie gingen mit ihren 64 Millionen Bewohnern unter, 8 000 Jahre vor der Zeit, da dieses Dokument verfasst wurde."

Unter den Originalbüchern des sehr alten buddhistischen Tempels von Lhasa befindet sich ein chaldäisches Manuskript, das ungefähr aus dem Jahre 2000 v. Chr. stammt. Man liest darin folgendes: „Als der Stern des Baal an jenem Ort niederfiel, an dem es nur mehr Wasser und Himmel gibt, erzitterten die sieben Städte und wankten mit ihren goldenen Türmen und durchsichtigen Tempeln wie Blätter in einem Gewittersturm. Riesige Flammen und Rauchschwaden stiegen von den Palästen auf. Die Schreie der Sterbenden und das Jammergeheul der Menge erfüllten die Luft. Das Volk suchte Zuflucht in den Tempeln und Festungen. Da erhob sich der weise Mu, Hohepriester von Ra-Mu, und sprach: ‚Habe ich euch nicht vorausgesagt, was geschieht?'

Die Männer und Frauen, die ihre kostbarsten Gewänder trugen und über und über mit Edelsteinen geschmückt waren, flehten: ‚Mu, rette uns!' Mu antwortete: ‚Ihr werdet alle sterben, mit euren Sklaven und Schätzen. Aus eurer Asche werden neue Völker erstehen. Wenn diese Völker vergessen, dass sie die materiellen Dinge beherrschen sollen, nicht nur, um dadurch größer zu werden, sondern auch, um dadurch nicht kleiner zu werden, wird sie dasselbe Schicksal ereilen.' Das Land und seine Einwohner wurden vernichtet und von den sich auftuenden Abgründen verschlungen." So endet der zweite Bericht über eine vorgeschichtliche Katastrophe, die sich auf das Land „Mu" bezieht.
Der eine Bericht wurde in Mittelamerika gefunden, der andere in Tibet.

Von der Arktis nach Amazonien

Vor dem Zweiten Weltkrieg erkundeten die Forscher Stefansson und Rasmussen den Nordpol und entdeckten auf 68° nördlicher Breite, 192 km nördlich vom Polarkreis, eine Stadt mit etwa achthundert Häusern. Sie wurde „El Lutak", genannt, was übersetzt bedeutet: „Hab' Vertrauen, sei stark und unbesiegbar." Laut Aussage der beiden Schweden war das Volk, das dort immer noch lebte, rein europäisch: die Menschen hatten blaue Augen, helles Haar, einen Knochenbau vom Cromagnon-Typ, dolichozephale (langköpfige) Schädel und stammten vielleicht von einem verschwundenen Volk ab, das die beiden Forscher die „arktisch-atlantische Rasse" nannten.

Die Verschwundenen hatten eine hochstehende Kultur besessen. Beachtung verdient aber besonders ihr Bestattungskult. Sie betteten ihre Toten in ausgehöhlte Baumstämme, denen sie mit Jade eingefasste Elfenbeinkugeln in die Augenhöhlen setzten, exakt in der Machart der Jademaske, die man auf dem Schädel des Skelettes unter der berühmten Sarkophagdeckel mit der umstrittenen „Raumfahrerabbildung" in der Maya-Pyramide von Palenque im mexikanischen Staat Chiapas fand - dem Mittelpunkt der Maya-Kultur. Auch findet man bei den Taulipangs und Ingaricas, Indianerstämmen aus dem nördlichsten Amazonien, Särge aus Baumstämmen. Die Parallelen sind verblüffend, doch nicht nur sie.

Kennen die Hopi die Vergangenheit und die Zukunft?

Als der NASA-Ingenieur Joseph Franz Blumrich in den Siebzigerjahren des zwanzigsten Jahrhunderts die Hopi-Indianer im Südwesten der USA besuchte, erzählte ihm ein Mann namens „White Bear Fredericks" von den uralten Überlieferungen seines Volkes. Zum Erstaunen des Besuchers handeln sie von Atlantis, und das mit Worten, die für den Techniker aus dem Westen erstaunlich modern klangen. Urteilen wir selbst über die wichtigsten Worte von Weißer Bär, der 1905 in der Hopi-Reservation Old Oraibi in Arizona geboren wurde:
„Es gab einen Kontinent, den wir ‚das Land im Osten' - in unserer Sprache ‚Taláwaitichiqua' – nannten, weil er östlich von unserem Mutterland ‚Kásskara' lag, das wir auch ‚Land der Sonne' oder ‚Mu(!)' nannten. Zwischen diesem Erdteil und uns lag eine große Wasserfläche. Heute wird der Erdteil ‚Atlantis' genannt. Ich will bei diesem Namen bleiben, weil er dir geläufiger ist.
In Kásskara und Atlantis kam alle Kraft und Energie, die wir brauchten, von der Sonne. Man konnte sie überall gewinnen und Leitungen waren nicht nötig. Aber ich weiß nicht, wie es gemacht wurde. Wir hatten ein Gerät, tatsächlich viele davon, mit einem Kristall, der nur etwa ein Zoll groß war. Damals brauchten die Menschen nicht tagelang an einem Stein zu meißeln. Sie mussten nur dieses Gerät in einer Weise halten, dass sich die Sonne in dem Kristall spiegelte, und so konnten sie jeden Stein mit Sonnenenergie spalten. Auch alle Laute wurden in Kristallen gespeichert.
Die Menschen waren damals technisch auf einem sehr hohen Stand, aber sie haben diese Macht nicht benutzt, um Menschenleben zu zerstören. Am Anfang waren die Menschen von Atlantis so friedlich wie wir. Wir kamen ja alle aus dem gleichen göttlichen Ursprung. Sie hatten sogar die gleichen Symbole wie wir. Aber im Laufe der Zeit veränderten sich die Atlanter mehr als wir. Sie begannen, Geheimnisse des Schöpfers zu erforschen, die der Mensch nicht kennen darf. Sie erfuhren zu früh davon, denn sie waren geistig noch nicht weit genug. Sie gebrauchten ihr Wissen, um andere Völker zu unterwerfen. Außerdem erforschten sie auch die Planeten. Sie flogen zu ihnen hinauf,

konnten aber dort nicht wohnen, weil alle tote Planeten waren. So mussten sie auf der alten Erde bleiben.
Dann wendeten sie sich gegen Kásskara, gegen uns. Sie wussten, dass wir geistig und moralisch viel stärker waren, und das machte sie neidisch. Deshalb wollte ihre Königin auch unser Land erobern und sich unser Volk untertan machen. Sie drohte unserem Herrscher, sie würde alle ihre Raumschiffe über unserem Erdteil versammeln und uns von dort oben vernichten. Aber er weigerte sich, ihr nachzugeben. Es kam eine lange Zeit der Gespräche, die man auch Konferenzen nennen könnte. Alle großen Männer jener Zeit hielten Versammlungen ab.
Leider waren einige unserer Leute gierig nach Rang und Macht geworden. Ihr religiöser Glaube wurde schwächer, und die Menschen hatten nur noch wenig Achtung voreinander. Wir waren in einer Lage, die man gut mit der gegenwärtigen Lage vergleichen kann.
Im Laufe der Zeit führte der Einfluss der Herrscherin von Atlantis zu einer Spaltung in unserem Volk. Sie begann einige auf ihre Seite zu ziehen. Das waren die machthungrigen Menschen, von denen ich schon sprach. Sie gingen heimlich von unseren Gesetzen ab und sagten zu sich selbst: ‚Wenn wir es mit den Atlantern halten und ihre Forderungen unterstützen, bekommen wir vielleicht später einen guten Anteil.'
Die Bösen gewannen die Oberhand. Sie hatten viele Geheimnisse des Schöpfers erforscht, die die Menschheit nicht wissen darf, aber wir nahmen nicht daran teil. Wir wollten das friedliche Volk sein und bleiben, als das wir zu jener Zeit bekannt waren.
Wieder und wieder kamen die Anführer zusammen. Doch die Gruppe der wissenschaftlich Gesinnten war weit stärker, und sie kamen, um mein Volk mit den Produkten ihrer Macht, mit ihren Erfindungen anzugreifen. Von hoch oben in der Luft richteten sie ihre magnetische Kraft auf unsere Städte.
Unsere Menschen hatten Kenntnisse, die man mit denen der Leute von Atlantis vergleichen kann, aber sie gebrauchten sie nur für gute Zwecke. Wie ich dir sagte, hatten wir die Geheimnisse der Natur erforscht, die Macht des Schöpfers in den lebenden Dingen. Wir verteidigten uns nicht, als wir angegriffen wurden. Und wir hatten recht! Diejenigen aus unserem Volk, die den wahren Weg des Schöpfers nicht verlassen hatten, wurden in einer bestimmten Gegend zusammengerufen, um gerettet zu werden.

Aber wenn wir uns auch nicht aktiv verteidigten, so hatten wir doch den Schutzschild. Ich kann dir nicht wissenschaftlich erklären, was der Schild war und wie er wirkte. Meine Großmutter hat es mir so erklärt: ‚Wenn ein Blitzstrahl kommt, geht er nur bis dahin, wo der Schild ist, und explodiert dort. Er dringt nicht durch.' So sind also damals beim Angriff auf Kásskara alle Bomben, oder was es war, weit oben explodiert, und der Schild schützte alle Menschen, die gerettet werden sollten und in einem bestimmten Gebiet zusammengerufen worden waren. Doch nur wir wurden gerettet. Die Städte wurden angegriffen, und dort wurden Menschen getötet. Und dann hat - wie meine Großmutter sagte - jemand auf den falschen Knopf gedrückt, und beide Kontinente versanken. Es war keine große Flut. Nicht die ganze Erde wurde zerstört und nicht alle Menschen wurden getötet. Atlantis versank sehr schnell im Ozean, unsere Welt ging sehr langsam unter."
Weißer Bär erzählte Ing. Blumrich auch ausführlich von den „Kachinas", Wissenden, die in bedrohlichen Zeiten aufgetaucht seien und den Vorfahren der Hopi geholfen hätten neue Lebensmöglichkeiten zu finden: „Lange bevor unser Kontinent und Atlantis untergingen, hatten die ‚Kachinas' festgestellt, dass östlich von uns ein neuer Weltteil aus dem Wasser aufstieg." Mit dem auftauchenden Kontinent war Südamerika gemeint. Dorthin seien (zunächst) die Ahnen der Hopi in einem langen Wanderungsprozess von Insel zu Insel gelangt, wovon nur die Osterinsel übriggeblieben ist. Diese Wanderung soll vor 80 „Soomody" begonnen und vier „Soomody" gedauert haben, wobei diese Zeiteinheit „Soomody" eine Größenordnung von einem Jahrtausend bezeichnet.
„Nicht alle Bewohner von Atlantis gingen zugrunde, als ihr Kontinent versank", so Weißer Bär weiter. „Diejenigen, die nicht mitmachen wollten, als ihre Königin Kásskara angriff, wurden gerettet. Als ihr Land unterging, wandten sie sich nach dem Osten, in die Gebiete, die wir heute Europa und Afrika nennen. Ihre Macht war ihnen genommen worden. Sie konnten nicht mehr fliegen. Sie konnten nur überleben, indem sie in einzelnen, kleineren Gruppen fortgingen - die einen hierhin, die anderen dorthin. Und jede dieser Gruppen nahm nur einen Teil des gesamten Wissens mit, das sie einmal hatten. Nachdem sie viele Jahrhunderte hindurch in Mühsal leben mussten, begannen sie sich wieder zu entwickeln. Denke an die Kultur der Ägypter.

Als wir auf diesem Kontinent einwanderten, brachten wir unsere Geräte und unser Wissen natürlich mit. Dort unten in Südamerika konnten die Menschen auch noch gewaltige Felsblöcke heben, indem sie einfach die Hände ausstreckten; sie brauchten sie nicht anzurühren. Heute sind wir erstaunt und verstehen nicht, wie sie solche Städte bauen konnten, aber damals war es einfach. Das Wissen ging allmählich verloren, und so mussten die Menschen viel schwerer arbeiten. Heute sind uns alle diese guten Dinge verborgen, und wir sehen mit Staunen, was damals geleistet wurde. Im Vergleich dazu könnte man sagen, dass wir heute im dunklen Zeitalter leben. Für uns Hopi gehört das alles zur Überlieferung unseres Volkes und liegt erst kurze Zeit zurück."

Am Ende seines ganzen Berichts sagte Weißer Bär Fredericks: „Ich habe dir viel über unsere Geschichte gesagt. Ich weiß, es unterscheidet sich von dem, was ihr bisher gewusst habt. Natürlich werden uns die Wissenschaftler korrigieren, wie sie es immer tun. Sie verstehen uns nicht und können darum auch nicht unsere Geschichte und unsere Einsichten verstehen. Aber wir Hopi erkennen in den Ereignissen der heutigen Zeit das Gleiche wieder, was gegen Ende der Alten Welt geschah.

Wir sehen, was jetzt in dieser Welt vor sich geht, die Korruption, die Morde, und wir wissen, dass wir auf dem besten Wege zu unserer Vernichtung sind. Wir könnten das schreckliche Ende verhindern, wenn wir auf den rechten Weg des Schöpfers zurückkehren, aber ich glaube nicht daran. Die nächste große Katastrophe ist nicht weit entfernt, nur ein paar Jahre. Das mag alles seltsam anzuhören sein für euch in eurer Welt, aber wir wissen es. Wir Hopi wissen es!" Wissen sie es wirklich? Viele Fakten scheinen ihnen recht zu geben.

Hat der jüngste Tag wirklich stattgefunden?

Die 1940 entdeckten Höhlen von Lascaux in der französischen Dordogne, etwa zwei Kilometer südlich von Montignac, sind weltbekannt für ihre zahlreichen phantastischen Felsmalereien aus der Magdalenenzeit, der älteren Steinzeit am Ende des Paläolithikums. Im Sommer 2001 wurde übrigens in ihrer Nähe eine weitere, bislang unbekannte Höhle mit detailreichen prähistorischen Gravuren entdeckt. Vermutetes Alter: 28.000 Jahre.

Die Linienführung der Bilder, die sich auch in den Höhlen von Altamira in Nordspanien und Font-de-Gaume finden, ist klar und genau. Die Farben sind so gleichmäßig verteilt, dass zum Beispiel die Mähnen der Tiere wie mit der Farbspritzpistole gemalt aussehen. Die Darstellungen beweisen eine Beobachtungsgabe und ein Nachempfinden der Bewegung, wie es nicht einmal viele Renaissancemaler zuwege brachten. In den ersten Informationsprospekten über die Höhlen war das Alter der Fresken mit 25.000 bis 30.000 Jahren angegeben. Da die Existenz früher Hochkulturen der offiziellen Wissenschaft aber ein Gräuel ist, wurden die Malereien sukzessive unauffällig verjüngt: zuerst auf 15.000 bis 20.000 Jahre, dann auf 12.000 Jahre und immer jünger. Mal sehen, ob auch die 2001 entdeckten Höhlengravuren im Lauf der Zeit immer jünger und jünger werden.

Man muss für die Korrekturversuche Verständnis haben. Die klassische Wissenschaft war immerhin in der Klemme. Wenn sie so kunstvoll zu zeichnen und zu malen verstanden, konnten die Menschen des Magdalenien, das auf die Aurignac-Kultur folgte, nicht die primitiven Troglodyten (Höhlenbewohner) der offiziellen Anthropologie gewesen sein. Besonders lästig war vielen Fachleuten die Tatsache, dass die Fresken von Lascaux keinen erkennbaren kulturellen Zweck haben, sei er nun magischer oder ritueller Natur. Mit Erich von Dänikens Hinweis, eine französische Astronomin habe in den Felszeichnungen astronomische Zusammenhänge entdeckt, will sich die „seriöse" Wissenschaft gar nicht erst auseinandersetzen.

Noch weniger Auseinandersetzung erfolgt mit der oftmals bestätigten Erkenntnis der Ethologie (Verhaltensforschung), auf die der französische Autor Robert Charroux verweist. Sie besagt, dass eine Kultur dann an jenem entscheidenden Punkt angelangt ist, der den Beginn der großen Erfindungen ankündigt, wenn ihre Kunst zum reinen Selbstzweck wird. Das gilt in besonderem Maße für die Malerei. Wenn diese Stufe erreicht ist, geht es los mit der Entwicklung von landwirtschaftlichen Geräten, mit dem Städtebau, kurzum mit einer Zivilisation nach unserer Vorstellung. Die Höhlenbilder beweisen ebenso schlüssig wie unliebsam, dass ihre Schöpfer vor diesem Zivilisationssprung gestanden sind.

Wenn alles mit rechten Dingen zuging, hätten sie ein oder zwei Jahrhunderte später das Schmelzen von Metallen beherrscht sowie planmäßige Landwirtschaft und Viehzucht betrieben. Der Bau steinerner Städte wäre der nächste unvermeidliche Schritt gewesen. 1000 Jahre später hätten sie das Schießpulver und die Buchdruckerkunst erfunden und mit dem Fahrzeugbau begonnen. Nach weiteren 2000, 3000 Jahren hätten sie unser Wissensstadium erreicht: Ihre Autobahnen hätten die Landschaft durchzogen, ihre Flugzeuge den Himmel durchquert und ihre Raketen das Weltall. Noch ein paar Tausend Jahre später wären sie die Beherrscher des Sonnensystems gewesen - und das geschätzte 5000 bis 6000 Jahre vor unserer Zeit, selbst wenn man von den reduzierten Zeitangaben ausgeht.

Wieso geschah nichts davon? Anstatt das Schießpulver und das Auto zu erfinden, sind die Menschen der Magdalenenkultur, die erwiesenermaßen bereits mit Hüten, Hosen und Schuhen bekleidet waren, spurlos verschwunden. Robert Charroux ist überzeugt, dass eine Katastrophe riesigen Ausmaßes sie ausradiert hat.

Sagen und Schriften des Altertums berichten uns, dass der letzte Tag von Atlantis durch eine gewaltige Elementarkatastrophe gekennzeichnet war. Sturmfluten, die Bergeshöhe erreichten, Orkane und Vulkanausbrüche erschütterten den ganzen Planeten. Die Zivilisation wurde zerstört, die überlebende Menschheit fiel in Barbarei zurück.

Sich eine genaue Vorstellung von den geologischen Umwälzungen zu machen, die zum Untergang von Atlantis geführt haben könnten, geht an die Grenzen unseres Vorstellungsvermögens. Man denke nur an die rührenden Versuche in den fünfziger und sechziger Jahren, dem von allen befürchteten Atomkrieg durch private Atombunker oder durch „Deckung nehmen" („Duck and Cover", eine Aufklärungskampagne der US-Regierung) zu begegnen. Man konnte sich einfach nicht vorstellen, was passieren würde. Erst die Studien in den achtziger Jahren des vorigen Jahrhunderts über den zu erwartenden „Nuklearen Winter" vermittelten eine vage Vorstellung des wirklichen Horrors. Volkssagen, Mythen und die heiligen Schriften zahlreicher Völker vermitteln uns ein dramatisches Bild einer damit vergleichbaren Katastrophe, die anscheinend in der Erinnerung der Menschen wach geblieben ist.

Im Jahrtausende alten sumerischen Gilgamesch-Epos lesen wir von Utnapischtim, dem Stammvater der heutigen Menschheit, der mit den Seinen als einziger die große Flut überlebte. Eine Arche bot ihm, seiner Familie sowie seinen Tieren und Vögeln Zuflucht. Die biblische Geschichte von der Arche Noah ist vielleicht eine spätere Fassung der nämlichen Überlieferung.

Für viele Fachleute ist die Sintflutbeschreibung des römischen Dichters Ovid eine indirekte Fortsetzung von Platos Schilderung des Untergangs von Atlantis: „Die Schlechtigkeit auf Erden war so groß, dass Justitia sich in den Himmel flüchtete und der König der Götter den Beschluss fasste, die menschliche Rasse auszurotten... Der Zorn Jupiters erstreckte sich über sein himmlisches Reich hinaus. Sein Bruder Neptun, Beherrscher des Meeres, sandte ihm seine Wogen zu Hilfe. Neptun stieß seinen Dreizack auf die Erde und die Erde begann zu zittern und zu beben... Bald war es nicht mehr möglich, Land und Meer zu unterscheiden. Die Nereiden (Meernymphen) betrachteten mit erstaunten Augen Wälder, Häuser und Städte in der Tiefe der Fluten. Fast alle Menschen ertranken..."

Aus altägyptischen Mythen erfahren wir, dass „Nu", der Gott des Meeres, seinen Sohn „Ra", den Sonnengott, aufforderte, die gesamte Menschheit zu vernichten, da die Menschen sich gegen die Götter auflehnten. Offenbar wurde diese Vernichtung durch eine gewaltige Überschwemmung ins Werk gesetzt.

Das „Mahabharata" der Inder erzählt, wie Brahma in der Gestalt eines Fisches vor Manu, dem Stammvater der Menschen, erschien, um ihn vor der herannahenden Flut zu warnen. Er befahl ihm, ein Schiff zu bauen und die Rishis (Weise, von denen noch die Rede sein wird) sowie sämtliche von den alten Brahmanen aufgezählten Pflanzensamen an Bord zu nehmen und sorgsam zu hüten.

Manu gehorchte Brahmas Wort, und das Schiff, das ihn mitsamt den sieben Weisen und den zur Ernährung der Überlebenden bestimmten

Sämereien trug, trieb jahrelang auf dem wildbewegten Wasser umher, bis es schließlich am Himalaja landete. Nach der indischen Überlieferung gilt „Manali" - die „Manu-Stadt" im Tal des Kulu - als der Ort, wo Manu an Land ging. Der Distrikt soll den Namen „Aryavarta" tragen, das heißt „Land der Arier" - eine Legende, die in späteren Tagen unheilvoll zum Leben erweckt werden sollte.

Das „Zend Avesta" liefert uns eine andere Version der Sintflut-Sage. Der Gott Ahura Mazda befahl dem persischen Patriarchen Yima, sich auf eine große Flut vorzubereiten. Daraufhin baute Yima eine Höhle, in welcher er die für die Menschen lebensnotwendigen Tiere und Pflanzen während der Überschwemmung einschloss. So konnte auf der von der Flut verwüsteten Welt eine neue Zivilisation entstehen.

Die Priester von Baalbek (heute auf libanesischem Gebiet gelegen) hatten den sonderbaren Brauch, Wasser, das aus dem Mittelmeer geschöpft war, in einen tiefen Spalt des neben dem Tempel gelegenen Felsens zu schütten, zum Andenken an die Gewässer der großen Flut, die sich dort hinein ergossen hatten. Mit dieser Zeremonie feierte man gleichzeitig die Errettung des „Deukalion", einer Figur aus einer griechischen Sage. Um das Wasser zu holen, mussten die Priester eine viertägige Reise zur Meeresküste unternehmen und brauchten weitere vier Tage, um wieder nach Baalbek zurückzukehren. Es ist erwähnenswert, dass diese Felsenöffnung sich am äußersten Nordende des großen Grabenbruchs befindet, der sich in südlicher Richtung bis zum Sambesi-Fluss erstreckt. Eine bei den Buschmännern verbreitete Sage berichtet von einer großen Insel im Westen Afrikas, die eines Tages in den Fluten versank.

Eine Handschrift der Maya-Indianer berichtet: „Der Himmel näherte sich der Erde, und alles ging in einem einzigen Tag zugrunde; sogar die Berge verschwanden unter dem Wasser." Der sogenannte Dresdener Maya-Kodex schildert den Untergang der Welt in Bildern. Man sieht eine Schlange am Himmel, aus deren Maul sich Wasserströme ergießen, Mond und Sonne verdunkeln sich. Die Mondgöttin, Herrin des Todes, hält eine umgekehrte Schale in den Händen, aus der die verheerenden Fluten strömen.

Das „Chilam Balam" von Yukatan bestätigt, dass in einer längst vergangenen Zeit das Land der Mayas vom Meer verschlungen wurde, während die Berge Feuer spien und die Erde erbebte.

In Venezuela gab es einen Stamm von weißhäutigen Indianern. Sie wurden „Parias" genannt - ein Ausdruck, der interessanterweise eine indische Kaste bezeichnet - und wohnten in einem Dorf, das bezeichnenderweise „Atlan" hieß. Ihrer Überlieferung nach hat ein gewaltiges Unglück ihre ursprüngliche Heimat, eine große Insel mitten im Ozean, zerstört. Ein Blick auf die Mythologie der amerikanischen Indianer zeigt uns, dass bei mehr als 130 verschiedenen Stämmen Legenden überliefert wurden, die sich auf eine Katastrophe von weltweitem Ausmaß beziehen. Sowohl die Inuit als auch die Chinesen bewahren eine Überlieferung, wonach die Erde vor der großen Flut heftig gebebt hätte.

Die „klassische" Sintflutlegende aus der Bibel kennt jeder. Dort kann man vom Patriarchen Enoch lesen, der Noah vor dem bevorstehenden Ereignis warnte und ihm den Bau der berühmten Arche nahe legte, bevor er selbst lebend in den Himmel aufstieg. Weit weniger verbreitet ist, dass sich im „Buch Enoch" interessanterweise nicht nur Hinweise auf „die großen Wasser gen Westen" finden, sondern auch auf „das Feuer, das aus dem Westen kommen wird".

Ein 3000 Jahre alter Papyrus der Zwölften Dynastie Ägyptens, der in der Eremitage von Leningrad aufbewahrt wird, wartet mit folgender Schilderung auf: „Einst fiel ein Stern vom Himmel, und seine Flammen verschlangen alles..."

„Popul Vuh", das heilige Buch der Mayas von Guatemala, bezeugt ebenfalls die Schrecken der Katastrophe. „In den himmlischen Höhen", so steht dort geschrieben, „hörte man das Prasseln der Flammen. Die Erde erbebte, die leblosen Dinge erhoben sich gegen den Menschen. Es regnete Wasser und Teer auf die Erde herab. Die Bäume wankten, die Häuser barsten in Stücke, die Höhlen stürzten ein. Der Tag verwandelte sich in finstere Nacht."

Zwei Abbildungen des Himmelsgewölbes an der Decke des Grabgemachs von Senmuth, dem Baumeister der ägyptischen Königin Hatschepsut, bilden für die Nachwelt ein Rätsel. Auf der einen dieser Himmelskarten sind die Weltrichtungen richtig eingezeichnet, während sie auf der anderen verkehrt erscheinen, so als ob die Erde einen Stoß erlitten hätte. Tatsächlich behauptet der „Harris-Papyrus", die Erde hätte sich infolge einer Katastrophe umgedreht. Auch in dem Papyrus der Leningrader Eremitage sowie in dem „Papyrus von Ipuwer" ist

von einer Erdumkehrung dezidiert die Rede. Nehmen wir einmal an, eine gigantische Apokalypse hat vor unzähligen Jahren die Erde buchstäblich auf den Kopf gestellt und keinen Stein auf dem anderen gelassen. Wie könnte sie, die Erde, vorher ausgesehen haben?
Christobal Molina, ein spanischer Priester in Cuzco, Peru, schrieb im 16. Jahrhundert, die Inkas besäßen einen vollständigen Bericht über den Hergang der großen Katastrophe. Danach hätte es davor einen Staat gegeben, der die ganze Erde umfasste und in dem nur eine einzige Sprache gesprochen wurde. Die alten Juden und Babylonier in Kleinasien und die mexikanischen Indianer in Mittelamerika bekannten sich trotz der großen Distanz, die sie trennte, in ihren heiligen Schriften beide zu diesem Glauben.

Die Bibel erzählt uns von einer Zeit, da es auf Erden ein einziges Volk und eine einzige Sprache gab. Erst nach der Errichtung des Turmes zu Babel entstanden verschiedene Zungen, und die Menschen vermochten einander nicht mehr zu verstehen. Ganz ähnlich schildert der babylonische Chronist Beroses eine Epoche, in der ein Volk dermaßen von Macht und Ruhm berauscht war, dass es die Götter zu missachten begann. Damals baute man in Babylon einen Turm, so hoch, dass seine Spitze beinahe den Himmel berührte. Doch die erzürnten Götter stürzten den gewaltigen Turm, dessen Ruinen fortan „Babel" genannt wurden. Bis dahin hatten sich alle Menschen einer einzigen Sprache bedient. Erstaunlicherweise enthalten die Chroniken der mexikanischen Tolteken eine beinahe identische Geschichte vom Bau einer hohen Pyramide und der Entstehung vieler verschiedener Sprachen.

So gut wie nicht bekannt ist im Zusammenhang mit weltweit identischen Untergangsüberlieferungen die Tatsache, dass man auch im tiefsten Urwald des Amazonas Fels- und Höhlenzeichnungen mit Abbildungen der Sonne, von Tieren, von Händen und anderem findet, die fast deckungsgleich mit den Darstellungen aus der europäischen Magdalenienkultur von Lascaux und Umgebung sind. Eine bezeichnende Übereinstimmung, möglicherweise auch in Bezug auf den Untergang der Maler und ihrer Zivilisation.

Auch wenn die klassische Archäologie und Geschichtsschreibung das gar nicht gerne zur Kenntnis nehmen, so mangelt es rund um unseren Globus nicht an Beweisen und Zeugnissen für eine frühzeitliche Katastrophe. Das wäre logisch und zu erwarten, wenn die Bewohnter von

Atlantis, wie behauptet, nicht nur mit Europa und Afrika, sondern auch mit den beiden Amerikas kulturelle und kommerzielle Beziehungen unterhalten haben.

Das vergleichende Studium der alten Zeitrechnungen erlaubt uns, das ungefähre Datum der atlantischen Katastrophe zu bestimmen. Das erste Jahr der persischen Zeitrechnung von Zoroaster/Zarathustra (das Jahr, in dem „die Zeit begann"), entspricht dem Jahr 9600 v. Chr. Dieses Datum ist fast identisch mit dem Jahr 9560, in welches die ägyptischen Priester anlässlich ihres Gespräches mit Solon den Untergang von Atlantis verlegten.

Die alten Ägypter teilten die Zeit in große Sonnenzyklen von je 1460 Jahren ein. Das Ende ihrer letzten astronomischen Periode fiel in das Jahr 139 n. Chr. Von diesem Datum ausgehend, kann man bis zum Jahr 11.542 v. Chr. acht Sonnenzyklen zurückverfolgen. Der assyrische Mondkalender rechnete mit Perioden von je 1805 Jahren, von denen die letzte im Jahr 712 v. Chr. endete. Wenn man von diesem Punkt sechs Mondzyklen zurückzählt, gelangt man ebenfalls zum Jahr 11.542 v. Chr. Der ägyptische Sonnenkalender und der assyrische Mondkalender fallen also im Jahr 11.542 v. Chr. zusammen. Offenbar ist es das Jahr ihrer Begründung.

Die Brahmanen zählen die Zeit, vom Jahr 3102 v. Chr. ausgehend, nach Zyklen von je 2850 Jahren. Drei solche Zyklen ergeben 8550 Jahre. Zählt man diese Zahl zum Jahr 3102 v. Chr. hinzu, gelangt man zum Jahr 11.652 v. Chr. Der Maya-Kalender zeigt uns, dass die Ureinwohner Amerikas mit Zyklen von 2760 Jahren rechneten. All diese und eine Vielzahl weiterer kalendarischer Parallelen, mit denen ich den Leser nicht langweilen möchte, deuten darauf hin, dass sich zu den genannten Daten tatsächlich etwas Gewaltiges ereignet haben muss. Andernfalls wären das völlig sinnlose Zeitangaben mit einer Übereinstimmung, die nicht einmal von fanatischen Wegrationalisierern als „zufällig" erklärt werden könnte.

Ein genaueres Studium der in allen Kulturen vorhandenen „Apokalyptischen Folklore" gestattet die Annahme, dass Ausmaß und Charakter des Kataklysmus je nach der geographischen Lage des betreffenden Landes verschieden waren, was sich klarerweise in den überlieferten Berichten niederschlagen musste.

So erinnern sich die Quiche-Indianer von Guatemala eines schwarzen Regens, der vom Himmel fiel, während ein Erdbeben Häuser und Felshöhlen zum Einsturz brachte.
Daraus lässt sich schließen, dass auf dem Grunde des Atlantischen Ozeans gewaltige tektonische Verschiebungen stattfanden. Rauch, Aschenwolken und Dampf stiegen aus dem kochenden Wasser in die Stratosphäre auf und wurden hierauf durch die Erdumdrehung nach Westen geschleudert, wo sich „schwarzer Regen" über Mittelamerika ergoss. Die Legenden der Quiches werden durch jene der Indianer vom Amazonas bestätigt bzw. ergänzt. Diese berichten, dass nach einer furchtbaren Explosion tiefe Finsternis über die Welt hereinbrach. Die Indianer von Peru fügen hinzu, dass das Wasser bis zu den Berggipfeln anstieg.
In Überlieferungen aus dem Mittelmeergebiet ist hingegen viel mehr von einer großen Flut als von vulkanischen Erscheinungen die Rede. Die alten Griechen erinnerten sich an eine Sturmflut, deren Wogen bis in die Baumgipfel stiegen, so dass nachher die Fische in den Zweigen hingen, und das persische Zend-Avesta erzählt von mannshohen Wellen.
Alten chinesischen Dokumenten nach bebte das Meer in südöstlicher Richtung weit zurück. Der jesuitische Missionar Martinus Martini, der im 17. Jahrhundert in China wirkte, erwähnt in seiner „Geschichte Chinas" die Berichte uralter Chroniken über eine Zeit, da das Himmelsgewölbe sich plötzlich gegen Norden neigte: „Nach einem heftigen Erdbeben veränderten Sonne, Mond und Sterne ihre Bahn."
Eine gewaltige Sturmflut im Atlantik musste auf der anderen Seite der Erdkugel, also im Pazifik, eine ebenso gewaltige Ebbe erzeugen. Die Indianer am unteren Flusslauf des Mackenzie im nördlichen Kanada wissen zu berichten, dass „während der großen Flut" eine unerträgliche Hitzewelle ihr arktisches Land überflutete, der plötzlich eisige Kälte folgte. Eine Verschiebung der Atmosphäre infolge eines gewaltigen Erdstoßes wäre sehr wohl imstande, den ungewöhnlich jähen Temperaturwechsel zu erzeugen, an den die kanadischen Indianer sich erinnern. Alle diese unterschiedlichen Aspekte fügen sich zum Gesamtbild einer globalen Katastrophe zusammen, die eine mächtige Zivilisation zerstört hat. Das geschah allerdings nicht, ohne dass diese weltumspannende Kultur Spuren und Artefakte hinterlassen hätte...

Ein wenig bekannter Atlantis-Forscher

Nach der Überlieferung wurde Troja (oder Ilion bzw. Pergamos) in Kleinasien von den keltischen Pelasgern gegründet. Seine mächtigen Mauern sollen von Apollo und Poseidon erbaut worden sein. Allein diese Legende belegt, dass die alte Geschichte Kleinasiens durch Apollo, den Hyperboreer, mit jener des Okzidents der Kelten verbunden ist, und durch Poseidon, den Gott der Atlanter, schlussendlich mit Atlantis. In seinen unsterblichen Versen der Ilias und der Odyssee beschrieb Homer die Belagerung Trojas, bei der die Anführer der Griechen Agamemnon, Achilles, Odysseus, Ajax und andere den Söhnen des Priamos, Hektor und Paris feindlich gegenüberstanden. Und das, weil der Letztgenannte unvorsichtigerweise die schöne Helena, Gemahlin des Königs Menelaos von Sparta, entführt hatte. So lautet die Legende, von der sich die meisten wohl nur noch an das Trojanische Pferd erinnern, mit dem der listenreiche Odysseus Troja schließlich von innen heraus einnehmen konnte.
Im Jahre 1871 war der Kaufmann und „Amateur" Heinrich Schliemann (1822-1890), der immerhin zwölf Sprachen beherrschte, kühn genug, die Erzählungen von Homer und Platon wörtlich zu nehmen. Begleitet vom Hohngelächter der offiziellen Archäologie suchte er auf dieser Basis Troja - und fand es tatsächlich.
Unter dem Troja des Priamos entdeckte Schliemann die Grundmauern der ursprünglichen Stadt. Zahlreiche Scherben und Stücke gebrannter Erde trugen religiöse Symbole. Die meisten der gefundenen Vasen waren in Form einer Eule modelliert. Sie stellen den Nachtvogel „Minerva Glaucopis" (die Grünäugige) dar, die Beschützerin von Ilion. Erstaunlicherweise sahen die trojanischen Waffen aus Kupfer genauso aus wie die prähistorischen Bronzewaffen, die in Dänemark und in den Pfahldörfern der Schweiz gefunden wurden. Das verblüffte Schliemann. Schließlich brachte ihn die Vielzahl von Übereinstimmungen, verbunden mit anderen Hinweisen, zu der Annahme, das prähistorische Troja wäre eng mit einem anderen, ebenfalls mythischen prähistorischen Kulturkreis verbunden: mit Atlantis.
Wie man Schliemanns Nachlass, einigen Berichten und den Ausführungen des französischen Autors Robert Charroux entnehmen kann,

der sich eingehend mit der Hinterlassenschaft des Enkels von Heinrich Schliemann befasste, war der Entdecker von Troja sich völlig bewusst; dass er der wahren Geschichte der Menschheit auf die Spur gekommen war. Aus naheliegenden Gründen vertrat er diese Überzeugung allerdings nur sehr diskret und beschloss, das Wesentliche seiner Entdeckungen erst nach seinem Tode bekannt zu machen, wenn die Zeit seinen historischen Thesen bereits mehr Gewicht verliehen hätte. Dabei ging er umsichtig und planvoll zu Werke.

Er versteckte die wertvollsten Stücke, die er bei seinen Ausgrabungen gefunden hatte, schrieb eine Botschaft und hinterließ alles seiner Familie, zusammen mit einem bedeutenden Geldbetrag, der die Ausführung seines letzten Willens sicherstellen sollte. Diese Unterlagen ruhten 16 Jahre lang im Depot einer Pariser Bank und wurden 1906 von Dr. Paul Schliemann, dem Enkel und Universalerben Heinrich Schliemanns, in Empfang genommen. Er muss den Inhalt als so brisant empfunden haben, dass Jahre vergehen sollten, ehe er etwas darüber an die Öffentlichkeit dringen ließ.

Heinrich Schliemanns geheimes Testament

Am 20. Oktober 1912 erschien in der amerikanischen Zeitschrift „The New York American" der Artikel von Dr. Paul Schliemann „Wie ich Atlantis wiederfand, den Ursprung aller Kulturen". Darin ist auszugsweise zu lesen:

„Einige Tage vor seinem Tod in Neapel im Jahre 1890 übergab mein Großvater Heinrich Schliemann einem seiner besten Freunde einen versiegelten Umschlag, auf den er den Satz ‚Darf nur von einem Mitglied meiner Familie geöffnet werden, das sich damit bei seiner Ehre verpflichtet, sein Leben den in der Botschaft zusammengefassten Forschungen zu widmen' geschrieben hatte.
Eine Stunde vor seinem Tod verlangte mein Großvater Bleistift und Papier. Mit unsicherer Hand schrieb er: ‚Geheimer Zusatz zum Inhalt des versiegelten Umschlags. Zerbrich die Vase mit den Eulenkopf, untersuche den Inhalt. Er betrifft Atlantis. Grabstätte östlich der Ruinen des Tempels von Sais und im Totenfeld des Tals von Chacuna. Wichtig. Du wirst Beweise für die Richtigkeit meiner These finden. Die Nacht kommt. Leb wohl!'
Der Freund meines Großvaters hinterlegte alles in der besagten französischen Bank.

Schliemann II sucht Atlantis

Nachdem ich meine Studien in Russland, Deutschland und im Orient abgeschlossen hatte, entschloss ich mich, die Forschungen meines berühmten Großvaters fortzusetzen. Im Jahre 1906 übernahm ich die geforderte Verpflichtung, als ich das Siegel des Umschlags brach. Er enthielt Fotografien und verschiedene Dokumente.
Der erste Text besagte folgendes: ‚Wer diesen Umschlag öffnet, muss ernsthaft schwören, das von mir begonnene Werk fortzusetzen. Ich bin zu dem Schluss gelangt, dass Atlantis nicht nur ein riesiges Land zwischen Amerika und der Westküste Afrikas und Europas, sondern auch die Wiege unserer Kultur war...
Im Material, das ich gesammelt habe, befinden sich Dokumente, Notizen, Artikel und andere Beweise zu dieser Frage. Wer immer diese Stücke prüft, verpflichtet sich bei seiner Ehre meine Forschungen fortzusetzen und sein Möglichstes zu tun, um sie zu einem Abschluss zu führen. Zunächst muss er die Mittel benützen, die ich in seine Hände lege, außerdem darf er nicht verschweigen, dass ich der wahre Urheber seiner Tätigkeit bin.
Die Banque de France hat eine Summe in Verwahrung, die gegen Quittung übergeben wird; sie wird zur Deckung der Kosten der Forschungen ausreichen. Möge der Allmächtige diese wichtige Aufgabe begünstigen. Gez. Heinrich Schliemann'.
(Anmerkung: Der Entdecker von Troja dürfte nicht grundlos gewollt haben, dass sein Werk erst nach einem halben Jahrhundert fortgesetzt werden soll. Schließlich gab es zu seinen Lebzeiten übermächtige Feinde, die seine Ausgrabungen sabotierten und seine Entdeckungen banalisierten.)

Der König von Atlantis

Ein anderes Manuskript meines Großvaters hatte folgenden Wortlaut: ‚Im Jahre 1873, während meiner Grabungsarbeiten in den Ruinen von Troja bei Hissarlik, als ich in der zweiten Schicht den berühmten Schatz des Priamos freilegte, entdeckte ich bei diesem Schatz eine Bronzevase von ungewöhnlicher Form. Diese Vase enthielt einige Tonscherben, verschiedene kleine Gegenstände aus Metall, Münzen und versteinerte Gegenstände aus Knochen. Mehrere dieser Gegenstände und auch die Bronzevase trugen folgende Inschrift in phönizischen Hieroglyphen: Vom König Kronos von Atlantis."

Um keine Verwirrung aufkommen zu lassen, wer was berichtet hat, wenden wir uns kurz vom Zeitungsartikel von Schliemanns Enkel ab und berichten „normal" weiter: Ein von Dr. Paul Schliemann angeführtes Dokument seines Großvaters mit dem Buchstaben B soll ausgesagt haben: „Im Jahre 1883 sah ich im Louvre-Museum eine Sammlung von Gegenständen, die bei Grabungen in Tiahuanaku in Mittelamerika (gemeint ist zweifellos Tihuanaco in Bolivien) gefunden wurden. Ich bemerkte darunter Scherben von Gefäßen, die aus demselben Material und in derselben Art gemacht waren, sowie auch Gegenstände aus versteinerten Knochen wie jene, die ich in der Bronzevase des Priamos-Schatzes gefunden hatte. Die Ähnlichkeit zwischen den beiden Sammlungen konnte keine zufällige sein. Die Vasen aus Zentralamerika trugen keine phönizischen oder andere Inschriften. Daraufhin untersuchte ich neuerlich meine eigenen Fundstücke und gelangte zur Überzeugung, dass die von fremder Hand angebrachten Inschriften jüngeren Datums waren als die Gegenstände selbst.

Ich verschaffte mir einige Fragmente von Tiahuanaku und unterzog sie einer chemischen und mikroskopischen Untersuchung. Diese ergab zweifelsfrei, dass die beiden Serien von Töpfereien, die eine aus Zentralamerika und die andere aus Troja, aus derselben Tonsorte hergestellt waren, die es weder im alten Phönizien noch in Mittelamerika gab. Die Analyse der Gegenstände ergab weiter, dass das Metall aus Platin, Aluminium, Silber und Kupfer bestand, einer Legierung, die es sonst nicht unter den alten Funden gibt." (Anmerkung: Die Existenz der Fundstücke aus dem unbekannten Metall kann nicht angezweifelt werden, da ein Amateurarchäologe namens Christos Mavrothalassitis ihre Gegenstücke in Nordafrika, insbesondere auf der Insel Djerba, gefunden hat. Es dürfte sich dabei mit großer Wahrscheinlichkeit um das legendäre Metall der Atlanter namens „Oreichalkos" handeln.). Weiter O-Ton Heinrich Schliemann: „Ich gelangte zu dem Schluss, dass diese Gegenstände, die in zwei so weit voneinander entfernten Gegenden gefunden wurden, aus demselben Material waren und wahrscheinlich den gleichen Ursprung hatten. Aber die Gegenstände selbst sind weder phönizisch noch mykenisch noch amerikanisch. Was soll man von ihnen halten? Soll man annehmen, dass sie einst von einem gemeinsamen Ausgangspunkt an die beiden verschiedenen Orte gelangt sind, an denen man sie gefunden hat? Die Inschrift auf meinen Gegenständen gibt Auskunft über diesen Ausgangspunkt: Atlantis. Diese außergewöhnliche Entdeckung ermutigte mich, meine Forschung mit neuer Kraft fortzusetzen.

Das Atlantis-Papyrus

Im Museum von Petersburg fand ich eine sehr alte Papyrusrolle aus der Zeit des Pharao Sent von der zweiten Dynastie (um 4000-5000 v. Chr.). Dieser Papyrus berichtet, dass der Pharao eine Expedition in den Westen sandte, um Spuren des Landes zu finden, aus dem dreitausenddreihundertfünfzig Jahre zuvor die Ahnen der Ägypter gekommen waren und das Wissen ihres Landes mitgebracht hatten. Sechs Jahre später kehrte die Expedition zurück, ohne das Volk oder Überlebende gefunden zu haben. Ein anderes Manuskript aus demselben Museum, das vom ägyptischen Historiker Manetho stammt, gibt für die Herrschaft der Weisen von Atlantis die Dauer von 13.900 Jahren an. Ihr Beginn wird mit den Anfängen der Geschichte Ägyptens gleichgesetzt, die somit an die 16.000 Jahre alt wäre...
Eine Inschrift, die nahe dem Löwentor von Mykenä gefunden wurde, besagt, dass Misor, von dem die Ägypter abstammen, der Sohn des ägyptischen Gottes Thot war. Dieser wiederum soll der Sohn eines atlantischen Priesters gewesen sein, der mit einer Tochter des Königs Kronos verlobt war. Er musste fliehen. Nach langen Wanderungen ließ er sich in Ägypten nieder, erbaute den ersten Tempel von Sais und lehrte die Weisheit seiner ursprünglichen Heimat. Dieser Bericht ist von großer Wichtigkeit, und ich habe ihn geheimgehalten. Er ist in den Papieren unter dem Buchstaben D zu finden."

Heinrich Schliemann beendete das erstaunliche Dokument B mit den Sätzen: „Eine Tafel, die ich bei meinen Ausgrabungen in Troja fand, ist eine medizinische Abhandlung eines ägyptischen Priesters über die Heilung von Star und Eingeweidegeschwüren durch chirurgische Eingriffe. Seit Jahrhunderten gab es einen regen Wissensaustausch zwischen Kreta und Ägypten. In einem spanischen Manuskript, das in Berlin aufbewahrt wird, habe ich denselben Bericht gefunden, der dem Autor von einem aztekischen Priester in Mexiko vermittelt wurde, der ihn wiederum in einem alten Maya-Manuskript gefunden hatte. Schließlich muss ich auch noch darauf hinweisen, dass weder die Ägypter noch die Mayas, die vor den Azteken die mittelamerikanische Kultur geschaffen hatten, große Seefahrer waren. Sie haben in ihren Häfen nie Schiffe vor Anker liegen gehabt, die den Atlantik hätten überqueren können. Wir müssen weiter annehmen, dass selbst die Phönizier nicht das Bindeglied zwischen den beiden Kontinenten gewesen sein konnten. Trotzdem ist die Ähnlichkeit zwischen den Kulturen der Mayas und der Ägypter so groß, dass man sie nicht dem Zufall zuschreiben kann. Solche Zufälle gibt es nicht. Die einzige vernünftige Erklärung ist, dass es - wie auch die Sage berichtet - einst einen großen Kontinent gab, der die Verbindung zwischen dem, was wir die alte und die neue Welt nennen, herstellte. Es war Atlantis, der Ausgangspunkt von Kolonien in Ägypten und Mittelamerika." Ende Dokument B von Heinrich Schliemann.

Dieses Dokument macht es sehr wahrscheinlich, dass die Informationen über Atlantis von Atlantern selbst stammten, und es erlaubt eine relativ genaue Zeitangabe, wann Atlantis mit Ägypten in Verbindung getreten ist. Natürlich kann es keine unwiderlegbare These dafür geben, Ägypten sei von Atlantern besiedelt worden. Eines aber wird für die moderne Archäologie immer klarer: Ägypten, das Land uralter Rätsel, ist sehr wahrscheinlich von außen besiedelt worden. Woher und vor allem wann, kann man allerdings sehr wohl vermuten.
Wenn man von der Zeit der II. Dynastie die im Papyrus angegebene Zeit zurückrechnet, so gelangt man in das späte siebente Jahrtausend v.Chr. Demnach sind in dieser Zeit Atlanter nach Ägypten gekommen, wo laut der Inschrift im Neith-Tempel von Sais bereits eine hochwertige Staatsform in Ägypten existiert hatte.
Das späte siebente Jahrtausend v. Chr. fällt mit der Zeit zusammen, die bei Manetho als die Zeit der Herrschaft von Osiris bzw. von Isis und Osiris angegeben ist. Isis und Osiris wurden ganz besonders von den Ägyptern, aber auch von anderen Völkern hoch verehrt. Osiris wurde der Überlieferung nach von seinem Bruder und Rivalen Seth (griech. Typhon) getötet und zerstückelt.

Manetho zählte Osiris und Isis zu den „göttlichen Herrschern" (im Unterschied zu den „halbgöttlichen" einer späteren Zeit, wie z.B.). Bei den Griechen hieß Osiris „Dionysos"; für sie war er der große Kulturbringer, den sie besonders mit Wein- und Weizenanbau identifizierten. Die Ägypter verbanden darüber hinaus noch mehr mit Osiris, nämlich Städtebau, Nil-Beherrschung, Astronomie, Geometrie und

Musik. Die Menschen, die in der zweiten Hälfte des vierten Jahrtausends vor Christus über die beiden ägyptischen Monarchien herrschten, sind uns in der Überlieferung als „Gefolge des Horus" (der ägyptische Gott mit dem Falkenkopf, Sohn von Isis und Osiris) und als die Halbgötter der Geschichte von Manetho bekannt.

Die Spur der Überreste aus Atlantis

Wieder zurück zu Dr. Paul Schliemann. Er führte den Auftrag seines Großvaters aus und unternahm Reisen und Forschungen, worüber er folgendes berichtete:
„Zunächst machte ich mich auf die Suche nach der in Paris an einem geheimen Ort aufbewahrten Sammlung. Die außerordentlich alte Vase mit dem Eulenkopf, auf dem ich in phönizischer Schrift lesen konnte ‚Vom König Kronos von Atlantis', war ein besonders interessanter Gegenstand. Ich zögerte lange, bevor ich sie zerschlug, denn es kam mir in den Sinn, dass mein Großvater seinen Brief kurz vor seinem Tode geschrieben hatte, zu einem Zeitpunkt also, an dem seine geistigen Fähigkeiten vielleicht schon nachgelassen hatten.
Schließlich zerbrach ich die Vase doch und war keineswegs erstaunt, darin ein viereckiges Täfelchen zu finden. Es war aus weißem Metall, das wie Silber aussah; sonderbare Figuren und Zeichen waren darauf eingraviert, die mit keinen mir bekannten Hieroglyphen oder Schriften verglichen werden konnten. Diese Zeichen befanden sich auf der Vorderseite des Metallstücks. Auf der Rückseite stand auf altphönizisch ‚Vom Tempel mit den durchsichtigen Mauern.'
Wie war das Metallstück in die Vase gelangt? Der Hals war zu eng, als dass es nachträglich hätte hineingegeben werden können. Wenn die Vase aus Atlantis stammte, musste dies auch für die Tafel gelten. Eine genaue Untersuchung ergab, dass die Buchstaben in phönizischer Schrift aus einer späteren Zeit stammten als die Figuren auf der Vorderseite. Wie konnte dies geschehen? Ich weiß es bis heute nicht.
Ich fand in der Sammlung auch noch andere wichtige Gegenstände, die nach den Notizen meines Großvaters ebenfalls aus Atlantis kamen. Unter ihnen befand sich ein Ring aus demselben sonderbaren Metall wie das Täfelchen und auch ein merkwürdig aussehender Elefant aus versteinertem Knochen, eine ganz offensichtlich sehr alte Vase und noch andere Dinge, die ich hier nicht aufzählen kann. Überdies fand ich noch eine Kartenskizze, deren sich der ägyptische Seefahrer bediente, als er sich auf die Suche nach Atlantis machte. Über die anderen Dinge darf ich auf Grund der Wunsches meines Großvaters nichts sagen. In Ägypten begann ich mit Grabungen um die Ruinen von Sais. Ich arbeitete lange Zeit ohne Erfolg, doch eines Tages begegnete ich

einem ägyptischen Jäger, der mir eine Sammlung alter Münzen zeigte, die im Grab eines Priesters der ersten Dynastie gefunden worden war. Wie groß war mein Erstaunen, als ich in seiner Sammlung zwei Stücke entdeckte, die von derselben Form und aus demselben Metall waren wie die weißen Münzen aus der trojanischen Vase! War das nicht ein Fortschritt?"

Dr. Paul Schliemann setzte seine Nachforschungen an der Westküste Afrikas fort und kehrte nach Paris zurück, um einen Archäologen zu besuchen, dessen Sammlung im Testament seines Großvaters gerühmt wurde. Dieser Archäologe besaß ebenfalls ein Exemplar einer Vase mit Eulenkopf. Paul Schliemann dazu weiter:

„Er war bereit, seine Vase im Interesse meiner Forschungsarbeit zu zerbrechen. Ich fand darin eine Münze in derselben Größe und aus demselben Metall wie die drei anderen, die ich bereits besaß. Der einzige Unterschied bestand in der Anordnung der Hieroglyphen. Ich hatte also fünf Glieder einer Kette...

Anschließend begab ich mich nach Mittelamerika, Mexiko und Peru. Ich habe dort die Totenfelder abgesucht und in den Städten gegraben. In der Pyramide von Teotihuacan in Mexiko habe ich Münzen aus der geheimnisvollen weißen Legierung gefunden, doch trugen sie andere Inschriften..."

Soweit die 1912 im „New York American" publizierten Aussagen jenes Mannes, dessen Großvater Troja entdeckt hatte und die Spuren von etwas noch viel Bedeutenderem gefunden haben könnte.

Die zu dem Artikel veröffentlichten Dokumente zeugen von außerordentlicher Sachkundigkeit. Man kann aus ihnen das Vorhandensein einer Art „Geheimzentrale" in Phönizien herauslesen. Das wird auch durch den phönizischen Geschichtsschreiber Sanchuniathon um 1250 v. Chr. bestätigt, der ebenfalls in den phönizischen Tempeln eine Geschichte der Welt gefunden hat, die in geheimnisvoller Schrift verfasst war. Dr. Paul Schliemanns Artikel erweckte zunächst großes Interesse unter den Archäologen, blieb allerdings ohne Folgen, und sein Autor war nicht bereit, seinen Veröffentlichungen noch etwas hinzuzufügen. Er hatte vor, ein Buch über seine Forschungen und Entdeckungen zu schreiben. Dazu kam es aber nicht. Der Enkel des Entdeckers von Troja ist in der Zeit zwischen dem Ersten und dem Zweiten Weltkrieg in Russland verschollen.

Ein neuer Schliemann

Heinrich Schliemann hat an Homer geglaubt und Troja entdeckt. Christos Mavrothalassitis, der im Zusammenhang mit den „Münzen aus Atlantis" schon erwähnt wurde, hat seinem Vater, einem Seemann im Mittelmeer, geglaubt. Er hörte ihn von Platon sprechen und von einer versunkenen Stadt, die er 1922 senkrecht direkt unter seinem Schiff entdeckt hätte.

Wie Robert Charroux berichtet, richtete sich Christos' Interesse seit frühester Kindheit auf alles und jedes, das mit dem von Platon beschriebenen sagenhaften Kontinent Atlantis zusammenhängen konnte. Im Jahre 1947 fand er ein altes Dokument, auf dem die Insel Djerba Teil des afrikanischen Festlandes war, umgeben von einem Kanal, der sich in der Wüste verlor. Christos erinnerte sich dabei daran, dass sein Vater behauptet hatte, Djerba wäre der Endpunkt des Weges von Atlantis zum Mittelmeer gewesen.

Bei seinen Tauchgängen vor der Insel Djerba verriet ein alter Berber Christos eine Stelle, an der sich der Friedhof „der ersten Ahnen unserer Rasse" befand. Der Ort lag in Tripolitanien; die Angaben waren sehr genau und auf einem Plan eingezeichnet. Christos fand die von dem Berber bezeichneten Orientierungspunkte und begann im Sand zu graben. Zwei Tage später entdeckte er Gräber, in denen sich Töpfereien befanden, die wie jene von Tiahuanaco und aus der Sammlung Schliemanns aussahen. Außer diesen Töpfereien fand Christos weiße Stücke aus einem unbekannten Metall. Alle im Lauf der Zeit gefundenen Plättchen hatten natürlich durch das lange Liegen im Wüstensand etwas gelitten, keines von ihnen ist jedoch oxydiert.

Als der alte Berber vom glücklichen Ausgang der Expedition erfuhr und seinen Anteil an Metallstücken und Töpfereien erhalten hatte, gab er Christos die Lage von anderen atlantischen Gräbern und Tempeln bekannt.

Zahlreiche Stücke aus der großen Sammlung von Christos Mavrothalassitis, den viele als neuen Schliemann betrachten, sind regelrecht gravierte Dokumente, die Szenen aus dem Leben der Atlanter zeigen. Menschen und Tiere sind deutlich zu erkennen, beispielsweise Pferde. Auf einem hufeisenförmigen Metallstück sieht man sogar deutlich den

Kopf des Tieres mit Zaum und Mundstück. Es wird überliefert, dass Pferde von den Atlantern verehrt wurden.

Es mangelt auch nicht an anachronistischen Darstellungen. So zeigt eines der Plättchen, das von Christos' Enkelin Helena auf der Insel Djerba gefunden wurde, auf der Vorderseite ein raketenartiges Gebilde mit so etwas wie einer Radarschüssel an der Spitze. Auf der Rückseite sieht man eine Kabine mit einem Insassen, der frappant an einen Astronauten mit zwei Antennen erinnert. Es gibt auch Plättchen mit verschiedenen Symbolen, darunter diverse in Kreuzesform.

Viele Atlantisforscher vertreten die Meinung, dass das Sinnbild des Kreuzes aus Atlantis stammt, denn es ist das Lieblingssymbol der amerikanischen Ureinwohner und findet sich auch im nahen Osten. Assyrische und babylonische Herrscher und Krieger trugen es als geheiligten Talisman um den Hals. Auf ägyptischen Tempelmauern sind zahlreiche Götter mit einem Kreuz in T-Form oder mit dem Malteserkreuz dargestellt.

Mit diesem Fingerzeig wollen wir unsere Spurensuche in das Land lenken, in dem viele uralte Fäden zusammenzulaufen scheinen und das eines der im wahrsten Wortsinn größten Weltwunder beherbergt: die ägyptischen Pyramiden.

Pyramidengeheimnisse

Heute wie vor Jahrhunderten fragen sich zahllose Menschen beim Anblick der majestätischen Pyramiden: Sind sie mehr als Königsgräber? Wie wurden sie wirklich gebaut? Welche rätselhaften Energien erfüllen sie? Was ist der wahre Zweck der riesigen Bauten? Und welche Botschaft haben sie für uns?
Über hundertdreißig Meter, mit einer Seitenlänge von 230 Metern, erhebt sich die „Große Pyramide" des Pharao Cheops oder Khufu bzw. Chufu (2551-2528 v.Chr.) 137 Meter über den Wüstensand. Sie ist die mächtigste von etwa achtzig ägyptischen Pyramiden. Aus ihren 2,5 Millionen Kalkstein- und Granitquadern mit einem Einzelgewicht von zwei bis siebzig(!) Tonnen könnte man eine zwei Meter hohe Mauer um ganz Frankreich ziehen.
Bereits bei der Frage, ob eine nicht-technologische Zivilisation 800 Jahre vor der Erfindung des Rades mit Seilen, Rampen, Rollen, Kränen, und vor allem Muskelschmalz, zwei-einhalb Millionen Granitblöcke aus über tausend Kilometer Entfernung herbeischaffen und daraus einen Koloss errichten konnte, der fünf Hektar bedeckt und zwischen dessen einzelnen Blöcken niemals mehr als ein halber Millimeter Abstand ist, scheiden sich die Geister. Auch andere Leistungen im Umfeld der Pyramiden lassen sich nicht leicht erklären. Die Sargwanne in der Königskammer ist ein einziger massiver Granitblock, der ausgehöhlt wurde. Solches wäre nur mit Diamant-, Korund- oder Borazon-Bohrköpfen möglich. Darüber hinaus würde sich sogar unsere heutige Technologie mit dem Einmeißeln scharf ziselierter Hieroglyphen in unglaublich harte Dioritsteine schwer tun. Selbst wenn man all das links liegen lässt, stößt man auf weitere sogar noch exotischere Rätsel.
Vor etwas mehr als einhundertfünfzig Jahren bemerkte der französische Eisenwarenhändler und begeisterte Pendler Antoine Bovis bei einem Besuch der „Großen Pyramide" den erstaunlich guten Erhaltungszustand toter Tiere in der Königskammer. Eine Eingebung ließ ihn vermuten, die Pyramidenform könnte vielleicht für das Ausbleiben jeglicher Verwesung verantwortlich sein.
Wieder daheim an der Cote d'Azur, fertigte er eine kleine Holzpyramide an und stülpte sie über eine tote Katze und über leicht verderbliche

Stoffe, darunter sogar ein Kalbshirn. Und tatsächlich: keine Verwesung, kein Verderben.
Obwohl der phantasievolle Franzose seine Versuche ausgiebig publizierte, sollte es über hundert Jahre dauern, ehe sie Beachtung fanden. Dann dafür aber eine heftige. Heute hat fast jeder schon irgendwann vom berühmten Patent für „Pyramidenenergie" gehört, auch wenn er vielleicht nicht weiß, dass der Patentinhaber ein tschechischer Radiotechniker namens Karel Drbal ist. Zehn Jahre lang war das unorthodoxe Patentansinnen getestet worden, ehe für die Patenterteilung hinreichend bewiesen war, dass die bloße Pyramidenform unerklärlicherweise in der Lage ist, die winzigen Kristalline neu zu ordnen und zu schärfen, aus denen die Kanten von Rasierklingen bestehen. Unter dem hoch vergrößernden Rastertunnel-Elektronenmikroskop zeigt die Schnittfläche einer Rasierklinge, die acht Tage unter einer Pyramide gelegen hat, eine deutlich andere (schärfere) Struktur als eine Vergleichsklinge.
Mittlerweile gibt es ein amerikanisches Patent auf Wasserpumpen in Pyramidenform. In mehreren europäischen Ländern begann man Milch und Joghurt in pyramidenförmige Behälter zu verpacken, wodurch sich die Haltbarkeit signifikant steigern sollte. Weitere Nutzungen folgten.
Das ist noch lange nicht das Ende der Außergewöhnlichkeiten.
1968 wollte eine Forschergruppe aus zwölf amerikanischen und ägyptischen Teams mittels einer „Funkenkammer", einem Gerät, das kosmische Protonenstrahlung aufzeichnet, geheime Kammern und Gänge in der Cephren-Pyramide aufspüren. Nachdem die Bahnen von mehr als zwei Millionen Protonenstrahlen gemessen waren, die durch die Pyramide gingen, fand das Experiment 1969 ein unrühmliches Ende. Es war nämlich unmöglich, die gesuchten Hohlräume exakt zu lokalisieren, da sie zu wandern schienen, oder eine unbekannte Kraft im Pyramideninneren diesen Eindruck produzierte.
Einer der Forscher, die das Handtuch werfen mussten, war immerhin der Nobelpreisträger Louis Alvarez, dessen revolutionierende Entdeckung des hohen Iridiumgehaltes in 65 Millionen Jahre alten Sedimentschichten den entscheidenden Beweis für die Richtigkeit der Theorie vom Meteoriteneinsturz als Dinosaurier-Killer geliefert hat. An der Pyramiden scheiterte selbst er.

Die Kräfte aus dem antiken Reich, das früher „Kem" (verbranntes Dunkel) hieß und das von den Griechen „Ägypten" (das Rätsel) genannt wurde, scheinen stärker zu sein als High-Tech von heute. Das alte Ägypten ist kaum bereit, seine Rätsel preiszugeben, wovon sich Fernsehzuschauer in 141 Ländern am 17. September 2002 im Rahmen einer regelrechten „Archäologieshow" überzeugen konnten, die von der „National Geographic Society" und von einem US-Fernsehsender organisiert worden war: Ein Miniroboter namens „Pyramid Rover" erforschte den südlichen der sogenannten Seelenschächte, die von der Königinnenkammer der Cheopspyramide ausgehen. Am Ende des Ganges bohrte das ferngesteuerte Gerät ein Loch in den Blockierstein und führte eine Minikamera hindurch. Dahinter wurde lediglich ein rund 45 cm großer Hohlraum sichtbar, der wiederum von einem Stein abgeschlossen wurde.

Äußersten Unmut erregte die Tatsache, dass der deutsche Ingenieur Rudolf Gantenbrink, der mit seinem Roboter-Raupenfahrzeug, das nach dem ägyptischen Gott „Upunaut" benannt war, den Gang bereits 1993 erstmals erkundet und den Verschlussstein entdeckt hatte, weder erwähnt noch zu dem Spektakel eingeladen worden war. Eine Internet-Petition mit vielen Tausend Unterzeichnern erreichte es schließlich, dass „National Geographic" Rudolf Gantenbrink als den tatsächlichen Entdecker des Ganges nannte.

Einige Tage später wurde der nördliche Seelenschacht unter die Lupe genommen. Nach 64 Metern war vor einem Verschlussstein mit zwei Kupfergriffen auch hier für den Roboter Schluss. Wie auch für die weitere offizielle Erforschung der beiden Schächte, die 1872 vom britischen Ingenieur Waynman Dixon entdeckt worden waren.

Da diese Erkundungen neue Rätsel aufwarfen, hoffen Optimisten immer noch auf weitere Enthüllungen, der riesigen Betonmauer mit aufgesetztem Gitter zum Trotz, die 2002 um das Gizeh-Gelände hochgezogen wurde.

„Verbranntes Dunkel"

Entgegen der vorherrschenden Anschauung ist weder die genaue Dauer der ägyptischen Kultur exakt bekannt noch das wahre Alter der Cheops-Pyramide und anderer Objekte. Arabische Legenden behaupten, in den Monumenten auf dem Gizeh-Plateau sei uraltes Wissen gespeichert. Der arabische Historiker Al-Makrizi berichtete, ein ägyptischer König namens Saurid hätte 300 Jahre vor der Sintflut mit dem Bau der Pyramiden begonnen, um das gesamte Menschheitswissen der damaligen Zeit zu sichern und über die Katastrophe hinwegzuretten. Besagter König Saurid soll identisch mit dem griechischen Hermes und dem ägyptischen Idris sein.

Die offizielle Chronologie, die der „Großen Pyramide" ein Alter von über 4.300 Jahren zumisst, basiert auf jener des bereits erwähnten ägyptischen Priesters und Historikers namens Manetho aus dem dritten und vierten Jahrhundert v. Chr. Sie stellt keine echte Referenz dar, da es damals mindestens drei verschiedene Kalendersysteme gleichzeitig gab.

In der europäischen Forschung folgte man großenteils Herodot, der die Bauzeit der großen Pyramiden mit der IV. Dynastie verband und damit mit dem mittleren dritten Jahrtausend v. Chr. Es gab und gibt aber auch Forscher, die sie viel weiter zurückdatieren. Sie sind der Meinung, bereits lang vor den relativ gut bekannten ägyptischen Dynastien I.-XXXI. hätte eine zum Pyramidenbau fähige Zivilisation bestanden.

Obwohl es für keine dieser beiden völlig unterschiedlichen Positionen echte Beweise gibt, wird die These eines weit höheren Alters von der offiziellen Archäologie und Geschichtsschreibung „nicht einmal ignoriert", wie Karl Valentin zu sagen pflegte. Warum eigentlich?

Immerhin sagt beispielsweise der bekannte koptische Historiker Masudi, zwei große Pyramiden seien vor der Großen Flut erbaut worden, als ein König namens Sund herrschte. Dieser habe veranlasst, die bedeutendsten Erkenntnisse der Wissenschaften wie Astronomie oder Physik zum Wohle der Nachkommenden schriftlich in den Pyramiden zu bewahren. Auch der persische Gelehrte Balhi erwähnt Pyramiden aus einer Zeit vor der Großen Flut. Der Historiker Soto Halle datierte den

Tempel von Memphis auf 7000 v. Chr., was bedeuten würde, dass die ägyptische Kultur mindestens 10.000 Jahre alt ist. So gut wie alle heute akzeptierten Datierungen gehen nach wie vor auf die wenigen erhaltenen Aufzeichnungen Manethos zurück. Allerdings ging und geht die europäische Wissenschaft dabei etwas selektiv vor, indem man sich der Aufzeichnungen Manethos immer nur dann bedient, wenn man etablierte Vorstellungen von der ägyptischen Geschichte belegen will. Andere seiner Angaben werden tunlichst ignoriert. Eine Reihe Daten, die er hinterlassen hat, passen nämlich nicht ins gewünschte Bild. Was sie betrifft, wird Manetho verspottet oder als Lügner bezichtigt. Unliebsames wird bis zur Unkenntlichkeit entstellt. So wurden Manethos Angaben zu Herrschern Tausende Jahre vor Menes, dem ersten Herrscher der I. Dynastie um 3000 v. Chr., von den Europäern unter den Teppich gekehrt. Die Zeiträume erschienen den meisten Historikern einfach als „zu viel". Unverfroren rechnete man die von Manetho festgehaltenen Jahre in Mondjahre um (Jahre werden Monate) oder in sogenannte Saisonjahre (Vierteljahre), ja sogar in Tage(!).
Nicht nur Manethos Zeitangaben über diese ältesten ägyptischen Herrscher missfielen den Historikern, sondern auch damit verbundene Formulierungen. Manetho bezeichnete nämlich die herausragendsten der vorsintflutlichen Herrscher als „Götter" und „Halbgötter", während er den Pharaonen seit der I. Dynastie eine solche Titulierung versagte. Interessant ist in dem Zusammenhang, dass Manetho in den Nachbarstädten von Sais, Sebennytos und vor allem Heliopolis, gewirkt hat. Die bereits erwähnten Säuleninschriften von Sais dürften ihm bekannt gewesen sein.
In jedem Fall war er mit Inschriften vertraut, die zu den ältesten und heiligsten zählten. Von diesen, für deren Bewahrung er selbst höchste Verantwortung trug, sagt Manetho, sie würden aus der Zeit vor der großen Katastrophe (griechisch „Kataklysmos") stammen und das Wissen der Hermetischen Tradition enthalten. Nach der großen Katastrophe, so Manetho weiter, seien die aus dieser Tradition stammenden Hieroglyphen übersetzt worden.
Manetho („von Thot Geliebter") war ein glaubwürdiger und zuverlässiger Historiker, der aber nicht nur über historische Themen, sondern auch über die mystische Philosophie und Religion seines Landes schrieb. Es wird im allgemeinen angenommen, dass seine Bücher die Quellen

sind, aus denen Plutarch und spätere Autoren ihr ganzes Wissen über Ägypten erhielten.

Manetho war der Hüter der Heiligen Schriften des Tempels von Heliopolis. Er soll sein Geschichtswerk nach Inschriften auf den Säulen verfasst haben, die in den geheimen unterirdischen Tempeln von Theben standen. Eusebius (265-340 n. Chr.) versichert, Manetho habe die Geschichte aus den Inschriften studiert, die der Gott Thoth (Hermes) selbst in die Säulen geritzt hätte. Nach der Großen Flut wären diese Texte durch Agathodaimon, den zweiten Sohn von Hermes, übersetzt und auf Schriftrollen übertragen worden, die hierauf in den Kellergewölben unbekannter Tempel verwahrt wurden. Laut Diogenes Laterius aus dem dritten Jahrhundert vor Christus, waren die Archive der ägyptischen Priester zu seiner Zeit bereits 49.500 Jahre alt.

Laut Manetho verfasste Thot, der ägyptische Gott der Buchstaben, Verwahrer der Akascha-Chronik, Stellvertreter Res und „Herr über die Zeit", 36.525 Bücher über das alte Wissen - eine Zahl, die genau mit dem Umfang der Pyramidenbasis, ausgedrückt in Pyramidenzoll, übereinstimmt.

Manetho soll seine Informationen aus Hieroglyphen-Inschriften in den ägyptischen Tempeln und aus Berichten anderer Priester bezogen haben. Von seinen ursprünglichen Schriften sind leider nur Bruchstücke erhalten geblieben. Das wichtigste dieser Fragmente war nach den Aussagen des großen theosophischen Gelehrten G. R. S. Mead ein Absatz, den Georgius Syncellus aus einem heute verschwundenen Werk Manethos mit dem Titel „Sothis" übernommen hatte (Sothis ist der Stern Sirius in Ägypten und wird mit der Göttin Isis identifiziert).

Der Sirius/Sothis wurde von den Ägyptern ganz besonders verehrt. Der erste Monat des Jahres begann feierlich mit dem heliakischen Aufgang des Sirius oder Sothis, der später im Rahmen des neuen Kultes „Stern der Isis" genannt wurde. Der genaueste Kalender, der in Ägypten erstellt wurde, so schreibt Marcelle Weissen-Szumlanska in „Initiation et Science 1957", Nr. 43, stammt aus dem Jahre 4245 v. Chr. und gründet sich auf den Aufgang des Sirius (Sothis), also auf den Augenblick, da dieser Stern am Horizont sichtbar wird. Professor Etienne Drioton bestätigte diese Datierung. Die genauen Angaben beweisen, dass die Ägypter schon vor 6200 Jahren über ein beachtliches astronomisches Wissen verfügten.

Dank Manetho besitzen wir die kurzen Schriften und anderen Fragmente, die G. R. S. Mead am Anfang des zwanzigsten Jahrhunderts in dem Buch „Thrice Greatest Hermes" (Hermes, der dreimal Große) kompilierte.

Die ägyptischen Priester wussten vielleicht mehr, als sie zu sagen bereit waren. Wahrscheinlich verrieten sie aber gelegentlich auch einzelne kleine Informationen, die nur von den Wachsamen erkannt und aufgenommen wurden.

Die antike geschichtliche Überlieferung behauptet, riesengroße unterirdische Lagerräume wären auf Befehl der Weisen von Atlantis angelegt worden, die das Herannahen einer Weltkatastrophe voraussahen. Ist daher die Cheops-Pyramide ein Monument, das vor der Sintflut errichtet wurde, um das Versteck atlantischer Kulturschätze zu markieren? In dem Zusammenhang ist bemerkenswert, dass die ägyptische Sphinx Erosionsspuren aufweist, die von riesigen Wassermengen stammen. Auf den ersten Blick mögen solche Vorstellungen absurd klingen, ein Hohn für jeden Ägyptologen. Manetho bestätigt jedoch selbst, dass die sogenannte „Cheops"-Pyramide nicht von Ägyptern erbaut wurde. Als Herodot (490-525 v. Chr., der „Vater der Geschichtsschreibung") im Jahr 455 v. Chr. Ägypten bereiste, konnte er selbst eindeutig feststellen, dass der megalithische Bau nichts enthielt, was den sterblichen Überresten von Menschen geähnelt hätte. Dafür lasen die Priester in Theben dem Reisenden Herodot penibel die Namen von 341 Herrschergenerationen vor, „seit denen es keinen Gott in Menschengestalt mehr in Ägypten gegeben hat", so die Priester dazu wörtlich. Abgesehen davon, dass diese 341 Herrschergenerationen laut Herodot 11.340 Jahren entsprechen - eine Zahlenangabe, die „seriösen" Ägyptologen Magenkrämpfe beschert - was sollte der Hinweis auf die „Götter in Menschengestalt"? Der byzantinische Historiker Georg von Syncella (gestorben 806 n. Chr.) spricht ebenfalls von Chroniken, die die alten Ägypter 36.525 Jahre lang (die Zahl kennen wir doch von den Büchern von Hermes/Thot) aufbewahrt hätten. Proklus (412-489 n. Chr.) berichtet, dass Plato Ägypten besuchte und in Sais mit dem Hohepriester Pateneit, in Heliopolis mit dem Priester Ochlapi und in Sebennytus mit dem Seher Ethimon Gespräche führte. Es ist durchaus möglich, dass Plato bei diesem Streifzug durch Ägypten „Informationen aus erster Hand" über Atlantis erhielt.

Der griechische Philosoph und Platoniker Krantor von Soloi (330-275 v. Chr.), der etwa 260 v. Chr. in Sais war, versicherte, „in Ägypten stünden an verborgenen Orten Säulen, auf welchen in Hieroglyphen die Geschichte von Atlantis eingegraben wäre, was mehrere Griechen mit eigenen Augen gesehen hätten." In seiner Beschreibung der Pyramiden bezeugt der römische Historiker Ammianus Marcellinus (330-400 n. Chr.) die tatsächliche Existenz der Kellerräume, in denen die Ägypter ihre Chroniken verbargen: „Es gibt dort auch unterirdische Gänge und schneckenförmige Verliese. Wie man uns sagt, wurden solche an verschiedenen Orten von Männern erbaut, welche die alten Geheimnisse kannten und daher vom Herannahen der Großen Flut wussten, damit die Erinnerung an ihre heiligen Gebräuche nicht verloren ginge." Solon, von dem Plato indirekt die Legende von Atlantis erfuhr, dürfte von seinen ägyptischen Gastgebern ebenfalls in eines dieser Geheimarchive geführt worden sein.

Die alten Ägypter teilten die Geschichte in drei Hauptperioden ein: Das Reich der Götter, der Halbgötter und der Heroen. Nach deren Verschwinden begann das Zeitalter der Menschen, die Ägypten und die übrige damalige Welt bevölkerten.

Damit konnte sich die offizielle Geschichtsschreibung wenig anfreunden und bezog sich bei der zeitlichen Zuordnung der „Großen Pyramide" zu Cheops einfach auf die Inschrift auf der Gipsverkleidung über der Königskammer. Eine Inschrift, die ohne weiteres aus einer Periode lang nach dem Pyramidenbau stammen konnte. Derartige Wiederverwendungen waren im alten Ägypten an der Tagesordnung, sogar bei winzigen Grabstatuetten, den „Uschebtis".

Die Pyramiden sind so genau positioniert, dass man an ihrer Nord-Süd-Linie Kompassabweichungen nachprüfen kann. Die mathematisch-astronomischen Angaben, die Generationen von Forschern aus den Maßen der Pyramide herausgelesen haben - von der Zahl Pi bis zur Korrelation mit dem Sternbild des Orion - füllen ganze Bücher. Ihre Widerlegungen ebenfalls.

Der „schlafende Seher" Edgar Cayce (1877-1945) datierte den Bau der Großen Pyramide auf 10.500-10.600 vor unserer Zeitrechnung und sprach vom gespeicherten Wissen der Menschen, die vor der Großen Flut lebten. Obwohl eine Aussage, die er in seinen „Readings" über die „Große Pyramide" gemacht hat, vordergründig weder 1998 noch 1999 eingetroffen zu sein scheint, verdient sie dennoch Beachtung: „Die große Pyramide ist in Stein eine Aufzeichnung der Menschheitsgeschichte und der Entwicklung seit der Zeit der Erbauer bis zum Ende des gegenwärtigen Erdenzyklus 1998... Nach dem Ende dieses Zyklus wird es einen Wechsel in der Erdposition geben, mit der Rückkehr des großen Eingeweihten als Höhepunkt der Prophezeiungen... Entwicklungen ungewöhnlicher Natur und verschiedener Art werden im Jahr 1998 enden. Dies wird eine Vorbereitung auf das Kommen des Meisters sein... Eine Periode von großem spirituellem Erwachen und Erleuchtung - von neuem Verstehen, neuem Leben und neuem Glauben." 1998 scheint nicht gestimmt zu haben, aber nichts Genaues weiß man nicht. Schließlich gibt es auch Entwicklungen, die ohne großes Trara beginnen und später dramatische Formen annehmen. Hoffen wir das Beste.

Die Ägypter glaubten an ein Land der Toten namens „Amenti", das im Westen lag. Wenn dieses Totenreich dem versunkenen Reich von Atlantis entspricht, wäre die sagenhafte Dynastie der Halbgötter, die über Ägypten herrschten, mit der Dynastie der atlantischen Herrscher identisch. Nach einer alten Überlieferung sollen 500 Jahre vor der Katastrophe atlantische Könige nach Ägypten gereist sein, um dort in Voraussicht des tragischen Schicksals, das ihrem eigenen Kontinent bevorstand, die Dynastie der Toten zu begründen.

Der Ägyptologe Professor Emery berichtet von Gräbern aus der späten dynastischen Zeit im nördlichen Ägypten, die „Überreste von Menschen enthielten, deren Schädel und Körper größer als die der Eingeborenen waren. Der Unterschied ist so ausgeprägt, dass jede Vermutung ausscheidet, diese Menschen könnten sich aus früheren Eingeborenen entwickelt haben."

Die sogenannte „Horus-Rasse" ist nach wie vor ein Rätsel für Archäologen, Ethnologen und Anthropologen. Ihre Kunst und Architektur weist gewisse Ähnlichkeit mit der Mesopotamiens auf. Manche Fachleute glauben, dass es eine hochentwickelte vorgeschichtliche Rasse gegeben hat, aus der die Eroberer Mesopotamiens wie auch Ägyptens hervorgegangen sind. Waren sie Flüchtlinge vom untergegangenen Atlantis, die rings um die Welt die unterschiedlichsten Spuren und die Erinnerung an eine ungeheure Katastrophe hinterlassen haben - und an ihren alten Glauben mit all seinen Symbolen...?

Sonne, Schlange und Trinität

Sonnenreligionen finden sich im frühen Ägypten, im atlanto-mediterranen Bereich, bei den Afghanen, den Persern und Indogermanen ebenso wie bei den nordamerikanischen Indianern. Wenn man das Augenmerk auf die fernste Vergangenheit welchen Volkes auch immer richtet, strahlt einem das Licht der Sonne entgegen. Sonnenkulte findet man rings um den Globus, und das in den unterschiedlichsten Ausprägungen.

Im indischen Shivakult verwandelt sich der schreckliche tanzende Zerstörergott Shiva plötzlich in einen Vater und Schöpfer, in den Gott von Nysa, den König der Berge. Dieser wird von dem Himmelsstier Nandi getragen, ihm zu Füßen befinden sich die göttliche Schlange und der heilige Lotos - mit anderen Worten: er trägt die Insignien des Sonnengottes „Crom".

Indien ist unleugbar das Land der Elefanten, während behauptet wird, in Amerika hätte man die Dickhäuter nicht gekannt. Dieser Lehrmeinung zum Trotz findet man im bereits erwähnten „Codex-Troano" oder „Troano-Manuskript" der Mayas einen Gott mit Elefantenkopf, umgeben von einem Lichtbündel aus Sonnenstrahlen und mit einer riesigen „guten Schlange" zu Füßen. Verblüffenderweise ist dieses mexikanische Symbol, das jenem des Shiva/Crom so nahe steht, völlig identisch mit dem Symbol Indras, des hinduistischen Sonnengottes mit der Schlange Vrita, die im „Rigweda" erwähnt wird.

Also kannten alle Sonnenkulte die Schlange, die Verkörperung des Wissens, manchmal auch der Frau oder - im Christentum - der Versuchung, was dasselbe ist. Man denke nur an den fatalen Apfel vom Baum der Erkenntnis, der dazu geführt hat, dass wir nicht mehr im Garten Eden lustwandeln, sondern uns auf der Reservehölle namens Erde herumschlagen müssen.

In der Shiva-Religion wird die Schlange mit sexueller Kraft assoziiert, wie wir es besonders am Tempel von Visvesara finden, wo die Schlange abgebildet ist, die sich um den Phallus ringelt. Zu Shivas Symbolen gehört auch der Dreizack, dessen Zacken am Griff zusammenlaufen. Er stellt die Dreieinigkeit dar und ist das Zeichen der Herrschaft und Amtsgewalt. Die Anhänger dieser Religion tragen dieses Symbol der hinduistischen Trinität als Tätowierung im Gesicht. Eine klare Querverbindung mit Nordeuropa, wo die Dreieinigkeit in derselben Form auftritt, wie bei den Anhängern der keltiberischen und hyperboreischen Religionen, die wesentlich älter sind als die indischen Religionen. Die jüngste Religion, die sich auf die Dreieinigkeit - oder Dreifaltigkeit - beruft, ist die christliche, was nicht betont werden muss.

Die Sonnenreligionen, vor allem aber die überall anzutreffende Dreiheit, beweisen, dass Brahmanismus, Judentum, Christentum und so weiter eine uralte gemeinsame Basis zu haben scheinen.

Da gibt es die Inka- und Vor-Inka-Trinität, die aus Pacha-Kama (dem Schöpfer, der Sonne, dem Vater), Pacha-Mama (der Erdmutter) und Kon-Tiki (dem Gott des Donners und des Blitzes) besteht. In den Anden stoßen wir auf Legenden und Überlieferungen der Campa-Indianer, die an die Existenz einer Goldenen Stadt glauben, die ganz der von Platon beschriebenen gleicht, in der die drei heiligen Eier, genannt „Huecas", aufbewahrt werden. Laut der Campa-Überlieferung sollen sie die „kosmischen Eier" sein, aus denen die Welt entstanden ist. Besonders verblüffend ist, dass die Campas eine Trinität kennen, die sich in einem göttlichen Wort verkörpert. Damit sie erscheint, schlagen sie die Trommel, spielen auch noch andere Instrumente und bestimmte Melodien. Ganz so wie die Tibeter und die alten Griechen, glauben diese „sogenannten Wilden" in Südamerika, dass Schwingungen das Geheimnis allen Lebens im Universum darstellen. Man ist wirklich verblüfft, wenn man solche „modernen" Vorstellungen bei Indianern findet, deren gegenwärtiger kultureller Stand dem der Steinzeit entspricht und die noch nicht einmal über Pfeil und Bogen hinausgekommen sind!

Wenden wir uns wieder nach Ägypten.

Bekanntlich enthält der Mythos vom „dreifach großen" Hermes (dem ägyptischen Thot) ebenfalls ein Trinitätsprinzip: die göttliche Welt (das absolute Wesen, der Ursprung der Individualität), die intellektuelle Welt (Einheit als Ursprung und Synthese der Zahlen) und die physische Welt (der Mensch an der Spitze der bedingten Wesen). „Gott ist der Vater, der Sohn ist das Wort, ihre Vereinigung ist das Leben", verkündet der Thot-Mythos seltsam bekannte Worte und dann weiter: „Das ‚Licht-Wort' (die Sonne, das Prinzip des Feuers) verkörpert die Gottheit in statischer Form, und das gestattet die Bildung von drei dreifachen Einheiten: Verstand/Kraft/Stoff, Geist/Seele/Körper und Licht/Wort/Leben."

In Stonehenge (England) bezeichnet der Heel(Fersen)-Stone den Punkt, wo die Sonne am Tag der Sommersonnenwende aufgeht. Er ist unbestreitbar die Darstellung eines Phallus, eines „Lingam", des Symbols der Zeugungskraft Shivas, der nicht nur ein Zerstörer ist. Und jetzt kommt der Knalleffekt: die gleiche jungsteinzeitliche kreisförmige Kultstätte, „Cromlech" genannt, die gleichen Menhire, den gleichen Stein gibt es in Peru, bei der Masma-Kultur.
Mitten in der Sahara zeigt eine schätzungsweise 12.000 Jahre alte Felszeichnung einen lebensgroßen Widder, der eine Sonnenscheibe zwischen den Hörnern trägt, daneben einen Mann, dessen Geschlechtsorgane von einem riesigen Penisfutteral verdeckt werden, wie man sie aus Südamerika oder Neu-Guinea kennt. Die Zeichnung ist wesentlich älter als der Shivakult und die ägyptischen Religionen, in denen der Stier die Sonnenscheibe zwischen den Hörnern trägt. Nun liegt Nordafrika auf halbem Wege zwischen Irland und Indien. Da es dort Tausende von Menhiren, Dolmen und Cromlechs gibt, könnte es durchaus den Übergang von der urtümlichen Sonnenreligion der Hyperboreer zu der späteren hinduistischen und ägyptischen Religion von Crom und Ra bilden.
Wahrscheinlich ist das Vordringen der Sonnenkultur des Mithras in Frankreich - in Gestalt des Grals und des Katharismus - auf ein mächtiges Fundament an Überlieferungen aus uralten Zeiten zurückzuführen.

Frappierende Übereinstimmungen

Kann es als simpler Zufall angesehen werden, dass Tenochitlan, die Hauptstadt der Azteken, ein beinahe genaues Abbild der Stadt Atlantis darstellt, wie Plato sie kurz vor seinem Tod in seinem Kritias- und Timaios-Dialog beschrieben hat, dessen Wurzeln wiederum eindeutig in Ägypten liegen?
Der jüdische Historiker Josephus Flavius aus dem ersten nachchristlichen Jahrhundert erklärt, Nimrod hätte den Turm von Babel errichtet, um dort im Fall einer zweiten Sintflut Zuflucht zu finden. Der mexikanische Chronist Ixtliixochiti kommentiert den Bau der Tolteken-Pyramiden so: „Als die Menschen sich vermehrten, errichteten sie ein sehr hohes „zacuali", das heute ein Turm von gewaltiger Höhe ist, um sich dorthin zu flüchten, falls auch die zweite Welt der Zerstörung anheim fiele. Die Bewohner Mittelamerikas lebten seit jeher in der Erwartung des Weltendes. Diese Erwartung ist der Ursprung der Menschenopfer, die nach dem Glauben der Azteken die erzürnten Götter beschwichtigen und die Menschheit vor einer zweiten Katastrophe retten sollten.
Tenochtitlan lag auf einer Insel mitten in einem See, der von konzentrischen Kanälen umgeben war. Der Plan, nach dem man sie angelegt hatte, war angeblich „im Osten" von einem gewissen „Aztlan" ausgearbeitet worden, von dem die Azteken abzustammen behaupten. Die aztekischen Priester pflegten fromm das Andenken an Aztlan, das im Osten gelegene Land, aus dem Quetzalcoatl, der Begründer der Zivilisation, gekommen sein sollte. Die Inkas wiederum glaubten an Viracocha, der „aus dem Lande der Morgenröte" zu ihnen kam. Beiden Völkern hat es bekanntlich nicht gut getan, dass sie die spanischen Eroberer für die zu ihnen zurückgekehrten „Weißen Götter" gehalten und vertrauensvoll empfangen haben.
Die Überlieferung von göttlichen Königen, die im Osten hausten, hat es einer Handvoll Abenteurer unter Cortez und Pizarro möglich gemacht, das Reich der Azteken und der Inkas buchstäblich aufzurollen. Nach der von den Priestern aufrecht erhaltenen Tradition der Azteken und der Inkas verehrte und erwartete man mächtige Herrscher aus dem Lande der aufgehenden Sonne; Männer von hohem Wuchs, weißhäutig und bärtig. Es war das Pech der Indios, dass ihre „Götter" lediglich

spanische Abenteurer waren. Wohl haben sich die europäischen Glücksritter im Gang befindliche Bürgerkriege zu Nutze gemacht, aber das allein hätte bei weitem nicht ausgereicht.
Die Untertanen von Montezuma und Atahualpa empfingen die weißen Männer mit offenen Armen, weil sie schon lange auf ihre Ankunft warteten. Dieser unerschütterliche Glaube an ein übergeordnetes Reich im Lande der aufgehenden Sonne ist einer der Hauptgründe für den Untergang der mächtigen Staaten Mexiko und Peru. Die Überlieferung, dass die atlantischen Herrscher ihre amerikanischen Kolonien regelmäßig zu besuchen pflegten, sollte der hohen Zivilisation der Neuen Welt zum Verhängnis werden.
Montezuma, der letzte König der Azteken, erklärte Hernán Cortez, dass seine Vorfahren aus einem fernen Land namens Aztlan stammten und dass er selber die Herrschaft nur als Vertreter von Quetzalcoatl, dem Herrn des östlichen Reiches, ausübe. Das heilige Buch der Mayas, Popol Vuh, erwähnt den alten Brauch der Maya-Fürsten, übers Meer nach Osten zu reisen, um von den Herren der Welt mit dem Königreich belehnt zu werden.
Nach der Landung von Kolumbus auf den Antillen trugen die Eingeborenen ihn und seine Leute auf ihren Armen davon, küssten ihnen Hände und Füße und suchten ihnen auf alle mögliche Art verständlich zu machen, dass sie die weißen Menschen als Abkömmlinge der Götter betrachteten.
Als es den Archäologen Schwierigkeiten bereitete, das Alter der Pyramide von Ciucuilco am Rande der Stadt Mexiko zu bestimmen, weil das Bauwerk zur Hälfte von einer festen Lavaschicht bedeckt war, riefen sie die Geologen zu Hilfe. In der Nähe gab es zwei Vulkane, so dass sich vor allem die Frage stellte, wann der letzte Ausbruch stattgefunden hätte. Die verblüffende Antwort lautete: vor 8000 Jahren. Nicht nur Pyramiden, auch Sphinxe wurden in Yukatan entdeckt, wenn auch im Maya-Stil.
Von Mexiko nach Babylon und Ägypten ist es ein großer Sprung. Doch sobald man annimmt, dass die dort (und in China in großer Zahl) zu findenden Pyramiden - wie auch eine ganze Reihe anderer Bauwerke, Symbole, Kultgegenstände und Kulthandlungen - ihren Ursprung in Atlantis hatten, wird er leicht. Es spannt sich noch ein weiteres Band quer über den Atlantischen Ozean zwischen dem alten Ägypten und

dem alten Peru: Das Kalenderjahr beider Länder zählte 18 Monate zu 20 Tagen, und ein fünf Tage währendes Fest bildete den Abschluss des Jahres. Wenn auch die meisten Völker des Altertums an die Unsterblichkeit der Seele glaubten, so waren die Peruaner und die Ägypter die einzigen, die behaupteten, die Seele umschwebe auch weiterhin den abgeschiedenen Körper und bleibe mit ihm in Verbindung. Darum hielten es diese beiden Völker für notwendig, den toten Körper durch Einbalsamierung zu erhalten.

In der Mythologie der meisten Völker wimmelt es von Göttern, die einst zur Erde hinabstiegen und dort eine Zeitlang verweilten. Die ältesten ägyptischen Texte erzählen von Thot oder Tehuti, der aus einem westlichen Land kam, um im Niltal Zivilisation und Wissenschaft einzuführen. Die Griechen des Altertums besangen die Elysischen Gefilde, die fern im Westen auf der Insel der Glückseligen lagen, und das Totenreich „Tartaros", das sich ihrer Überlieferung nach auf einer Insel im westlichen Ozean befand. Die antiken Griechen wie die alten Ägypter zeigten gen Westen, um die Lage der geheimnisvollen Insel anzugeben, während die amerikanischen Indianer nach Osten wiesen, wenn sie von der Heimat Quetzalcoatls oder Viracochas sprachen. Der berühmte norwegische Zoologe, Ethnologe und Forschungsreisende Thor Heyerdal berichtet in seinem Buch „Ra", dass er von südamerikanischen Indianern immer wieder mit „Viracocha" angesprochen wurde, dem Wort, das auch heute noch „weißer Mann" bedeutet. Nach einer Sage der Inkas waren es weiße bärtige Männer aus dem Osten, die den Indios die Wohltaten der Zivilisation brachten. Auf ähnliche Überlieferungen trifft man in Mexiko, Guatemala und Yukatan, wo Quetzalcoatl beziehungsweise Kukumatz oder Kukulkan als Gottmensch galt. Quetzalcoatl, der gefiederte Schlangengott, war aus einem Land im Osten gekommen. Mit ihm begann in Mexiko eine Zeit des Fortschritts und Wohlstands. Als Feinde die Mission des Kulturbringers störten, kehrte er zur Küste zurück und reiste auf einem Schlangenfloß in das Land „Tiapallan". Quetzalcoatl hat der Geschichte Mexikos als Zivilisator, Baumeister, Landbebauer und Religionsgründer seinen unverwischbaren Stempel aufgedrückt. Er wird dort noch heute verehrt, einschließlich der Hoffnung und Erwartung auf seine Rückkehr. Der seltsame Gott war ein Weißer mit rotem Haar und Bart und trug ein langes schwarzes Leinengewand mit kurzen

Armen. In seiner Folge traten die Tolteken auf, die geschickte Handwerker, Baumeister, Bildhauer und Landwirte waren.
In einer Version der Sage findet sich eine sehr interessante Einzelheit über seine Ankunft. Danach soll er in einem sonderbaren geflügelten Schiff an der Stelle gelandet sein, wo heute Vera Cruz liegt. Der „Codex Vindobonensis" stellt ihn dar, wie er aus einem Loch im Himmel auf die Erde hinabsteigt.
Viracocha, eine andere legendäre Gestalt der Inka, war nach dem Bericht von Pedro de Cieza Leon ein weißer Mann von hohem Wuchs, der aus dem Lande der Morgenröte gekommen war. Er weihte die Quechua-Indianer in die Geheimnisse der Zivilisation ein. Nach Erfüllung dieser Aufgabe verschwand er im Meer. Die Einstellung der Indianer zu dem weißen Halbgott der Legende zeigt sich noch heute in der Tatsache, dass manche Peruaner einen weißen Fremdling, der ihnen sympathisch ist, mit der Anrede „Viracocha" begrüßen.
Es besteht eine erstaunliche Analogie zwischen den amerikanischen Sagen von Quetzalcoatl und Viracocha einerseits und der babylonischen Überlieferung vom Kultur bringenden Fischmenschen Oannes andererseits, obwohl die Ursprungsländer dieser Überlieferungen Tausende Kilometer weit voneinander entfernt sind.
Bemerkenswert ist in dem Zusammenhang, dass alle südamerikanischen Gesetzgeber sogenannte „Kariben" waren, was in den uramerikanischen Sprachen „weiße Männer, die von Osten kamen" bedeutet (siehe Quetzalcoatl, Bochicha usw.). Manche spekulationsfreudigen Forscher halten die Wortverwandtschaft zwischen den südamerikanischen Kariben und den ägyptischen Himmelsgeistern namens Kabiren für mehr als einen „Zufall".
Die Kabiren (von Kab = Himmel, vom Himmel kommend) stellten die den Ägyptern bekannten sieben Planeten dar und waren der Überlieferung nach Luftreisende, die nach einer Weltkatastrophe den Menschen Instruktionen für ein neues Zeitalter gaben. Sie hatten ihre Heiligtümer auf der ägäischen Insel Samothrake, auf Lemnos, in Theben (im altgriechischen Attika-Böotien), Tyrus, Memphis, auf den Britischen Inseln und in Gallien.
Prometheus war ein solcher Kabire, sagte der Eingeweihte Pausanias. Ptah, der Initiator der ägyptischen Mythologie, identisch mit Hephaistos, dem Schmied aus der griechischen Mythologie, beziehungsweise mit

dem römischen Gott Vulcanus, war der erste Kabire Ägyptens, das meint Anubis Schenouda. Ins Land der Kelten waren sie übers Meer gekommen und wurden dort verehrt, wie dies der Text eines alten irischen Glossariums beweist, den Pictet in seinem 1824 in Genf erschienenen Buch „Vom Kult der Kabiren bei den alten Iren" zitiert.
Im Jahr 1952 nahmen B. E. Gilbey und M. Lubran Blutanalysen an Gewebsproben der fünf Mumien von Inka-Königen vor, die sich im Britischen Museum befinden. Die Ergebnisse der Untersuchung wurden in Form eines wissenschaftlichen Berichts dem Königlichen Anthropologischen Institut vorgelegt. Bei drei der fünf Mumien fanden sich Spuren der Blutgruppe A, die sonst bei amerikanischen Indianern niemals vorkommt. Keine der Mumien war Rhesus-negativ, doch das Blut der einen enthielt die Substanzen D und c, bei völliger Abwesenheit von C und E, eine bei den Indianern äußerst seltene Kombination. Manche Fachleute sind überzeugt, dass es sich dabei um eine nach unserem Wissensstand einzigartige Blutprobe handelt. Wie auch immer. Die Blutprobe beweist, dass die Könige der Inka nicht der eingeborenen Bevölkerung von Südamerika entstammten.
Apropos Mumien: es geht auch umgekehrt. Ebenso fehl am Platz wie die Blutproben der mumifizierten Inka-Könige sind Stoffe, die nach allerneuesten Erkenntnissen zur Konservierung ägyptischer Mumien verwendet wurden: Tabak und Coca. Diese kommen nämlich nur in Südamerika vor!

Hat man das Erbe von Atlantis bereits gefunden?

Haben Sie gewusst, dass mehr als die Hälfte aller bei uns konsumierten Nahrungsmittel vor der Entdeckung Amerikas in Europa unbekannt waren? Es ist eine wenig beachtete Tatsache, dass in Mittel- und Südamerika eine viel größere Anzahl verschiedener Arten von Feldfrüchten und Heilpflanzen gezüchtet wurde als in jedem anderen Teil unserer Erde. Zur Zeit der Inkas und lange vorher gab es in den Anden und im oberen Amazonas-Gebiet nicht weniger als 240 Arten von Kartoffeln und 20 verschiedene Maissorten. Die Gurken und Tomaten für unseren Salat, die Erdbeeren, Kartoffeln, Kürbisse, Bohnen, ja sogar die hoch geschätzte Schokolade, all das stammt aus der Neuen Welt. Woher hatten diese einfach lebenden Menschen dermaßen erstaunliche landwirtschaftliche Kenntnisse?

In diesem Zusammenhang ist zu bemerken, dass der Ursprung der Maispflanze ein Rätsel bildet; man hat sie niemals in wildem Zustand gefunden. Die Maiskultur ist unweigerlich an das Auftreten des Menschen gebunden, vielleicht sogar an den Maisgott Quezalcoatl/Kukulkan. Ihr geradezu biblisches Alter wird dadurch bezeugt, dass man bei Ausgrabungen in 30.000 Jahre alten geologischen Schichten Überreste von Maiskörnern entdeckt hat. Fast das Gleiche lässt sich vom Weizen sagen. Man könnte meinen, dass eine hochentwickelte Zivilisation die ursprüngliche Form der Feldfrüchte veredelt und die Kulturpflanzen geschaffen hat.

Der führende russische Botaniker N. Wawilov, der in stalinistischen Lagern ums Leben kam, sagte dazu: „Die Geschichte der Entstehung der menschlichen Kultur und Landwirtschaft ist offensichtlich viel älter, als wir durch Dokumente wie Papyri, Basreliefs und Inschriften in Grabstätten glauben. Eine nähere Einsichtnahme in die Entwicklung der Kulturpflanzen zwingt uns, ihre Entstehung den entferntesten Epochen zuzuschreiben, da die gewöhnlichen archäologischen Perioden von fünf bis zehn Jahrtausenden eine viel zu kurze Zeitspanne darstellen." Zwischen 1920 und 1940 unternahm Wawilov Dutzende von Forschungsreisen in verschiedene Regionen der Erde. Dabei kam er zu dem Schluss, dass die Zentren der Entstehung der Hauptgruppen der Kulturpflanzen ebenso mit den Zentren der ältesten Zivilisation übereinstimmten wie mit jenen Regionen, in denen erstmalig die unterschiedlichsten Haustiere auftraten. Er konnte sieben solcher Ausgangspunkte bestimmen: das chinesische, indische, mittelasiatische, äthiopische und südamerikanische Zentrum sowie das Mittelmeergebiet und den Nahen Osten. Wawilow gelangte insbesondere aufgrund der Sortenanalyse der Kulturpflanzen zu der Ansicht, dass die Anfänge der ägyptischen Zivilisation im Raum der Nilquellen, das heißt im Bergraum Abessiniens an den Quellen des Weißen und des Blauen Nils, entstanden sind und sich von dort aus entwickelt haben - und das etwas anders als uns die Schulweisheit lehrt. Vorab auf den Punkt gebracht: Es ist schlicht unmöglich, die gesamte Vielfalt der Formen von Kulturpflanzen auf klassische Weise zu erklären.

Die sogenannten „Vorfahren" der Kulturpflanzen sind nämlich in Wirklichkeit nur wilde Verwandte. Verwandte Formen, weiter nichts. Die „Wilden" haben Merkmale, über welche die Kulturpflanzen nicht verfügen, wie zum Beispiel die Brüchigkeit der Ähren bei den Getreidearten, wodurch das Herabfallen des Korns ganz leicht erfolgt. Diese Eigenschaft ist für wilde Sorten des Roggens oder der Gerste sehr wichtig, da sie das Ausstreuen der Samen begünstigt; für die Kulturform dieser Pflanzen ist sie unbrauchbar. Es ist kaum anzunehmen, dass der Urackerbauer sich an dem Kultivieren des wilden Roggens interessiert gezeigt haben könnte, denn der größte Teil des Korns dieser Pflanze fiel - noch nicht vollständig ausgereift - bei der leichtesten Berührung des Halmes herab. Diese Eigenschaft der Brüchigkeit der Blütenstände ist im Genom, der Summe der Erbinformationen, festgeschrieben und kann durch keine beliebig lange Selektion beseitigt werden.

Wawilov schrieb dazu: „Mögen wir die wilden brüchigen Gersten- und Weizensorten so lange und so viel wir wollen kultivieren, die ihnen eigenen Merkmale, darunter auch die Brüchigkeit, wird doch von Jahr zu Jahr erhalten bleiben." Bestätigt wird diese Aussage durch Experimente mit wildem Roggen im Botanischen Garten von Sankt Petersburg. Dort wird seit 1837 versucht, wilden Roggen zu kultivieren. Während dieser langen Zeit verlor der Roggen keiner seiner wilden Merkmale wie Brüchigkeit der Ähre, vieljährige Lebensweise und ein kleines Korn. In den dreißiger Jahren des zwanzigsten Jahrhunderts, als Wawilov seine Studien durchführte, waren die Methoden der Genmanipulation

noch nicht bekannt. Aber er kam schon damals zu dem Schluss, dass es unmöglich sei, anhand der gewöhnlichen Methoden von Kreuzung und Selektion die Kulturpflanzen aus der Zucht von wilden „Vorgängern" zu erhalten. O-Ton Wawilov: „Unsere heutigen Kenntnisse über die Erblichkeit und Veränderlichkeit erlauben es uns nicht, solche Übergänge von einer Gattung zur anderen für möglich zu halten."
Der russische Forscher machte den etablierten Vorstellungen der Botaniker den Garaus, Kulturpflanzen seien von Urackerbauern mittels einer vieljährigen Selektion aus wilden Vorgängern gezüchtet worden. Erstens sind wilde Vorfahren von manchen Kulturpflanzen (Pflaume, Zitrone usw.) überhaupt nicht bekannt. Zum anderen erbrachte Wawilov den Beweis, dass jene wilden Pflanzen, die für die Vorfahren des Kulturweizens, der Kulturgerste, des Kulturroggens und anderer gehalten wurden, das de facto gar nicht waren. Vielmehr stellen sie eine enge, genetisch abgesonderte Gruppe dar. Beispielsweise ist der Wildreis (Zizonia palustris) keineswegs mit dem aus dem asiatischen Raum stammenden Kulturreis (Oryza sativ) verwandt.

Der bekannte Paläo-SETI-Forscher und Schriftsteller Studienrat Dr. Peter Fiebag machte darauf aufmerksam, dass in vielen indonesischen Kulturen der Reis als eine Pflanze bezeichnet wird, die zusammen mit den Göttern in eisernen, schwebenden Häusern aus dem Himmel herabkam. Bis heute singen beispielsweise die Toraja (Sulawesi) bei der Aussaat des Reises Lieder, in denen sie daran erinnern, dass der Reis nicht durch natürliche Entwicklung, sondern durch göttliche Einwirkung entstanden sei. Der junge Mais-Gott der Maya im Peabody Museum of Archaeology, Spätklassikum, ca. 700 n. Chr., zeugt davon, dass auch die Völker Mesoamerikas diese Kulturpflanze als Produkt der Götter ansahen.
Interessant ist in diesem Zusammenhang das Ergebnis eines 1998 von der Genindustrie bezahlten Experimentes im Rahmen eines Shuttlefluges. Dabei zeigte sich, dass sich pflanzliche Zellen unter Schwerelosigkeit zehnmal leichter via Bakterien mit Fremdgenen versorgen als in einem irdischen Labor. Die astronomische Zeitschrift „Skyweek" kommentierte das so: „Dieser drastische Effekt könnte wirtschaftlich bedeutsam sein, denn die künstliche Verbesserung von Nutzpflanzen durch Genspenden ist in der Landwirtschaft längst an

der Tagesordnung. Pflanzensamen werden dazu leicht verletzt und in eine Lösung getunkt, in der die Bakterien herumschwimmen, denen man wiederum vorher die Wunschgene eingepflanzt hat. Unter einem g, also der Gravitation der Erde, ist das ein mühsamer Prozess, aber unter Null g, wenn die Zellbestandteile frei herumtreiben und sich nicht abgesetzt haben, gelingt den Bakterien das Eindringen wesentlich leichter."

Was Wawilov nicht wissen konnte, wissen - und können - wir heute. Unserer Wissenschaft ist möglich, das auszuführen, wonach Wawilov suchte. Dazu mussten unsere Forscher aber erst erlernen auf das Genom einzuwirken, bestimmte Genteile auszuschneiden und sie von einer Pflanze auf eine andere zu übertragen usw. Einfacher ausgedrückt: Sie mussten die Methoden der Genmanipulation erarbeiten und praktisch anwenden können. Damit erhebt sich gebieterisch die Frage: Wer hat solche Manipulationen an wilden Pflanzen - ebenso wie an wilden Tieren - in der ersten Frühzeit der menschlichen Zivilisation durchgeführt?

Rätselhafte Tiere

Nicht nur die Entwicklung mancher alter Kulturpflanzen weist Merkmale künstlicher Eingriffe in das Erbmaterial auf, sondern auch die einiger Vertreter der Fauna. Die Entstehung des Hundes erweist sich als ebenso rätselhaft wie die mancher Nutz- und Wildtiere.
Zunächst einmal muss mit der gängigen Fehlannahme aufgeräumt werden, die Vorfahren des Haushundes seien Wolf und Goldschakal, die von urzeitlichen Jägern vor etwa 14.000 Jahren gezähmt wurden. Hunde und Wölfe können zwar gekreuzt werden, die Nachkommen beispielsweise eines Schäferhund-Wolfmischlings spalten sich jedoch nach fünf bis sechs Generationen wieder in Wölfe und Hunde.
Dazu kommt die unleugbare Tatsache, dass der Hund - wie auch andere Haustiere - spezifische Fähigkeiten besitzt, die ihn von jedem gezähmten Wildtier unterscheiden. Der springende Punkt ist, dass diese Instinkte ererbt werden. Das heißt, sie sind im Genom des Hundes verankert. Nun ist es aber bei Tieren wie bei Pflanzen gleichermaßen unmöglich durch gezielte Selektionen - also durch Züchtung - Angaben zu verändern, die in das Genom eingetragen sind. Das wäre „Lamarckismus" (Jean-Baptiste de Lamarck, 1744-1829, vertrat die [falsche] Ansicht, erworbene körperliche Merkmale wie beispielsweise antrainierte Muskeln, könnten vererbt werden).
Jeder Tierzüchter weiß, dass es praktisch unmöglich ist einen erbstabilen Zwischenarthybriden zu züchten, wie der Hund ihn darstellt. Dafür bräuchte man wissenschaftliche Methoden, die Gentechniker in ihren kühnsten Träumen für die fernere Zukunft prognostizieren.
Der genaue Zeitpunkt, als der Hund - unser echter Freund und Begleiter - auf der Bildfläche erschienen ist, verbirgt sich im Dunkel der Jahrtausende. Wahrscheinlich liegt er im Mesolithikum, also vor etwa sieben bis dreizehntausend Jahren. Schon in den Pfahlbauten des Neolithikums in der Schweiz, in Italien und Deutschland findet man die Knochen eines nicht sehr großen Haushundes, des sogenannten Torfspitz. Auch der sogenannte „Hund der Muschelesser" dürfte aus diesen Tagen stammen.
Fachleute, die sich mit der erstaunlichen Genesis des Hundes befassen, denken klarerweise keine Sekunde daran, primitive Jäger und Sammler hätten vor Tausenden von Jahren Techniken der Genmanipu-

lation anwenden können, um für sich und für ihre Nachkommen einen treuen Wegbegleiter und Jagdgehilfen zu „fabrizieren". Ein Dilemma, vor dem auch ihre Kollegen stehen, wenn sie der Entstehung der Haustierrassen auf den Grund gehen wollen.

Aus dem Zeitalter des Mesolithikums stammen die ersten uns bekannten Knochenfunde von Hausziegen und Hausschafen; ein wenig später lässt sich Rindvieh nachweisen. Die Fundstätten wurden in den Überresten von Urnomadensiedlungen entdeckt. Dabei müssen wir unsere Aufmerksamkeit darauf richten, dass das Haustier nicht nur einfach eine gezähmte wilde Art darstellt, sondern eine Naturerscheinung ist, die keine Analogie in der wilden Tierwelt hat.

Haustiere unterscheiden sich grundsätzlich von ihren (angeblichen) wilden Vorfahren. Der russische Zoologe B. Zalkin bemerkte zu diesem Phänomen sehr treffend: „Die Kuh ist eine Kuh, doch kein gezähmter Auerochse." Haustiere verschiedenster Gruppen werden durch eine Reihe von Merkmalen gekennzeichnet, die nach der Meinung vieler Forscher von Gesetzmäßigkeiten bestimmt werden, die dem Darwinismus unbekannt sind. Darunter fallen:

- scharfe morphologische Abänderungen, die eine Art- und sogar Gattungsgrenze erreichen.
- eine allgemeine beträchtliche Verstärkung der Veränderlichkeit, die durch nichts anderes als durch eine Veränderung der Vererbung (Eingriff ins Genom) zu erklären ist.
- eine Vereinfachung der Verhaltensreaktionen, die mit einer Verminderung der Gehirngröße sowie einer Abänderung des Ganglienaufbaus in Verbindung steht (alle Haustiere sind viel ruhiger als ihre wilden Verwandten).
- eine Unterentwicklung einer Reihe von Organen und Geweben, die ihre Bedeutung verloren haben (z. B. eine Reduktion der Ohrenmuskulatur).
- eine Erhöhung der Fruchtbarkeit und eine frühzeitige Geschlechtsreife, was zum Infantilismus führt. Zum Beispiel entspricht der Schädel einer erwachsenen Kuh dem Schädel eines fünf Monate alten Auerochskalbes, und der Schädel eines Hausschweins wird nur im hohen Alter dem Schädel eines erwachsenen Wildschweins ähnlich.

Die meisten dieser Abänderungen im Organismus der Haustiere können nur dann erklärt werden, wenn man eine Abänderung der Eintragung in ihrem genetischen Code in Betracht zieht. Im Lichte neuerster Erkenntnisse ist die Entstehung der Haustierrassen viel komplizierter, als die Wissenschaftler sich das bis vor wenigen Jahrzehnten vorgestellt haben. Schwer bestreitbar liegt hier die zielgerichtete Schöpfung neuer Tiergattungen mit von vornherein festgelegten Eigenschaften vor. Eine solche zielgerichtete Schöpfung kann aber nur mittels kompliziertester Manipulationen am genetischen Apparat erfolgt sein.

Am augenfälligsten wird es beim Geparden. Obwohl zu den Katzen gehörig, ähnelt er einem langbeinigen Hund. Er sitzt wie ein Hund und jagt wie einer. Sein Pelz gleicht dem glatthaariger Hunde, die schwarzen Flecken darauf sind flaumig wie Katzenpelz. Er leidet an typischen Hundekrankheiten (z.B. an Hundebabesiosum) und auch an typischen Katzenkrankheiten (z.B. infektiöse Katzenenteritis). Wie der Hund kann der Gepard seine Krallen nicht einziehen, benutzt aber die erste Vorderpfotenkralle wie eine Katze und klettert wie sie auf Bäume. Für einige Gentechnologen stellt er ein „unmögliches Intergattungsprodukt" dar; ein künstlich geschaffenes Mischwesen. Deutlich gesagt: Der erste Gepard konnte nur ein Produkt von Genmanipulation sein. Blutproben von 50 Geparden zeigten, dass diese genetisch identisch sind. Das ist bei normalen Tiergattungen unmöglich, wohl aber typisch für alle „künstlichen" Tiere wie Labormäuse.

Vor der Frage, wer in der Lage gewesen sein könnte, durch einen Eingriff in den Genpool Wildtiere zum Haustier „umzubauen" oder Superspezialisten wie den Geparden „ zu konstruieren", schrecken „seriöse Forscher" allerdings zurück. Wir brauchen uns eine solche Scheu nicht aufzuerlegen, sondern können unverblümt fragen, ob es Indizien, vielleicht sogar Beweise für eine vergangene Supertechnik gibt. Und siehe da: Winzige Bruchstücke vergangener Errungenschaften lassen Unglaubliches erahnen...

Teil III: Geheimes Wissen
Entschleierte Vergangenheit

Sprechende Köpfe, Roboter und Zauberspiegel

Eine der geheimnisvollsten Gestalten der Geschichte war Papst Silvester II. Sein bürgerlicher Name lautete Gerbert'd Aurillac. Zwischen 940 und 950 im französischen Auvergne geboren, wurde er Benediktinermönch, Professor an der Universität von Reims, Erzbischof von Ravenna und schließlich am 2. 4. 999 durch die Gnade von Kaiser Otto III. - dessen Lehrer er war - der erste französische Papst. Er war einer der sogenannten transalpinen (Gegen)Päpste, die von den deutschen Kaisern des „Heiligen Römischen Reiches Deutscher Nation" im Überschwang ihrer neuen Machtfülle und Titelei gegen Rom eingesetzt wurden.

Silvester II. und „sein" Kaiser Otto III. wurden durch den Grafen von Tusculum aus Rom vertrieben. Erst unter Ottos Nachfolger Heinrich II. konnte Silvester wieder zurückkehren. Noch als Gerbert studierte er unter anderem in Spanien und reiste viel, darunter auch nach Indien, wo er von „geheimen Meistern" jenes anachronistische Wissen und die phantastischen Fähigkeiten erworben haben soll, die er nach Berichten seines Gefolges und anderer Zeitgenossen seither an den Tag zu legen pflegte. So stellte dieser frühe Kirchenfürst um 996 in Magdeburg die erste aller bekannt gewordenen Uhren her, wenn nicht die erste überhaupt.

Den absoluten Gipfel der Rätsel um seine Person repräsentiert jedoch der „sprechende Kopf" aus Bronze, der in Silvesters Palast mit JA oder NEIN auf Fragen jeglicher Art antworten konnte - von Politik über Wissenschaft, oder was man damals dafür hielt, bis hin zu den unterschiedlichsten kirchlichen Themenstellungen.

Den in diesen Tagen unvermeidlichen Vorwürfen, ohne einen Teufelsbund hätte er ein solches Zaubergerät niemals herstellen können, pflegte der als Hexenmeister gebrandmarkte Silvester/Gerbert entgegenzuhalten, dass es sich dabei um eine simple Maschine handelte, die auf der Grundlage von Ja- und Nein-Entscheidungen arbeitete, welche Erklärung damals natürlich niemand verstehen konnte (uns kommt sie im Zeitalter binär auf Ja/Nein-Basis operierender Computer nicht so rätselhaft vor. Rätselhaft ist lediglich, dass sie im ersten Jahrtausend nach Christus gegeben werden konnte).

Wie zu erwarten wurde das „Teufelswerk" nach dem Tod des Papstes am 12. Mai 1003 zerstört. Sämtliche von dem Kopf gegebenen Auskünfte - gemeinsam mit allen Informationen über seine Konstruktion und Wirkungsweise - verschwanden in den Archiven des Vatikans, die wohl auch sonst noch die eine oder andere Überraschung beherbergen dürften.
Regelrechte „Roboter" könnten die Gestalten gewesen sein, die der Universalgelehrte Agrippa von Nettesheim (Pseudonym von Heinrich Cornelius; 1486-1535) im zweiten Buch seiner „Geheimen Philosophie und Magie" anschaulich beschreibt, wobei er sich auf Platon und andere antike Quellen bezieht: „Von solcher Art waren bei den Alten die Gebilde des Dädalus, Automaten genannt, deren Aristoteles gedenkt, ferner die von selbst sich bewegenden Dreifüße des Vulkan und Dädalus, die, wie Homer erzählt, aus freien Stücken in den Kampf zogen, die Dreifüße, die bei dem Gastmahl des Gymnosophisten (Asketen) Hiarbas sich gleichfalls von selbst bewegten, und die goldenen Statuen, welche bei demselben die Gäste als Mundschenken und Aufwärter bedienen." Laut Agrippa sind diese künstlichen Diener und Krieger von „fliegenden eisernen Boten der Götter" überbracht worden.

Auf sprechende Skulpturen, Bildnisse oder ähnliches stößt man immer wieder. Beispielsweise soll die Memnon-Statue in Ägypten zu sprechen begonnen haben, sobald die Strahlen der aufgehenden Sonne ihren Mund trafen. Die Töne kamen deutlich hörbar aus dem unteren Teil des Gesichts. Der römische Dichter Juvenal (62-142) beschreibt es mit den poetischen Worten „Memnon lässt seine Zaubersaiten erklingen." Auch die Inkas auf der anderen Seite des Ozeans besaßen ein sprechendes Götterbild im Tal von Rimac. Die Informationen sind zu dürftig, um schlüssig zu sagen, worum es sich bei solchen Gebilden gehandelt haben mag. Andere anachronistische Apparaturen werden konkreter beschrieben.

Die chinesischen Historiker haben sich niemals dazu hergegeben, die Gunst ihrer Herrscher auf Kosten der Wahrheit zu gewinnen. Wenn man ihnen befahl, die Geschichte ihrer Zeit zu fälschen, ließen sie sich lieber den Kopf abhacken, wie es etwa dem Chronisten des Tschi im Jahr 547 v. Chr. geschah. Darum muss man die chinesischen Chroni-

ken ernst nehmen, auch wenn sie scheinbar Phantastisches wie die Verwendung von Röntgenstrahlen vor über zweitausend Jahren berichten.
Es gibt Aufzeichnungen darüber, dass Kaiser Tsin Schi (259-210 v. Chr.) einen Spiegel besaß, mit dem man „durch die Knochen des Körpers blicken konnte". Dieser Spiegel befand sich im Palast Hien-Yang in Schensi. Er wird in zeitgenössischen Texten folgendermaßen beschrieben: „Es war ein rechteckiger Spiegel von 122 Zentimeter Breite und 176 Zentimeter Höhe, der auf der Außen- wie auf der Innenseite glänzte. Wenn ein Mensch sich davor stellte um sich zu betrachten, erschien sein Bild verkehrt. Legte jemand die Hände aufs Herz, so wurden alle seine inneren Organe wie etwa die Gedärme sichtbar. Wer eine verborgene innere Krankheit hatte, konnte den Sitz des Übels erkennen, indem er in den Spiegel blickte und die Hände aufs Herz legte."
Ungefähr 250 Jahre vor der Regierung von Tsin Schi soll ein berühmter indischer Arzt namens Jivaka einen „wunderbaren Edelstein" besessen haben, der die Macht hatte, mit seinen Strahlen den Körper zu durchdringen. Ein historischer Text gibt an: „Wenn man ihn vor den Kranken stellte, erleuchtete er dessen Körper wie eine Lampe das Innere des Hauses erhellt, und offenbarte die Natur der Krankheit."
Unter dem Stichwort „Licht" finden sich bei so gut wie allen frühen Kulturen immer wieder Indizien für die Existenz einer vorgeschichtlichen Superzivilisation. Anachronistische Leuchtobjekte werden von einer großen Zahl von Zeugen und Autoren beschrieben - vom Altertum bis in unsere Tage, als beispielsweise im Rahmen der viel beachteten Ausstellung „Unsolved Mysteries" eine antike kleine Pyramide gezeigt wurde, die in der Dunkelheit leuchtet, wenn sie mit UV-Licht angestrahlt wird.

Ewige Lichter

Laut Ovid pflegte Numa Pompilius, der zweite König von Rom, Jupiter anzuflehen, dass er mit seiner himmlischen Flamme die Altäre beleuchte. In der Kuppel des von Pompilius erbauten Tempels brannte ein „ewiges Licht". Der griechische Schriftsteller Pausanias sah im Jahr 170 n. Chr. im Minervatempel eine goldene Lampe, die ein Jahr lang Licht spendete ohne nachgefüllt zu werden. Es ist bekannt, dass es in den indischen Brahmanentempeln „ewige Lampen" gegeben hat.
Plutarch berichtet im ersten Jahrhundert unserer Zeitrechnung, er hätte eine „ewige Lampe" im Tempel des Jupiter Amon gesehen. Die Priester hätten ihm versichert, dass sie seit vielen Jahren ständig brenne.
Im Jahr 1401 wurde das Grabmal des Pallas, Sohn des Euander, entdeckt. Auf dem Haupt der Statue des Römers war eine ewig brennende Lampe befestigt. Um sie auszulöschen, musste man das ganze Standbild zertrümmern.
Der Heilige Augustinus (geboren 354 n. Chr.) beschreibt eine ewige Lampe, die er im Tempel der Venus gesehen hat. Auch der byzantinische Historiker Cedrinus (neuntes nachchristliches Jahrhundert) will im syrischen Edessa eine Lampe gesehen haben, die seit 500 Jahren ununterbrochen brannte. Pater Regis-Evariste Huc (1813-1860) behauptete, er hätte in Tibet eine der ewigen Lampen untersucht. Über diese merkwürdigen Lampen wird auch aus Amerika berichtet. Die weißhäutigen Mandan-Indianer in Nordamerika bewahren die Erinnerung an eine Epoche, in der ihre Vorfahren jenseits des Ozeans in Städten mit unverlöschbaren Lichtern lebten.
In der klassischen Archäologie werden die Funken, die aus den Augen ägyptischer Götterbilder - vor allem der Isis - sprühten, tunlichst nicht erwähnt, obgleich sie ausführlich dokumentiert sind. Der griechische Satiriker Lukian (120-180 n. Chr.) gibt eine frappierende Beschreibung eines solchen Phänomens, das er auf einer Reise in Hieropolis im nördlichen Syrien zu sehen bekam. Man zeigte ihm ein goldenes Standbild der Hera, in dessen Kopf ein Edelstein eingesetzt war. „Ein gewaltiges Licht ging von dem Stein aus, und der ganze Tempel strahlte, als wäre er von Myriaden von Kerzen erleuchtet", so schreibt Lukian, und weiter: „Ein weiteres Wunder: die Augen der Göttin folgten dem Beschauer, wohin er sich auch begab."

Viele farbenprächtige Fresken auf Wänden und Decken in den ägyptischen Pyramiden wurden offenbar bei künstlichem Licht angefertigt, da es keine Rauchspuren gibt. Die klassische Archäologie weiß das, überlässt es aber tunlichst kühnen Geistern wie Erich von Däniken, die Frage nach anachronistischem Wissen im alten Ägypten zu stellen.
Die Geheimnisse des Hadad- oder Jupitertempels in Baalbek beruhten auf selbstleuchtenden Steinen. Bis einige Jahre nach dem Zweiten Weltkrieg sollen die Bewohner der Torres-Strait-Inseln sogenannte „buyas" besessen haben, runde Steine, die ein durchdringendes Licht verbreiteten.
Händler entdeckten in den sechziger Jahren des zwanzigsten Jahrhunderts mitten im Urwald von Neu-Guinea ein verlorenes, von Amazonen bewohntes Dorf. Zu ihrem großen Erstaunen sahen sie dort runde Steine von dreieinhalb Metern Durchmesser, die auf hohen Säulen angebracht waren und ein neonähnliches Licht verbreiteten. Der Techniker C. S. Downey war davon so beeindruckt, dass er auf einem Kongress für Beleuchtung und Verkehr in Pretoria darüber referierte. Solche und ähnliche Berichte lassen sich durch die Jahrhunderte verfolgen.
In seinen Aufzeichnungen über Expeditionen im Matto Grosso, nahe der Quelle des Rio Paraguay, erwähnte Barco Centenera im Jahr 1601 eine geheimnisvolle Insel mit einer Stadt namens „Gran Moxo", an die sich die Konquistadoren erinnerten. Und er zitiert aus ihren Berichten. Einer davon hat es in sich: „In der Mitte des Sees lag eine Insel mit prachtvollen Gebäuden. Ihre Schönheit überstieg die menschliche Fassungskraft. Das Haus des Gebieters von Gran Moxo war bis zum Dach aus weißem Stein gebaut. Beim Eingang standen zwei sehr hohe Türme. In seiner Mitte erhob sich eine Treppe. Zwei lebendige Jaguare waren rechterhand an einer Säule festgebunden. Sie lagen ruhig da. Ihre Ketten bestanden aus goldenen Ringen. Eine fast acht Meter hohe Säule erhob sich, auf deren Spitze ein großer Mond angebracht war, der den ganzen See strahlend beleuchtete und bei Tag wie bei Nacht Schatten und Dunkelheit zerstreute..."

Seriöse Fachleute tun sich naturgemäß schwer, den Tag und Nacht strahlenden „Mond" am Ende der Säule als Beleuchtungskörper durchgehen zu lassen, spricht man doch heute noch dem Gebiet des Matto Grosso jedes Anrecht auf eine ehemalige Hochkultur strikt ab, gegen-

teilige Berichte hin oder her. Dabei gab und gibt es immer wieder solche Berichte aus dieser Weltgegend.
In den Jahren vor dem Ersten Weltkrieg schrieb der Zentralamerikaforscher Oberst Percy H. Fawcett, von dem noch ausführlich die Rede sein wird, in einem Brief an den englischen Schriftsteller Lewis Spence: „Ein Indianerhäuptling des Stammes Nafaqua behauptete von einer Stadt zu wissen, deren Tempel und Häuser von ‚nie erlöschenden Sternen' beleuchtet seien. Das war nicht das einzige Mal, dass ich von diesen ‚ewigen Lichtern' hörte. Diese Leute besitzen eine Lichtquelle, die uns fremd ist. Vermutlich handelt es sich um das Überbleibsel einer verschwundenen Kultur, die noch einige schwache Spuren hinterlassen hat."
Colonel Fawcett musste immer wieder hören, dass man in den „verlorenen Städten" im Urwald geheimnisvolle „kalte" Lichter" erblickt hätte. Er erwähnte dieses Phänomen auch noch in einem der Briefe von seiner letzten Expedition: „Das Gebäude wird von den Indianern als eine Art Steinturm beschrieben. Sie haben mächtig Angst davor, denn sie behaupten, es scheine nachts ein Licht aus Tür und Fenstern. Vermutlich ist es das legendäre Licht, das niemals ausgeht."
Es grenzt fast an ein Wunder, dass man immer wieder auf Bruchstücke verschütteten Wissens oder auf Überreste einer frühen Hochkultur stoßen kann, denn jene, die nachher kamen, haben ihr „Bestes" getan, um alle Spuren auszulöschen. Und zwar bis fast in unsere Tage. Von der Wissensexplosion ist dauernd die Rede - die Wissensvernichtung kann aber durchaus mit ihr konkurrieren.
Halten wir uns kurz vor Augen, welche ungeheuren Schätze an Wissen im Lauf der Jahrtausende bewusst zerstört worden sind.

Wissensvernichtung

Immer wieder erlaubt erst unser neues Wissen das Verständnis von altem Wissen. Und dabei wissen wir armselig wenig über die Einsichten, die in dem ungeheuren Berg an Aufzeichnungen niedergelegt waren, der im Laufe der Jahrtausende vernichtet wurde. Einen ersten Eindruck vom verlorengegangenen Wissen bekommt man bei näherem Befassen mit den noch vorhandenen alchimistischen Schriften, die zu neunzig Prozent unbeachtet und unentziffert vor sich hin dämmern. Es ist keine kühne Spekulation, in ihnen Erkenntnisse zu vermuten, die das Prädikat „anachronistisch" mehr als verdienen. Kopernikus, Galilei, Newton und viele andere gaben zu, wesentliche Anregungen aus der Antike und aus den Schriften der Alchimisten geschöpft zu haben. Ein immer wieder zitiertes Beispiel ist die alchimistische Bereitung des Wassers zur Erzeugung des sogenannten „Elixiers" mittels Tausende Male wiederholten Destillierens. Die dabei stattfindende „Transmutation" wurde ohne weiteres Hinterfragen als psychologischer Prozess gedeutet. Für Scheuklappenträger unserer Tage stand von vorne herein fest, dass durch unzählige Wiederholungen desselben Vorgangs nicht die Flüssigkeit verändert werden sollte, sondern der Geist des Alchimisten. Ein meditativer Trainingsvorgang zur Ausbildung von Charakter, Willensstärke und Geduld, und damit basta. Physik und Chemie konnten bei den Interpretationen der diesbezüglichen alchimistischen Texte aus dem Spiel bleiben. Eine klare Sache. Peinlicherweise stellte sich jedoch heraus, dass diese „geistige" Übung zur Anreicherung des Wassers führt. Am Ende steht nicht nur der transmutierte Alchimist, sondern schweres Wasser (Deuterium, beziehungsweise Tritium), jene Substanz, die das Feuer der Hölle in den zurecht gefürchteten H-Bomben entfacht. Überraschung, Überraschung! Und wenn wir diese Lehre aus der Vergangenheit nun weiterdenken...?

Welche Informationen könnten wir wohl aus den 200.000 Bänden der Bibliothek von Pergamon in Mysien, Kleinasien, herausholen, die von Kaiser Theodosius I. (347-395) zerstört und später von den Sarazenen endgültig ausradiert wurde? Welches uralte Wissen verzehrten die Flammen beim Brand der 700.000 Schriftrollen der Bibliothek von Alexandria bei der Eroberung Ägyptens durch Julius Cäsar, der übrigens auch die Schriften der keltischen Druiden in alle Winde zerstreuen ließ?

Welcher Teufel hat Alexander den Großen geritten, als er den Befehl zur Vernichtung der in goldenen Lettern geschrieben Urschrift des einundzwanzigbändigen heiligen Buches der Parsen „Awesta" gab, bei dessen Abfassung dem Religionsgründer Zarathustra der „Herr des Lichts" Ahura Mazda beigestanden haben soll, und warum wurden die persischen Archive in Susa dem Untergang zugeführt? Welche Erkenntnisse bargen die legendären Sybillinischen Bücher, die 83 v. Chr. beim Brand Roms untergingen? Was mag 640 in Rauch aufgegangen sein, als Omar, der zweite Kalif des Islam, der alexandrinischen Bibliothek den Rest gab, indem er Millionen unersetzlicher Buchrollen zur Befeuerung der städtischen Badeanlagen verwenden ließ, und welche Schätze an Wissen verschwanden bei der Einäscherung der 500.000 Papyrusrollen umfassenden Sammlung des Brucheion von Alexandria und der 40.000 Rollen im Serapaion oder der halben Million Bücher der Bibliothek von Karthago, die bei der Eroberung durch die Römer 146 v. Chr. verbrannt wurden? Welche Denkleistungen verschlang die Vernichtung der syrischen Bibliotheken durch den oströmischen Kaiser Phokas (602-610)? Was würden wir heute wissen, wäre die „Stadt der Bücher" König Sargons von Uruk mit ihren vernichteten akkadischen und sumerischen Schriften erhalten geblieben, oder die Bibliotheken von Nippur und die des Assurbnipal in Ninive, wie auch die Archive Lagaschs in Sumer? Wohin sind etwa 600 v. Chr. die Sammlungen des Pisistratus bzw. Pisander in Athen, wohin die von Theben, die des Tempels von Jerusalem oder jene im Sanktuarium des Ptah in Memphis gekommen? Was wurde aus den Tontafel-Archiven der Minoer zu Knossos auf Kreta, deren ärmliche Überreste erst zum kleinsten Teil übersetzt wurden, und was aus dem heute verschollenen ungeheuren Schatz von antiken Schriftrollen, der sich im Besitz des russischen Zaren Iwan Grosny, genannt „der Schreckliche" (1530-1584), befand? Es ist traurig, aber wahr: Das Wissen brannte immer wieder rund um die Welt. Was im Mittelalter in Flammen aufging, entzieht sich überhaupt jeder Schätzung. Nicht nur in Europa wurden heilige und geheime Texte aus den unterschiedlichsten Gründen der Vernichtung zugeführt.

Wie ein spanischer Zeuge aus Mexiko berichtete, stapelten die Missionare auf Geheiß des Franziskaner-Erzbischofs Don Juan de Zumágarra (1478-1548) die gesamten aztekischen Schriften von Texcuco zur Einäscherung auf dem Marktplatz zu einem Hügel von mehrfacher Mannshöhe auf. Und dann verbrannten die katholischen Eiferer, so der Chronist, „die Erinnerungen an viele recht seltsame und merkwürdige Ereignisse zu Asche."

Drei Tage und Nächte im Jahr 1561 brannten auf Anordnung des Erzbischofs im mexikanischen Mérida und unermüdlichen Aktivisten bei der Vernichtung indianischer Kulturgüter, Diego de Landa, die umfangreichen Aufzeichnungen der Maya vor der Kirche von San Miguel in der letzten Maya-Metropole Mani. Wenig bekannt ist übrigens, dass die Inkas die berühmte Knotenschrift der „Quipus" erst einführten, nachdem ein Inkaherrscher namens Tupac Cauri Paschacuti die Verwendung von Schrift und Pergament verboten hatte. Dass er Berge solcher Aufzeichnungen, die „Quilcas" genannt wurden, verbrennen ließ, versteht sich fast von selbst.

Ein ebenso feuriges Schicksal erlitten auch die vielen tausend Bücher aus Chinas Vorgeschichte, die Li Ssi, ein Minister des Kaisers Chin Shi Huang-Ti 213 vor Christus einäschern ließ. Einen wesentlichen Beitrag zur Wissensvernichtung müssen allerdings auch die Apokalypsen geleistet haben, die offensichtlich von den Trägern frühzeitlicher hochstehenden Zivilisation selbst veranstaltet wurden. Ich meine damit jene vorgeschichtlichen Ereignisse, denen die Erforscher von Vergangenheitsrätseln - in vorderster Linie der berühmte Schweizer Erich von Däniken - die Bezeichnung „Kriege der Götter" gegeben haben. Trotz dieser unvorstellbaren Aderlässe und Vernicht-ungsorgien durch die unterschiedlichsten Parteien war der Kahlschlag nicht hundertprozentig. Es gibt erhalten gebliebene Zeugnisse. Wir wissen sogar erstaunlich viel von den Wundern vorgeschichtlicher Zivilisationen - und von ihrem tumultösen Untergang...

Götterkriege

„Ich bin der Ansicht, dass in der Vergangenheit
Kulturen existierten, welche die Energie des
Atoms kannten und durch eine unheilvolle
Anwendung dieser Energie total zerstört wurden."
Frederick Soddy (Nobelpreisträger)

Die Götter oder zumindest himmlische Wesen beziehungsweise Heerscharen haben anscheinend schon immer in höheren Sphären wilde Kämpfe ausgefochten. Ob es sich um die „Geheime Offenbarung des Johannes" handelt, deren 12. Kapitel, Vers 7 eindeutig bekundet „Und es entstand Krieg im Himmel" oder um das Ägyptische Totenbuch, in dem geschrieben steht, dass der Sonnengott Ra gegen die abtrünnigen Kinder des Weltalls gekämpft habe, überall herrschte Krieg zwischen überirdischen Mächten. Was man von der Passage im Ägyptischen Totenbuch halten soll, Ra hätte während der Schlacht niemals sein „Ei" verlassen, ist eine andere Sache.
Im altgriechischen Götterhimmel muss es auch ganz schön rund gegangen sein. Als sich die Kinder des ersten Sohnes von Gaia und Okeanos, des Himmelsgottes und Titanen Ouranos oder Uranus, gegen die göttliche Ordnung auflehnten, kam es zu fürchterlichen Schlachten. Göttervater Zeus war einer der Sieger, gegen den wiederum Prometheus im Himmel zu Felde zog. Wie wir wissen, war Prometheus derjenige, der dort oben das Feuer stahl und es den Menschen brachte, worin manche eine seltsame Ähnlichkeit mit Luzifer, dem „Lichtbringer", erkennen wollen.
Im „Drona Parva", der ältesten indischen Überlieferung, werden Schlachten im Weltraum genauso beschrieben wie in den altjüdischen Sagen außerhalb des Alten Testamentes, in denen von „heiligen Rädern" die Rede ist, wo die Cherubim „zwischen den Sternen" leben.
In neuseeländischen Legenden, die in einer gänzlich anderen Weltregion beheimatet sind, erfährt man von einem Krieg im Weltall, als sich eine Fraktion der „Göttersöhne" gegen ihren Vater auflehnte. Der Anführer jener Aufständischen hieß Ronga-mai. Seine Erscheinung und sein Auftreten werden in den Überlieferungen mit Worten beschrieben, die einen mehr als anachronistischen Touch aufweisen: „Seine Erschei-

nung war wie ein leuchtender Stern, wie eine Feuerflamme, wie eine Sonne. Wenn er sich hernieder senkte, wurde die Erde aufgewühlt, Staubwolken verhüllten den Blick, der Lärm dröhnte wie Donner, aus der Ferne wie das Rauschen einer Muschel." Hat man solche Beschreibungen nicht schon gehört, und zwar bei Raketenstarts und -landungen?

Ein gutes Beispiel für die Tatsache, dass vorzeitliche Götterkriege die Vorstellung von Gut und Böse formten und festigten, ja sogar die spätere „Erfindung" des Teufels begünstigten, ist die Religionsvorstellung der Parsen im alten Persien, dem heutigen Iran. Dort übte einst der Lichtgott Ahura Mazda, Sohn des Hauptgottes Zerwane Akerene, seine Herrschaft in größter Harmonie aus, bis dann plötzlich die Dunkelheit, das Böse an sich, Ahriman, erschien und ihn in einen unbarmherzigen Krieg verwickelte (nicht unähnlich dem Auftreten von Luzifer in der christlichen Religion). Ahriman wird jedoch schließlich durch das Feuer Ahuras in den Lüften vernichtet, was sich im heiligen Buch der Parsen so liest: „Ahura warf den getöteten, den zerstückelten Satan auf die Erde, warf ihn bis zum Feuer der Erde, worauf die Sintflut ausbrach."

Die bloße Aufzählung aller Zitate aus den Legenden, Weisheitsbüchern, Überlieferungen, Mythologien, religiösen Aufzeichnungen etc., in denen Blitze schleudernde Götter aller Couleur auftreten, würde ganze Enzyklopädien füllen, und füllt sie auch. Nur so viel: Derartiges kommt in jeder Kultur vor, wie ein kleiner Streifzug deutlich macht.

In babylonischen Mythen heißt es über die Wirkung des von Gott Adad ausgesandten Blitzstrahls, der den Sturmvogel Zu vernichtete: „Schaurig im Blitzstrahl aufflammte das Land, das Wüten Adads erfüllte den Himmel, was vordem Licht war, in Finsternis hüllend, das Land zerbarst wie ein irdener Topf..." Das Ganze erinnert ein wenig an den „Pfeil", den der Gott Marduk in verwandten babylonischen Mythen auf den Drachen Tiamat abschoss, worauf dieser in einer gigantischen Explosion zerrissen wurde.

Im indischen „Ramayana-Epos" wird der indische Gott Hanuman erwähnt, der bei Bedarf einen magischen Pfeil (oder Blitz) zu schleudern pflegte, der - wörtlich - „heller war als tausend Sonnen." Interessante Formulierung. Blitze schleuderte auch „Pinka, der Dreizack des indischen Götterpaares Shiva und Parvati.

147

Der Sturmgott der Armenier, Sanassar, besitzt eine Blitzwaffe aus dem Meer. Der hurrithische Gewittergott schleudert Blitze gegen die Himmelsschlange Illuyanka. Shiva, der tanzende Zerstörer, ein indischer Hauptgott, vernichtet die Asuren durch einen Blitz aus seinem strahlenden dritten Auge (nach anderen Quellen: aus seiner Stirn, aus seinem Gesicht). Im indischen „Mahabharata-Epos" tötet die schöne Da-Bayanti einen zudringlichen Verehrer durch einen Blitz.

Die Maori, ein Eingeborenenstamm auf Neuseeland, berichten davon, dass ihr Gott Tane den Blitz in Händen hielt. Sie erzählen, dass im Himmel eine Rebellion ausgebrochen sei, nachdem Tane das Weltall mit den Sternen installierte. Etliche Rebellen, die nicht mehr bereit waren Tane zu folgen, werden von den Maori sogar namentlich erwähnt. Tane habe die Aufständischen schließlich mit seinem Blitz besiegt und auf die Erde geschleudert; das sei der Grund, dass seitdem auf der Erde Mann gegen Mann, Volk gegen Volk, Tier gegen Tier und Fisch gegen Fisch kämpfe.

Mexikanische Darstellungen des Feuergottes zeigen diesen als Blitze schleuderndes Wesen. Die aztekische Maisgöttin „Sieben-Schlangen" hält einen Blitz in der Hand. Die Inka sagen, Gott Pachayachachic habe die aufsässigen Menschen durch das Aussenden furchtbarer Blitze bestraft. Lhasa, der legendäre Erbauer der Andenstadt Machu Pichu, soll Blitze schleudernde Waffen in seinem Besitz gehabt haben. Die Götter der Chocha (Peru) brachten mit ihren Blitzen ganze Felsen mit menschlichen Siedlungen zum Schmelzen.

Südamerikas Mythen halten verblüffende Einzelheiten bereit. Zum Beispiel: „Da schossen seine Augen Zornesblitze und flammende Empörung brach aus seinem Herzen... Als Vichoma sah, dass Pachacamac ihm entgangen war, setzte er brüllend vor Wut die Luft in Brand und verbreitete durch einen Feuerregen Furcht und Schrecken über das Land..."

Die Kogi-Indianer betrachten sich als Nachkommen der sagenhaften Tairona Südamerikas, eines Indianer-Volkes, das unglaubliche architektonische Leistungen vollbrachte. Ein uralter Kágaba(Kogi)-Mythos erzählt davon, wie einst die vier Urpriester aus dem Weltall auftauchten und gegen die Dämonen und Tiere kämpften. Während dieser Kriege seien entsetzliche Blitze geschleudert worden. Die Krieger wären dabei in sämtliche Himmelsrichtungen geflogen.

Auch die „Alte Welt" kann mit interessanten Detailschilderungen anachronistischer Waffengänge aufwarten.
Im Jahre 332 v. Chr. belagerte die Kriegsmacht Alexanders des Großen im Zuge seiner persischen Feldzüge die phönizische Stadt Tyros. Bekanntlich soll Tyros schwer befestigt und extrem stabil gebaut gewesen sein. Keine der damals gebräuchlichen Belagerungsmaschinen konnte die bis zu 15 Meter hohen Mauern bezwingen. Sieben Monate lang bissen sich Alexanders Streiter die Zähne an dem Bollwerk aus. Bis zu dem Tag, als fünf „fliegende Schilde" über dem Lager der Mazedonier erschienen.

Diese seltsamen Flugobjekte erregten bei den Belagerern keineswegs jenes Aufsehen, das wir erwarten würden. Unter den makedonischen Truppen waren nämlich viele Angehörige der alten Völker wie Phönizier, Hethiter und Ägypter, denen ein derartiges Auftreten der „Heerscharen der Götter" aus ihrer langen Geschichte vertraut war. Die „fliegenden Schilde" flogen in Dreiecksformation mit einem besonders großen Exemplar an der Spitze. Sie kreisten langsam über Tyros, beobachtet von Tausenden von Kriegern beider Parteien, die den Kampf unterbrochen hatten. Plötzlich zuckte aus dem größten der Flugobjekte ein Lichtblitz in die gewaltige Zyklopenmauer von Tyros und brachte die getroffene Stelle zum Einsturz. Weitere Blitze schlugen eine riesige Bresche, wobei Mauern und Türme zerfielen, als wären sie aus Schlamm. Das makedonische Heer nützte die „göttliche" Hilfe und stürmte durch die Bresche in die Stadt. Die „fliegenden Schilde" kreisten noch einmal über der Stadt und verschwanden, nachdem Tyros komplett in Alexanders Hand war.

Aber die „Götter" gingen dem Eroberer nicht bei allen Unternehmungen zur Hand. Als Alexander drei Jahre später mit seinem Heer den Fluß Jaxartes überschreiten wollte um nach Indien vorzudringen, stellten sich zwei fliegende Schilde seiner Streitmacht in den Weg. Wie Tiefflieger stießen sie Feuer sprühend so lange auf die Armee Alexanders herunter, bis die Soldaten, Kriegselefanten und Pferde in Panik gerieten und sich weigerten, den Fluss zu überqueren. Alexander kehrte nach Babylon zurück, gab seine Eroberungspläne aber nicht auf. Da kein wirklicher Angriff der Schilde auf seine Armee erfolgt war, versuchte er einen zweiten Anlauf. So konnte er den Subkontinent schließlich doch unterwerfen. Erst Kaiser Ashoka sollte Jahrhunderte später die Überreste von Alexanders Indien-Imperium übernehmen... Der „Welteroberer" Alexander dürfte sich vergeblich gefragt haben, warum die „Götter" ihm einmal halfen, ihm ein anderes Mal in den Arm fielen und ihn dann wieder gewähren ließen. Auch wir können uns nur in Vermutungen ergehen. Vielleicht wollten sie ihn ursprünglich von Indien fern halten, zu dem sie offensichtlich ein besonderes Verhältnis hatten oder immer noch haben. Kein Wunder, denn dieses uralte Land muss in fernen Tagen ein regelrechtes „Schlachtfeld der Götter" gewesen sein. Fast alle Sagen und Epen sind übervoll davon, speziell das umfangreichste aller altindischen Epen, das „Mahabharata".

Die Entstehung des Epos lässt sich bis ins Jahr 500 vor Christus zurückverfolgen. Manche datieren sie sogar um 7000 vor Christus. Sozusagen schwarz auf weiß sind dort mehr als frappierende Vorgänge festgehalten. Ein Beispiel zum Auftakt: Aswathama sprach: „Diese unfehlbare Waffe wird alle noch ungeborenen Kinder töten.." Daher waren alle Kinder, die zur Welt kamen, tot.

Das ist nicht die einzige Stelle im Mahabharata, die auf tödliche Strahlungsenergien hinweist. So liest man im fünften Buch: „Die Sonne schien sich im Kreis zu drehen. Von der Glut der Waffe versengt, taumelte die Erde vor Hitze....

Das Toben des Feuers ließ die Bäume wie bei einem Waldbrand reihenweise stürzen... Tausende Pferde und Streitwagen wurden vernichtet... Es sah aus wie nach einem fürchterlichen Brand... Dann senkte sich tiefe Stille über die Erde... Die Leichen der Gefallenen waren von der fürchterlichen Hitze verstümmelt, sie sahen nicht mehr wie Menschen aus... Niemals zuvor haben wir eine derart grauenhafte Waffe gesehen, und niemals zuvor haben wir von einer derartigen Waffe gehört... Sie ist wie ein strahlender Blitz, ein verheerender Todesbote, der alle Kämpfer zu Asche zerfallen ließ. Die verglühten Körper waren unkenntlich. Den Davongekommenen fielen Haare und Nägel aus. Töpferwaren zerbrachen ohne Anlass. Die überlebenden Vögel wurden weiß. In kurzer Zeit war die Nahrung giftig. Der Blitz senkte sich und wurde feiner Staub." Spuren solcher Götterwaffen samt ihrer seltsam bekannt erscheinenden „Nachwirkungen" finden sich sogar noch im sumerisch-babylonischen Gilgamesch-Epos auf den etwa 5000 Tontafeln des assyrischen Königs Assurbanipal. Auf der fünften Tafel kämpfen Gilgamesch und Enkidu auf dem Zedernberg der Göttin Irmini gegen das Ungeheuer Cumbaba. Dabei erhalten sie auch vom Götterberg her (Blitz)Feuer.

Das liest sich so: „Es schrie der Himmel, Antwort brüllte die Erde, ein Blitz leuchtete auf, ein Feuer flammte empor, es regnete Tod. Was vom Blitz erschlagen war, wurde zu Asche." Wenig später siecht Enkidu an einer rätselhaften Krankheit dahin. Auf der achten Tafel fragt Gilgamesch seinen sterbenden Freund: „Hat des Himmelsstiers giftiger Hauch dich getroffen?"

Zurück zum Mahabharata. Seine Grundlage ist der Kampf zwischen zwei Königsgeschlechtern. Das Geschlecht der Kurus soll von einem König der Monddynastie abstammen und zwei Brüder hervorgebracht haben, den älteren Dhritaraschtra und den jüngeren Pandu.

Der Jüngere regierte, weil sein älterer Bruder blind war, was Dhritaraschtra aber nicht daran hinderte gezählte hundert Söhne zu zeugen. Sie bildeten das Geschlecht der „Kauravas". Pandu brachte es im Stress seiner Herrschertätigkeit nur auf fünf Söhne. Sie bildeten das Geschlecht der „Pandavas". Nach Pandus Tod begannen die Erbfolgestreitereien, gegen die anscheinend auch himmlische Geschlechter nicht gefeit sind.

Zuerst ging die Auseinandersetzung friedlich und gesittet über die Bühne: Die Kauravas forderten die Pandavas zu einem Würfelspiel heraus, bei dem die Nachkommen Pandus verloren. Sie mussten ihren Teil des Königreiches abgeben und darüber hinaus dreizehn Jahre lang in der Verbannung verschwinden. Nach Ende dieser Frist verlangten die Pandavas ihr Königreich zurück, wovon die mittlerweile an die Macht gewöhnten Kauravas nichts wissen wollten.

Das erinnert frappant an die irdische Politik, die uns täglich aus den Medien entgegenquillt. Das Weitere erinnert ebenfalls daran: Krieg um die Macht. Und zwar der fürchterlichste Krieg, der in der antiken Weltliteratur je beschrieben wurde.

Schlachtfeld Erde

Wie man dem „Mahabharata" entnehmen kann, haben alle irdischen Völker der einen oder anderen Krieg führenden Partei beigestanden. Sehr zu ihrem eigenen Leidwesen, denn die Erde wurde bei diesem „Krieg der Götter" stark in Mitleidenschaft gezogen. Grauenhafte „Götterwaffen" kamen zur Anwendung, denen die Menschen nichts entgegenzusetzen hatten. Die Bilanz am Ende des Bruderkriegs muss nach heutiger Berechnung mindestens vier Millionen menschliche Opfer betragen haben. Eine ungeheure Zahl, gemessen an der damaligen menschlichen Population, die - je nachdem wie man diese Ereignisse datiert - zwischen fünf und zehn Millionen betragen haben dürfte. Wem dies zu gering angesetzt erscheint, der sei daran erinnert, dass die offizielle Geschichtsschreibung von etwa zwanzig Millionen Menschen zur Zeit der ersten Ägyptischen Dynastie vor etwa 6000 Jahren ausgeht. Mit einem Wort: ein unbeschreiblicher Aderlass, der sich verständlicherweise in allen Überlieferungen niedergeschlagen haben muss.

Von den „himmlischen" Kontrahenten blieben auf den Seiten der Pandavas die fünf Söhne Pandus und von den Kauravas gerade noch drei übrig. Die Erde war verwüstet, der Kampf im Himmel entschieden, ohne dass wir genau wissen, wie es in den höheren Gefilden dann weitergegangen ist. So viel zur Grundstruktur des Mahabharata.

Besondere Beachtung verdienen nicht nur die detailreichen Berichte über den achtzehn Tage dauernden Krieg zwischen den Kauravas und Pandavas im oberen Gangesgebiet, sondern auch jene über die kurz danach erfolgte Auseinandersetzung zwischen Vrishnis und Andhakas. In beiden Kriegen kamen Flugmaschinen zum Einsatz, sogenannte „Vimanas", die von Rasa (Quecksilber) angetrieben wurden, sowie eine Art von Energie- und Raketenwaffen, die „Agneya" bezeichnet wurden. Hier handelt es sich nicht um eine kühne Interpretation nebuloser Formulierungen, sondern um präzise Schilderungen, die kaum nicht-technisch gedeutet werden können. Wer würde bei den folgenden Beschreibungen nicht sofort an gegenwärtige und zukünftige Kriege denken?: „Der kühne Adwattan zielte genau, dann ließ er das schillernde Geschoss lodernden Feuers losrasen... Flammende Pfeile hüllten die gegnerischen Pandavas ein... Dunkelheit brach herein... Meteorschauer ergossen sich vom Himmel... Brüllende Winde erhoben sich...

Wolken türmten sich himmelwärts und ließen Staub und Steine herabregnen... Die Sonne taumelte am Firmament... Die Erde erbebte unter der Hitze der Götterwaffe... Elefanten gingen in Flammen auf... Das Wasser des Flusses kochte und tötete alles Leben in ihm... Vieles wurde zu feiner Asche... Überall stürzten die Tiere zu Boden und starben... Feuerblitze regneten vom Himmel... Die feindlichen Soldaten wurden von Flammen eingehüllt...Tausende von fliegenden Kriegsmaschinen fielen auf beiden Seiten zur Erde..."
Fast Identisches finden sich im Sanskrit-Text des achten Buchs des Mahabharata, dem „Mausola Parva". Dort ist nachzulesen, wie Gurkha, einer der Götter, so etwas wie ein Atomgeschoss abfeuerte. Wörtlich: „Gurkha sandte ein einzelnes Geschoss mit der Kraft des Universums von seiner fliegenden Vimana gegen die Städte der Vrishnis und Andhakas. Eine riesige Säule aus Rauch und Feuer erhob sich, strahlend und ‚heller als tausend Sonnen(!)'. Dieser eine Todesbote verwandelte die gesamte Rasse der Vrishnis und Andhakas zu Asche. Die Körper verbrannten zur Unkenntlichkeit. Haare und Nägel waren ausgefallen. Vögel fielen vom Himmel, weiß geworden. Die Elefanten brüllten und brannten. Gegenstände barsten ohne sichtbare Ursache. Nach wenigen Stunden war alle Nahrung vergiftet. Krieger, die nicht direkt betroffen waren, stürzten sich in die Bäche und Seen, denn alles war vom tödlichen Hauch des Gottes belegt. Auch noch die ungeborenen Kinder im Mutterleib starben."
In dem Zusammenhang drängt sich der Gedanken an den in der Bibel verzeichneten Untergang der Städte Sodom und Gomorra auf, wobei das Augenmerk auf die Originaltexte gerichtet werden muss, die sich etwas anders lesen als die von Luther gelegentlich etwas frei gehandhabte Bibelübersetzung. Originalzitate findet man beispielsweise in amerikanischen Bibelausgaben, in denen nichts davon steht, Lots Weib hätte zurückgeblickt und sei daraufhin zur Salzsäule erstarrt. Vielmehr ist sie zurückgeblieben, worauf das Unheil sie ereilte und „ihr Körper zerfiel zu Asche und düngte die Erde" (wörtlich).
Das fügt sich nahtlos in eine Reihe ähnlicher Bibelstellen ein, von denen ich eine stellvertretend für alle zitieren möchte: „Da trat der erste hin und goss seine Schale über die Erde, und böse und schmerzhafte Geschwüre brachen an den Menschen hervor." (Offenbarung 16,2). Bedrückende Schilderungen, die unangenehm vertraut klingen. Wer diese

eindeutige Aufzählung von Folgeerscheinungen radioaktiver und atomarer Einwirkungen für willkürliche Phantasien hält, der treibt mit dem gern bemühten „Zufall" eindeutig Schindluder. Es würde schon sehr konkreter Hellsichtigkeit bedürfen, um vor Jahrtausenden vorauszusagen, dass so etwas wie Radioaktivität nach einem Götterblitz, der heller ist als Tausend Sonnen(!), jede Nahrung vergiftet und auch noch die ungeborenen Kinder im Mutterleib tötet oder dass sie Haare und Nägel ausfallen lässt. „Denn alles war vom tödlichen Hauch des Gottes belegt", so formulierte man damals, was man heute in Berichten über Hiroshima und Nagasaki in anderen Worten lesen kann. Und man kann noch ganz anderes in uralten Texten lesen. Beispielsweise Schilderungen von Luftschlachten.

Sie werden so plastisch beschrieben, als stammten sie aus einem Kriegsroman, korrekter vielleicht Science-Fiction-Roman, denn was im „Vana Parvan", Kapitel 102, 168-173, Mahabharata, unter Feuerschlägen taumelt, ist kein Flugobjekt unserer Gegenwart, sondern etwas aus unserer fernen Zukunft: eine atmosphären- und wassertaugliche Raumstation. Zitat: „Eine fürchterliche Schlacht entbrannte, während der die Luftstadt hoch in den Himmel geschleudert wurde, dann wieder beinahe auf die Erde hinabfiel, von einer Seite zur anderen getrieben wurde und sogar tief ins Meer hinabtauchte. Nachdem der Kampf lange hin- und hergetobt hatte, feuerte Arjuna ein tödliches Geschoss ab, das die ganze Stadt in Stücke riss und sie auf die Erde fallen ließ."

Im dritten Kapitel des Buches Sabha Parvan, das ebenfalls zum Mahabharata gehört, werden gigantische Weltraumstädte mit dem Sammelnamen „Sabha" beschrieben, die - von der Erde aus betrachtet - wie Kupfer, Gold oder Silber glänzten. Sie waren unterschiedlicher Größe und wurden von den „Göttern" Indra, Brahma, Rudra, Yama, Kuvera und Varuna geführt. In ihnen gab es Wasser, Gärten und Bäche, Wohnräume und Versammlungshallen. Dazu riesige Hangars für die Vimanas und selbstverständlich fürchterliche Waffen. Im Laufe der Zeit wurden diese Städte aber von Gegnern okkupiert, die im Mahabharata Dämonen genannt werden. Das dürfte dem Obergott Indra gegen den Strich gegangen sein, denn er befahl die Vernichtung aller Himmelsstädte. Diese Aufgabe wurde Arjuna, einem Veteran aus dem Götterkrieg zwischen Pandavas und Kauravas, übertragen, der fünf Jahre lang von den Himmlischen im Gebrauch der Waffen geschult worden war. Im Verband mit anderen Vimanas griff Arjuna an. Es kam zu einer regelrechten Weltraumschlacht, die mit einem mächtigen Schlag entschieden wurde, als Arunja in der idealen Schussposition war. Das liest sich im Mahabharata, Drona Parva, Vers 77, so: „Als dann die drei Städte am Firmament zusammentrafen, durchbohrte er sie mit seinem schrecklichen Strahl aus dreifachem Feuer. Die Dämonen waren unfähig diesem Strahl, der mit Yuga-Feuer beseelt und aus Wischnu und Soma zusammengesetzt war, etwas entgegenzusetzen. Während die drei Städte zu brennen begannen, eilte Parvati (die Gattin Shivas) dorthin, um sich das Schauspiel anzusehen." Im „Vana Prava", dem dritten Buch des Mahabharata, wird Arunja dann die Ehre zuteil, die „Himmelsstadt" des vierhändigen Kriegsgottes „Indra" zu besuchen. Für den Vertreter einer irdischen Zivilisation Tausende Jahre vor unserer Zeit konnte es nichts anderes sein als eine „Stadt der Götter", in die er mit Indras Himmelswagen auffahren durfte. Für uns Heutige hingegen liest sich die Beschreibung allerdings exakt wie der Besuch in einer Raumstation. Urteilen Sie selbst: „Selbst Könige mit großem Reichtum sind nicht in der Lage, diesen Himmelswagen zu lenken. Arjuna stieg empor mit dem sonnengleichen Wagen, der sich mit außerordentlicher Geschwindigkeit bewegte und für die Sterblichen auf der Erde rasch unsichtbar wurde. Die Himmelsstadt von Indra, welche Arjuna erreichte, war faszinierend und auch ein Ort der Erholung. Dort oben, wo die Sonne nicht mehr scheint und auch der Mond nicht, wo das Feuer nicht mehr leuchtet, sondern alles im eigenen Glanz erstrahlt, sah Arjuna Tausende an ihren Liegeplätzen befestigte andere Himmelswagen, die fähig waren nach dem Willen überall hinzugehen. Und dann bemerkte er Zehntausende solcher Wagen, die sich in alle möglichen Richtungen bewegten. Was unten auf der Erde wegen der großen Ferne wie Lampen gesehen wird, sind in Wirklichkeit große Körper von Sternengestalt." Arunja hatte sich diesen „Fronturlaub" wacker verdient, wie andere Stellen belegen, beispielsweise in der Sektion CLXXII, Nivata-Kavacha-yuddha Parva des Mahabharata, in der berichtet wird, dass Arunja vom „Piloten" Indras, Matali, aufgefordert wurde, die „Waffe des Donnerblitzes" einzusetzen. Als Arjuna diese Worte vernahm, „entsicherte(!) er die bevorzugte Waffe des Königs der Himmlischen und gab dann Feuer. Das Ergebnis waren zersplitterte Berge und Täler, entzündete Wälder, zahllose tote Feinde.

Was hier so plastisch und dabei so seltsam vertraut klingt, ist der Kampf zwischen militärischen Kräften aus dem legendären Rama-Imperium der „Rishis", von denen wir noch hören werden, und Einheiten aus - Atlantis...! Schau, schau, wie manche Fäden plötzlich zusammenlaufen.

Rekapitulieren wir also: Die alten indischen Texte berichten von Flugzeugen, Atombomben und Weltraumfahrten. Der Gott Pushan fährt in einem vergoldeten Schiff durch den Himmelsozean. Der Göttervogel Garuda trägt Vishnu durch das Weltall. Das „Samsaptakabadha" beschreibt Flüge „durch jene Gegend des Himmelsgewölbes, das über dem Gebiet der Winde liegt." Das „Surya Siddhanta", das älteste in Sanskrit verfasste astronomische Werk, spricht von den Siddha, den vollendeten Menschen, und den Vidhyahara, den Besitzern der Erkenntnis, die rund um die Erde reisen, „unterhalb des Mondes und oberhalb der Wolken."

Das „Samaranagana Sutrahara" berichtet, dass die Menschen in Gefährten durch die Lüfte reisen konnten und dass auch „himmlische Wesen" auf unsere Erde kamen. Ergänzt man die indischen Schriften durch die Aufzeichnungen im Gilgamesch-Epos, so erfährt man unter anderem, dass „die Himmelsmenschen im Augenblick der irdischen Weltkatastrophe zum Himmel aufstiegen."

Jetzt, da wir mit den Auseinandersetzungen der sogenannten Götter schon recht vertraut sind, zum Abschluss ein kleines Ratespiel. Woher, glauben Sie, stammt dieses Zitat?:

„Die Titanen befehligten ihre Geschwader... laut krachte die Erde, es dröhnte der wölbende Himmel... und sogleich vom Himmel einer und vom Götterheim raste blitzend der Donnerer. Schlag auf Schlag, mit Gebrüll und zuckenden Leuchtungen... schlängelten heilige Flammen... weit krachte das nahrungssprossende Erdreich brennend empor, und in Glut knatterte die mächtige Waldung... dann flammten die heiligen Lüfte, dass auch die Augen der Stärkeren selbst geblendet starrten in die schimmernde Glänze des Donnerstrahls und des Blitzes... wie wenn gegen die Erd' der gewölbte Himmel sich nahete, so möchte der lauteste Schall sich erheben... Zum Kampf anrannten die Götter, wild tobten die Winde und wirbelten Staub und Zerrüttung... dann schickte der Oberste sein erhabenes Geschoss... und es stieg grauenvolles Getöse auf..."

Nein, falsch geraten. Es handelt sich um kein indisches Epos, sondern um eine Beschreibung des griechischen Dichters Hesiod aus dem 8. Jahrhundert v. Chr. über den Kampf zwischen Göttern und Titanen.

Genug der blumig-blutigen Schilderungen.
Weniger poetisch, dafür aber um so klarer erscheinen die direkten Eingriffe oder die unleugbare Präsenz „himmlischer Mächte" im gesamten Verlauf der bekannten Geschichte. Selbst eine abrisshafte und keineswegs vollständige Chronologie macht dies mehr als deutlich: 508 v. Chr. flehte der etruskische Priester-König Lars Porsessa zu seinen „Göttern", woraufhin kurz danach die feindliche Stadt Bolsena - eine der damals reichsten Ansiedlungen der Toskana - durch ein gewaltiges Feuer vom Himmel. zerstört wurde.

490 v. Chr. sollen die „Götter" den Griechen beigestanden und ihnen geholfen haben, als diese bei Marathon gegen die Perser kämpften.
480 v. Chr. soll ein großes loderndes Licht über Salamis gestanden haben, als die Griechen Xerxes' persische Invasionsflotte bezwangen.
394 v. Chr. beobachteten die besiegten Spartaner bei Onidus auf See einen „Himmels-Lichtstrahl" als sie das griechische Reich verloren.
332 v. Chr. zerschmetterten die bereits erwähnten „Fliegenden Schilde" die Mauern von Tyros, als dieses von Alexander dem Großen bedrängt wurde.
217 v. Chr. folgten ein Jahrzehnt lang „Feuerkugeln" dem Karthagerfürsten Hannibal, als er Italien angriff, und sie „beobachteten" die Römer am See Trasimene.
214 v. Chr. schwebte - so überliefert es Livius - während der Karthager-Invasion Italiens durch Hannibal am Himmel über Hadria ein „Altar" mit darauf befindlichen Menschen, die weiße Gewänder trugen.
73 v. Chr. sollen Lucullus und seine römischen Legionen ihren Sieg über das Heer des Mithridates von Pontus - der Kleinasien verwüstete - einem „gewaltigen, flammengleichen Körper verdanken, der aus dem Himmel kam und zwischen die zwei Armeen fiel" (Plutarch).
312 n. Chr. erschien über Konstantin und seinem Heer ein „feuriges Kreuz" am Himmel. Konstantin verbündete sich daraufhin mit den Christen, besiegte Maxentius an der Milvischen Brücke, tötete ihn und wurde Herrscher von Rom.

776 n. Chr. schlugen „Feurige Schilde" die angreifenden Sachsen in die Flucht, als diese die von den Truppen Karls des Großen besetzte Sigiburg zurückerobern wollten.

1915 n. Chr. sah das gesamte 5. Hochländerregiment der britischen Streitmacht während der Schlacht bei Arras in Frankreich seltsame Himmelserscheinungen.

1944 n. Chr. beunruhigte das Auftreten von sogenannten „Foo-Fightern", abgeleitet vom französischen Wort für Feuer (feu), die alliierten Streitkräfte, die sie für deutsche Geheimwaffen hielten, wie auch die Deutschen, die glaubten, es mit Geheimwaffen der anderen zu tun zu haben.

Weil wir gerade von Waffen sprechen:

Auf den Einsatz von frühgeschichtlichen Massenvernichtungswaffen kann man lediglich durch die Beschreibung der Auswirkungen schließen, und die sind allerdings gewaltig. Über ihr Aussehen und ihre Funktionsweise erfährt man jedoch nicht viel. Ganz anders liegt die Sache bei den diversen „Handfeuerwaffen der Götter".

Das Waffenarsenal der Götter

Es ist erstaunlich, wie genau - und wie „technisch" - manche der Waffen in alten Überlieferungen beschrieben werden, die Götter oder göttliche Helden mit sich führten. Man fragt sich, wieso es niemandem aufgefallen ist, dass sagenhafte Waffen wie das Schwert von König Artus oder der Hammer von Gott Thor wie Maschinenpistolen oder Panzerfäuste gebraucht werden, besondere Schutzkleidung und Bedienungsvorschriften eingeschlossen. Die Antwort dürfte wie immer lauten, dass eben nicht sein darf, was nicht sein kann.

Beginnen wir mit einer wenig bekannten Faustfeuerwaffe aus dem Indien grauer Vorzeit, mit dem pistolengroßen, Schrecken erregenden „Dorje-Stab". Mit seinen sphärischen Verdickungen an beiden Enden wirkt er in der Tat wie aus Star Wars entsprungen. Der weitgereiste Autor Andrew Tomas stieß in Indien, Sikkim, Bhutan, Tibet, Ladakh und Nepal allenthalben auf Nachbildungen der legendären „Dorje-Stäbe", die als Requisiten bei Ritualen dienen. Die Originale sollen in buddhistischen Klöstern unter Verschluss gehalten werden, beispielsweise im Galdan-Kloster in der Nähe von Lhasa in Tibet, über das zwei sowjetische Wissenschaftler in den 1960er-Jahren Erstaunliches berichteten. Ein weiterer könnte sich in den Händen des Dalai Lama befinden, der - wenig bekannt - auch den Titel „Träger des Dorje" führt. In der nepalesischen Tempelanlage Swayumbonadh auf einem Hügel über Katmandu steht die mit mehreren Metern weltgrößte Dorje-Statue, der von der Bevölkerung seit undenklichen Zeiten Opfergaben dargebracht werden. Überlieferungen erzählen, die Stäbe seien vor vielen Jahrtausenden vom Himmel zur Erde gebracht worden. Einer davon bei Darjeeling, weshalb diese Stadt noch heute als „Ort des Dorje" bezeichnet wird. Ein Foto von 1940 zeigt einen Lama-Priester mit einem Dorje, den seine Vorfahren von „göttlichen Besuchern" erhalten haben sollen.

Es mangelt auch nicht an Beschreibungen der mysteriösen Fähigkeiten der Stäbe, von denen ein „brillanter Schein" oder ein „lichterfüllter Nebel" ausgegangen sei und die „glühend" gewesen wären. Dabei sei ein „summender Ton" zu hören gewesen. Diese „Götterwaffen" sollen aus mehreren Metallen beziehungsweise Metall-Legierungen bestanden und etwa in der Hand des Sonnengottes und Herrn des Himmels, Indra, Unglaubliches bewirkt haben. Indra verwendete auch eine keulenartige Waffe namens „Wadschra" oder „Wadscha", die der alleroberste Gott für ihn „vom Glanz der Sonne geschnitzt hatte" (Zitat Rig Veda). Tomas berichtete, die Legenden würden unmissverständlich davon sprechen, der „Dorje" müsse nach einer gewissen Gebrauchszeit „wieder aufgeladen werden."

Auch König Artus' Schwert „Exkalibur", das ihm sein Förderer, der keltische Magier Merlin, besorgt hatte, und Thors Hammer „Mjölnir" weisen bei näherer Betrachtung technische Züge auf, die in den üblichen Volkssagen oder in Hollywoodfilmen nicht vorkommen. In alten Überlieferungen wird berichtet, wenn man „Exkalibur" von Zeit zu Zeit in seiner Scheide barg, erhielt die Klinge die Leuchtkraft von einhundert Fackeln - die erschöpfte Kraft würde auf der Stelle zurückkehren. Wenn man das solcherart „aufgeladene" Schwert auf den Gegner richtete, ging von ihm ein blendender, gleißender Strahl aus, der jeden Feind sofort erblinden ließ. Manche verbrannten regelrecht „mit der Kraft von hundert Fackeln". Artus schlug mit seinem Blitze schleudernden, funkensprühenden Avalon-Schwert die Sachsen in die Flucht, die Britannien bedrohten. Frappierend ist, dass er einen seltsamen Handschuh tragen musste um den Griff der Waffe halten zu können. Das erinnert an den Eisenhandschuh, den der nordische Donnergott Thor tragen musste, wenn er mit seinem Hammer „Mjölnir" Feinde zermalmte. Einmal schnitt er damit in einen Gebirgszug drei exakt dimensionierte Täler in Form eines Rechteckes. Ungewöhnlich für einen Hammer, selbst für den eines Gottes. Wenn Thor es wünschte wurde „Mjölnir" so klein, dass er ihn in seiner Handfläche unterbringen konnte. „Mjölnir" versagte nie seinen Dienst. Interessanterweise ist in den alten germanischen Aufzeichnungen die Rede davon, „Mjölnir" hätte nach längeren Einsätzen angefangen zu glühen. In der Edda wird berichtet, Thor habe seinen Hammer von dem Alben (Zwerg) Brokk und dessen Assistenten Sindri erhalten, die „Mjölnir" aus Anlass eines Konstruktions-Wettstreites entwickelten und bauten. Was vom mythologischen „Kraftgürtel" Thors mit Namen „Megingjarder" zu halten ist, der dem Donnergott doppelte Kraft verlieh, steht in wahrsten Wortsinn in den Sternen.

Abu Djafar Muhammad ibn Djarir at Tabari (838-923), einer der berühmtesten prä-islamischen Chronisten aus Südarabien, schreibt in seinem Werk „Die Bücher der Apostel und der Könige" über den legendären zwei Meter großen ersten König von Ma'in namens Al Yafa Yafis, der zwischen 350 und 400 Jahre alt geworden sein soll. Neben anderen erstaunlichen Leistungen soll er einen gläsernen Damm erbaut haben, der des Nachts heller als der Mond leuchtete. Aufmerksamkeit verdient besonders diese Passage: „Wenn er mit seinem Feldherrenstab einen Berg spaltete, so wurde der Stab zu einem leuchtenden Blitz ohne Donner, und die Teilung war vollbracht."

Wir haben also vom Einsatz von Massenvernichtungswaffen gehört, wie auch von der Anwendungs- und Wirkungsweise jener Gerätschaften, die ein heutiger Militär als „Leichtwaffen" bezeichnen würde. Alles schön und gut, aber wie sieht es mit Beweisen aus? Wo sind die Spuren von Auseinandersetzungen, die einem mittelschweren Atomkrieg ähnlich gewesen sein müssten? Ein noch so begrenzter nuklearer Schlagabtausch mit den Waffen unserer Tage würde riesige Gebiete verwüsten und teilweise für immer in glasierte Flächen verwandeln. Wieso findet man keine Anzeichen derartiger Verheerungen? Großer Irrtum! Man findet sie! Die klassische Geschichtsschreibung und Archäologie machen nur kein großes Aufhebens davon - wie stets, wenn etwas nicht ins offizielle Bild passt.

Beweise in Glas

Beginnen wir unsere Spurensuche in Indien, und zwar im oberen Gangesbereich in Nordindien, zwischen dem Ganges und den Rajamahalbergen, dort wo der im Mahabharata beschriebene Bharata-(Atom)Krieg stattgefunden haben soll. Und siehe da, es finden sich verbrannte Ruinen, die von einem außergewöhnlichen Feuer zeugen. Die Hitze der Sterne muss über sie hinweggegangen sein, denn sie sind regelrecht zusammengeschmolzen. In den dichten Wäldern des Halbinselhochlandes Dekhan gibt es riesige Felder voll solchen teilweise zu einer glasartigen Substanz gewordenen Ruinen. Im Inneren mancher Gebäude finden sich Gegenstände, die zuerst geschmolzen und dann kristallisiert sind. In derselben Region des Dekhans entdeckte der russische Forscher Alexander Gorbovsky ein menschliches Skelett mit einem Radioaktivitätspegel fünfzig mal so hoch wie normal, worüber er in seinem Buch „Riddles Of Antiquity" ausführlich berichtete. Sein Kollege Sprague de Camp bestätigte diese Entdeckung.
Wie Heinrich Schliemann Troja so fanden Forscher aufgrund der Hinweise im Mahabaratha schließlich zwischen Bombay und Karachi die Überreste der legendären Stadt Dvaraka, die eine Rolle in den Schilderungen der „Götterkriege" spielte. Wie es scheint, sind seine Folgen dort heute noch erkennbar. So stießen indische Geologen, die an den Untersuchungen der Unterwasserruinen von Dvaraka mitwirkten, auf Mauerreste, die Spuren von Gesteinsverglasungen aufwiesen.
Als Archäologen im vorigen Jahrhundert im pakistanischen Indus-Tal die Rishi-Metropolen „Mohenjodaro", „Harappa" und „Schar-e-Suchten" freilegten, waren sie erstaunt eine antike Kanalisation und ein Wasserversorgungssystem zu finden, das effektiver war als die „modernen" Systeme im heutigen Indien und Pakistan. Noch erstaunter waren sie über die radioaktiven Skelette auf den Straßen. Die Knochen strahlten stark und stärker als jene, die von den amerikanischen Atombombenabwürfen in Hiroshima und Nagasaki zurückgeblieben sind.
Ebenso wenig in das Bild einer antiken Stadt passten die schwarzen Glasklumpen, die überall herumlagen. Bei ihnen handelte es sich nämlich um ehemalige Tongefäße, die unter extremer Hitze geschmolzen und verglast waren. Berechnungen ergaben, dass sich die ungeheure

Hitze von einem kleinen Zentrum in der Stadt kugelförmig ausgebreitet haben musste.

„Schar-e-Suchten" gilt als „die verbrannte Stadt", weil die Ziegel ihrer Bauten auf eine ungeheuerliche Hitzeeinwirkung schließen lassen, begleitet von den deutlichen Zeichen einer rätselhaften Druckwelle, wie auch von einer außergewöhnlich hohen Radioaktivität bei den zahlreichen Skelettresten.

Schon im Jahre 1816 staunte das Team des Archäologen J. S. Buckingham nicht wenig, als bei der Ausgrabung der antiken Stadt Kisch 150 Kilometer nördlich von Ur zu Glas geschmolzene Straßen und Gebäude zum Vorschein kamen.

All das ist nur die Spitze eines Berges, der nicht aus Eis, sondern aus geschmolzenem Glas besteht. Solche Gesteinsverglasungen gibt es nämlich rund um die Welt. Was es nicht gibt, sind vernünftige Erklärungen dafür.

Nicht nur in Indien, sondern auch in Irland, Schottland, Frankreich, der Türkei und anderswo stößt man auf Ruinen und Überreste von Städten, die von sonnenheißen Feuerbällen berührt wurden. Die meisten davon sind uralt, beispielsweise die der bekannten „babylonischen Pyramiden" namens Zikkurat oder Ziggurat. „Zikkurat" hießen die Tempel der Sumerer im ehemaligen Zwischenstromland Mesopotamien, dem späteren Irak, von denen heute noch viele von einsamen Bewohnern sozusagen bewacht werden.

Erich von Fange meinte zu den Verwüstungen einer solchen Tempelanlage: „Der Turm scheint von einem Flammenschwert geteilt worden zu sein... Viele Gebäudeteile sind in Glas verwandelt, manche vollständig geschmolzen. Die gesamte Ruine wirkt wie ein verbrannter Berg."

In seiner Studie „Die biblischen Hügel" spricht E. Zehren von den verkohlten Überresten von Borsippa, das man häufig mit den Ruinen des Turms zu Babel identifiziert, und stellt die Frage, welche Kraft wohl imstande gewesen wäre, die Ziegel dieses Zikkurats zum Schmelzen zu bringen. Er gibt selbst die Antwort darauf: „Nichts außer einem ungeheuerlichen Blitz oder einer Atombombe."

In prähistorischen Festungen und Türmen in ganz Europa - von den britischen Inseln bis zu den norwegischen Lofoten - sind Wände und anderes durch infernalische Hitze unbekannten Ursprungs zu Glas geworden. Besonders faszinierend ist der Hügel „Tap O'Noth" im schot-

tischen Aberdeenshire, auf dessen Spitze eine Mauer aus glasartig zusammengeschmolzenen Felsen ein Areal von der Größe eines Fußballfeldes eingrenzt. Manche Granitbauten entlang der irländischen Küste und Gebäude in Schottland sind bis einen Fuß tief unter der Erdoberfläche glasiert.
Auf der geheimnisumwitterten polynesischen Osterinsel im Pazifik umgibt am Fuße des Vulkans „Rana-Kao" eine riesige scharf begrenzte Furche einen Hügel, der „Orito" genannt wird. Diese 800 Meter lange und zweihundert Meter breite Rille ist ein klar begrenztes Obsidianlager und besteht aus - man ahnte es bereits - geschmolzenem Felsen. Aus großer Höhe wirkt das Ganze wie ein scharf ziselierter Ring. Es sieht so aus, als wäre er von einem Riesenzirkel mit einer Spitze aus Laserfeuer gezogen worden.

In Brasilien stößt man südlich von Teresina zwischen Piripiri und Rio Longa auf Ruinen, die „Sete Ciddaes" genannt werden. Geschmolzene Ruinen, versteht sich. Das Besondere an ihnen ist, dass sie zusätzlich wie von einer riesigen Hand in den Boden gedrückt wurden. Erich von Däniken hat einige Verglasungsstätten oberhalb der peruanischen Stadt Cuzco besucht und dokumentiert.
1881 berichtete das „American Journal of Science" über verglaste Granitblöcke, die vereinzelt in französischen Burgen der Orte Chateau-vieux und Puy de Gaude (Nordküste) entdeckt worden waren.

Lange bevor sich die europäischen Kolonisten zum Leidwesen der Indianer in Nordamerika ausbreiteten, muss auch diese Weltgegend Schauplatz unheimlicher Energieausbrüche gewesen sein. Die heutigen US-Bundesstaaten Kalifornien, Arizona und Colorado können mit einer Vielzahl gesinterter Uraltruinen aufwarten.

1850 nahm der Abenteurer Captain Ives William Walker „besondere Plätze" im Death Valley in Augenschein. Dabei stieß er auf eine Stadt von ein-einhalb Kilometern Länge, die buchstäblich verdampft sein musste. Nur noch der „Grundriss" der Straßen und Gebäude war am Boden zu erkennen. Einzig in ihrer Mitte stand einsam und allein ein zehn Meter hoher Stein auf dessen Spitze sich eine Struktur befunden hatte. Sie war, ebenso wie der hinter dem Felsen liegende Gebäude-

überrest, geschmolzen. Captain Walker machte einen Vulkan für die Verheerungen verantwortlich. Allerdings gibt es dort keinen Vulkan - und selbst wenn, hätte seine Hitze niemals ausgereicht. Ein Mitarbeiter Walkers fasste später zusammen: „Die gesamte Region zwischen den Flüssen Gila und San Juan ist mit den Überresten von Städten mit Schmelzspuren bedeckt. Gebäude und Gegenstände müssen einer Temperatur ausgesetzt worden sein, die groß genug war um Felsen und Metall zu verflüssigen... Im Mittelpunkt dieser Stadt, eines amerikanischen Pompeji, erhebt sich ein hoher Felsen, der noch Überreste gigantischer Bauten trägt. Das südliche Ende des Bauwerks scheint aus einem Schmelzofen gekommen zu sein; der Felsen, der es trägt, weist selber Schmelzspuren auf... Man hat den Eindruck, eine riesige Feuerwalze sei über das Gebiet hinweggerollt."
Dann gibt es noch die Artefakte.
1932 fand Patrick Clayton, ein Geologe, der damals für die ägyptische Regierung tätig war, in den Dünen des „Großen Sandsees" (Saad-Plateau, nördlich des südwestlichsten Zipfels Ägyptens) rätselhafte grünlich schimmernde Sandverglasungen. Archäologen gruben 1952 in Israel eine Platte zu Glas verschmolzenen Quarzsandes mit einer Größe von über hundert Quadratmetern aus. Dieses Gebilde ist so gut wie identisch mit jenen, die nach den Atomtests in der Wüste von Nevada gefunden wurden.
Die westarabische Wüste ist mit schwarzen Steinen bedeckt, die „Harras" genannt werden. Sie müssen vor langer Zeit stärkster Strahlung ausgesetzt gewesen sein. Auf einer Fläche von über 10.000 Quadratkilometern gibt es achtundzwanzig Harras-Felder.
Brocken geschmolzenen Quarzsandes fanden sich im Irak in einer Bodenschicht unterhalb jungsteinzeitlicher(!) Formationen, sowie in der Sahara, in der Wüste Gobi, in der nordamerikanischen Mohavewüste und noch andernorts. Besonders skurril sind die vor Äonen zu Glas gewordenen Bodenpartien von Lop Nor in Sinkiang nahe dem chinesischen Atomtestgelände. Die dort vorhandenen uralten Stücke unterscheiden sich nämlich überhaupt nicht von den Quarzverschmelzungen, die sich bei den chinesischen Atomversuchen bildeten.
Im Juli 1999 berichtete das britische Wissenschaftsmagazin „New Scientist" über Sandverglasungen in der Libyschen Wüste. Vulkane, die man als Ursache anführen könnte, gibt es dort nicht. Die Beduinen

fertigen seit jeher aus diesem „Wüstenglas", von dem schon über 1000 Tonnen entdeckt wurden, Messer und Äxte.

Im selben Jahr wurde auf der Insel „Pag" in der Adria knapp unterhalb des Gipfels des Berges „Tusto celo" - einer uralten Pilgerstätte - eine geschmolzene dreieckige Fläche entdeckt. Es sieht ganz so aus, als wäre etwas extrem Heißes darüber hinweggegangen. Messungen ergaben eine erhöhte Radioaktivität.

Nun haben wir fast die ganze Welt umrundet. Auch wenn nur ein Bruchteil der Spuren von anachronistischen Vorgängen angesprochen werden konnten, so ist doch wohl klar, dass in dunkler Vorzeit kein Stein auf dem anderen geblieben und dabei auch noch geschmolzen sein dürfte. In dem Zusammenhang sei auf ein beachtetes Faktum hingewiesen, das mit großer Wahrscheinlichkeit jede Zivilisation, die es missachtet, mit einem Ablaufdatum versieht und in Feuerstürmen untergehen lässt, wie sie eben geschildert wurden: So gut wie alle Staatsutopien gehen von einer fixen Bevölkerungszahl aus, die sich niemals ändern *darf*(!). Platos ideales Stadtmodell (polis) auf Kreta wird von insgesamt 5040 Familien bewohnt, deren Zahl *niemals* steigt, wofür auch gesorgt wird. Nicht nur erträumte Idealgemeinschaften wie Campanellas „Sonnenstaat", Homeros „Scheria", das „Land der Phäaken", Owens „Meccania", Cabets „Ikaria", Bulwer-Lyttons „Land der Vrilyia" oder Bacons „Ensalem" aus seinem „Nova Atlantis", sondern auch alle Überlieferungen eines vergangenen Utopia - sei es nun Atlantis, Mu, Lemuria, Hyperborea, usw. - betonen die Wichtigkeit einer *stabilen Menschenanzahl*. Daraus können wir ableiten, wie es mit *uns* weitergehen wird, und vermuten, warum in fernster Vergangenheit Atlantis mit Feuer und Schwert untergegangen sein könnte.

Damit stellen sich zwei entscheidende Fragen: Haben Vertreter einer vorgeschichtlichen Superzivilisation überlebt und sind sie Menschen wie wir? Vieles spricht dafür, dass sie uns ähnlich sein dürften, aber nicht gleich. Eine höher entwickelte Form des Homo sapiens, die wir noch nicht erreicht haben. Zumindest nicht alle von uns. Manche vielleicht schon...

TEIL IV: Die „Anderen" unter uns

Abweichler oder Fremde?

„Es ist durchaus möglich, dass irgendwo
eine dem Menschen sehr ähnliche Art
existiert, die vollkommener ist als wir."
Gottfried Wilhelm,
Freiherr von Leibnitz (1646-1716)

Schlafende Programme

Anscheinend gibt es in Lebewesen zahlreiche „schlummernde Programme" (nennen wir es einmal so), die unter bestimmten Voraussetzungen aktiviert werden können. Welche Programme es sind und wie vielfältig ihre Auswirkungen sein mögen, steht in den Sternen. Dass es sie gibt, weiß die Biologie seit langem.
So kennt man beispielsweise ein Genprogramm, das im Molch „Axolotl" schlummert. Verabreicht man diesem Amphibium ein bestimmtes Schilddrüsenhormon, erwacht das Programm und verwandelt den Molch in ein eigentlich gar nicht existentes Landtier. Seine Beine beginnen zu wachsen, die Kiemen bilden sich zurück, die Schwanzflosse verschwindet. Und schon steht er da, der „Axolotl neu", bereit zum Leben auf dem Festland.
Daran ist nichts Geheimnisvolles. Es ist nur eines von vielen Beispielen dafür, dass die Natur im Überlebensspiel auf viele Karten setzt und noch mehr im Ärmel hat. Für jede Karte, die die Natur aufdeckt, dürfte es zahllose geben, die sie verdeckt ausspielt. Weniger blumig ausgedrückt: Wir können nicht wissen, ob Personen, die übermenschliche - oder nicht ganz menschliche - Fähigkeiten zeigen, Mutanten der Spezies Homo sapiens sind oder Angehörige einer überlegenen, vielleicht uralten Art, deren Vertreter in ihrer Mehrzahl unerkannt unter uns leben. Dazu einige wenige Beispiele:
Der Kanadier Zerah Colburn konnte - neben anderen Rechenkunststücken - augenblicklich sagen, ob eine zehn- und mehrstellige Zahl eine Primzahl war oder nicht. Der Psychiater Oliver Sacks berichtet von New Yorker Zwillingen, die sich in einem Krankenhaus die Zeit dadurch vertrieben, dass sie fünfundzwanzigstellige(!) Primzahlen herunterratterten. Eine noch größere Unmöglichkeit, wenn dieser Begriff zu steigern wäre.
Bei einem Einkaufsbummel entdeckte die Russin Yuliya Vorobyeva in den 1970er Jahren, dass sie durch Menschen hindurchsehen konnte wie ein Röntgenapparat. Sie demonstrierte diese Fähigkeit dem ungläubigen Reporter der Izvestia, indem sie ihm nach einem Blick auf seinen Magen korrekt sagte, was er zu Mittag gegessen hatte. Wer ihr gegenübertrat, erfuhr in Sekundenschnelle, welche - oft ihm selbst un-

bekannten - Krankheiten in ihm waren. Laut Izvestia durchdrang ihr Blick solide Materie, so dass sie sogar in der Lage war, die Bodenstruktur unterhalb einer Asphaltschicht präzise zu beschreiben. Darüber hinaus konnte sie ultraviolettes Licht und X-Strahlen wahrnehmen. Der 1963 entdeckte, damals zwölfjährige Südafrikaner Pieter von Jaarsveld konnte unterirdische Wasseradern, Grundwasser, Wasserreservoirs etc. so deutlich sehen, als wäre die umgebende Materie durchsichtig.
Anlässlich ihres Krankenhausaufenthaltes im Jahr 1964 bemerkten die Ärzte, dass ihre Patientin Nina Kulagina ohne hinzusehen genau das Nähgarn in der jeweils benötigten Farbe aus ihrem Arbeitskorb herausholte. Sie erkannte Farben durch Berührung und Krankheiten durch bloßes Betrachten des Betreffenden. Wunden schlossen sich, wenn sie nur darüber strich. Ein junger Mann mit teilweise gelähmten Beinen konnte danach wieder gehen.
Filmberichte zeigen, wie sie Gegenstände aus der Ferne bewegt oder Eiweiß vom Eigelb trennt und ähnliches mehr. Sie konnte Brandwunden bei anderen hervorrufen und weiße Mäuse in eine Art von Scheintod zu versetzen, indem sie mit der Hand über die kleinen Nager strich. Durch jede Abschirmung hindurch vermochte sie unbelichtete Filme mental so zu beeinflussen, dass sie nach dem Entwickeln zeigten, woran sie gedacht hatte. Ein Froschherz, das durch Elektrostimulation schlug, zerfetzte sie regelrecht durch ihre Gedankenkraft. Es konnte nicht wieder aktiviert werden, was normalerweise möglich ist.
Ninas elektrisches Potential am hinteren Teil ihrer visuellen Gehirnära war fünfzigmal größer als im vorderen Bereich. Bei „Normalmenschen" beträgt die Differenz nur das drei- oder vierfache.
Nicht weniger verblüffend waren die Fähigkeiten, die eine der mysteriösesten Figuren der Geschichte an den Tag legte.

Kaspar Hauser - der Junge aus dem Irgendwo

Bedauerlicherweise für die Wissenschaft rankten sich mehr Legenden um die mögliche hohe Geburt von Kaspar Hauser als um seine übermenschlichen oder nicht-menschlichen Talente. Bekanntlich tauchte dieser rätselhafte junge Mann zu Pfingsten 1828 mit blutenden Füßen in Nürnberg buchstäblich aus dem Nichts auf. Er konnte keine Aussage über seine Herkunft machen. Bis heute ist nur sicher, dass er viele Jahre lang, wahrscheinlich von seiner Geburt an, in einem finsteren Raum gefangen gehalten worden war.

Als Folge dieser untypischen Umgebung verfügte er über die Fähigkeit im Dunkeln sehen zu können. Das Erkennen von - für unsereinen dunklen - warmen Objekten wie beispielsweise einem Ofen, hat nichts Rätselhaftes an sich. Das menschliche Auge nimmt nur eine Oktave von 64 des elektromagnetischen Spektrums wahr. Dieser Bereich, genannt das optische Fenster, entspricht dem Hauptanteil des Sonnenlichtes, das durch die Atmosphäre, die Ozonschicht (so lange wir sie noch haben), die Magnetosphären etc. dringt.

Es ist evolutionistisch nur zweckmäßig, eine Spezies mit einer Empfänglichkeit für jene Lichtwellen auszustatten, die ihre Umgebung erhellen. Das bedeutet jedoch nicht, dass ein Umschalten auf andere Wellenlängen unmöglich ist, wenn ein Exemplar der Gattung in ein anderes Umfeld hineingeboren wird und hineinwächst. So erklärt sich Kaspar Hausers Infrarotsicht. Nicht aber die Tatsache, dass er in völliger Finsternis Bücher zu lesen vermochte, aus über 100 Metern Entfernung bemerkte, wenn jemand hinter ihm stand, mit verbundenen Augen Metalle durch Berührung identifizieren konnte, über telepathische Fähigkeiten verfügte und auf Tiere, selbst auf wilde, eine beruhigende Wirkung ausübte. Für dieses im wahrsten Sinne Übermenschliche an Kaspar Hauser gibt es ebenso wenig eine stammesgeschichtliche Deutung wie für die Kunststücke von Yuliya Vorobyeva, Nina Kulagina oder der Primzahlen-Zwillinge. Auch keine naturwissenschaftliche Erklärung. Damals nicht und heute nicht.

Dr. Rudolf Steiner, der Begründer der Anthroposophie, bezeichnete Hauser als „versprengten Atlantier". Andere sahen ihn als Nachkommen des Hauses Zähringen, dem die badischen Großherzöge entstammten und das bis auf die sagenhaften Merowinger zurückgeht. Angehörige dieser lange Zeit führenden Macht Mitteleuropas, deren Aufstieg und Wirken in die Epoche des legendären König Artus fiel, galten als Träger geheimen esoterischen Wissens. Sie sollen telepathisch begabt gewesen sein und mit den Tieren kommuniziert haben.

Trotz all dem beschränkt sich das Rätsel von Kaspar Hauser für die Mehrheit der Forscher primär auf seine mögliche adelige Abstammung. Wenn man offiziellen Veröffentlichungen glauben will, soll der These, er sei das uneheliche Kind der Großherzogin von Baden und Adoptivtochter Napoleons, Stephanie de Beauharnais, Ende der neunziger Jahre des zwanzigsten Jahrhunderts durch mittlerweile recht umstrittene DNS-Analysen das Fundament entzogen worden sein. Wie auch immer.

Das umfangreiche Memorandum, das der Kriminologe und Rechtskundige, Präsident des Ansbacher Appellationsgerichtes, Paul Johann Anselm Ritter von Feuerbach, als Bericht für Königin Karoline von Bayern ausarbeitete, strotzt von möglichen Verwandtschaftsbeziehungen, morganatischen Ehen, vertuschten Fehltritten, geöffneten Vermächtnissen und geschlossenen Luftröhren unliebsamer Mitwisser. Auf ähnlichen Schienen läuft die gesamte lawinenartige Kaspar-Hauser-Literatur bis heute.

Der eigentlich verblüffende Aspekt des Falles Kaspar Hauser, seine unerklärlichen Para-Fähigkeiten, werden bestenfalls als bizarrer Nebeneffekt erwähnt. Wenn überhaupt von etwas anderem als von hochadeligen Verschwörungen die Rede ist, dann davon, dass Kaspar Hauser nicht über eine normale menschliche Perspektive verfügte, sondern alles zweidimensional, nebeneinander, wahrnahm. Eine verständliche Auswirkung seines Höhlendaseins. Mit seinen weniger verständlichen Talenten schlug man sich lieber nicht herum, ebenso wenig wie mit dem mysteriösen Gifttod von Hausers Freund und Mentor Feuerbach im Jahr der Ermordung Hausers 1833.

Das wollen wir ebenfalls nicht länger tun, denn die folgenden Aussagen dürften auch so hinlänglich untermauert sein: Das in uns schlummernde Potential ist ungeheuerlich und vielfältig. Es transzendiert die Evolution und kann auf die unterschiedlichsten Arten geweckt werden, beziehungsweise als „Superfähigkeit" zu Tage treten.

Wunderkinder und darüber hinaus...

Der Mensch tendiert dazu, auf Leistungen stolz zu sein, die er nicht selbst erbracht hat. Man denke nur an die Millionen völlig unsportlicher Zeitgenossen, die sich mit den Triumphen „ihrer" Mannschaften brüsten, als hätten sie persönlich das Siegestor geschossen oder den Skiflugrekord gebrochen. Mit derselben Selbstverständlichkeit vereinnahmen wir die Großtaten von Genies, deren Gedankengänge den meisten von uns in Wirklichkeit so unbegreiflich sind wie die Quantenphysik oder die Steuergesetzgebung.

Ein kurzer Streifzug zeigt, zu welchen unglaublichen Höhenflügen immer wieder einige wenige Vertreter unserer Spezies fähig zu sein scheinen - sofern sie unserer Spezies wirklich angehören...

Auf dem Gebiet der Musik dürfte niemand einem Mann den Platz an der Spitze streitig machen: Wolfgang Amadeus Mozart. Lange bevor er ein Mann war, hatte er bereits zahlreiche unsterbliche Musikstücke geschaffen, genauer gesagt: schon bevor er lesen konnte. Auch andere konnten Vergleichbares: Händel schuf Großes bereits mit elf Jahren, Haydn mit sechs. Beethoven und Chopin traten mit acht Jahren öffentlich auf und Bach studierte als Kind Partituren. Mendelssohn und Liszt gaben ihre Konzerte im Alter von neun Jahren und der „Spätentwickler" Schubert stand „erst" mit zwölf Jahren - in kurzen Hosen - auf dem Konzertpodium.

Auch in der Literatur tat sich diesbezüglich so manches. In den 1950er-Jahren sorgte ein Gedichtband aus einem Pariser Verlag für eine Sensation. Die Kritiker überschlugen sich vor Begeisterung. Hymnisch schwärmten sie vom überströmenden Reichtum der Sprache, von der tief musikalischen Poesie und von der plastischen Treffsicherheit des Ausdrucks. Zur literarischen Sensation gesellte sich eine weitere: Minou Drouet, die Autorin, war ganze sieben Jahre alt. Der italienische Dichter Torquato Tasso lernte als Dreijähriger Latein und dichtete formvollendete Verse mit Zehn. Dante verfasste mit neun Jahren sein berühmtes Sonett für Beatrice und Victor Hugo eine Tragödie als Dreizehnjähriger. Ebenso alt war Puschkin als er seine ersten Verse schrieb. Der berühmte Symbolist Arthur Rimbaud hatte mit neunzehn die Blüte seines Schaffens hinter sich.

Der Mensch braucht schöne Künste ebenso wie logisches Denken. Dementsprechend gibt es auch auf diesem Gebiet die unglaublichsten Geistesheroen. Der berühmte deutsche Mathematiker Gauß und der französische Physiker Ampere konnten mit drei Jahren komplizierteste Rechnungen ausführen ohne die Ziffern oder gar das Einmaleins gelernt zu haben. Der französische Mathematiker und Philosoph Blaise Pascal legte mit zwölf Jahren verblüffende mathematische Arbeiten vor, mit sechzehn einen revolutionierenden mathematischen Essay und erfand mit achtzehn eine Rechenmaschine. Norbert Wiener beherrschte mit drei Jahren drei Sprachen perfekt, machte das Abitur mit zwölf, wurde Doktor mit sechzehn und Dozent an der Harvard-Universität vor seinem zwanzigsten Geburtstag.

Einstein (er musste ja kommen) und Robert Oppenheimer waren bereits im zarten Alter von elf Jahren Mathematiker und Physiker von Rang. Der englische Naturforscher Francis Galton - ein Neffe von Darwin - schrieb mit vier Jahren an seine Schwester Adele: „Ich kann Bücher lesen. Ich kann alle lateinischen Adjektive, Substantive und aktiven Verben aufzählen, und ich weiß 52 lateinische Verse auswendig. Ich kann ein wenig Französisch lesen, und ich kenne die Uhr..."

Noch beeindruckender ist die umfangreiche Weltgeschichte, die der britische Historiker Thomas Barington Macaulay bereits mit sieben verfasst hatte und die auch heute noch hoch geschätzt wird.

Nicht immer werden aus „Wunderkindern" geniale oder gar übermenschliche Erwachsene. So hat man niemals von späteren geistigen Superleistungen des fünfjährigen Benjamin Blyth gehört, der - einem Bericht zufolge - seinen Vater nach der Uhrzeit gefragt und wenige Minuten nach der Antwort gesagt haben soll: „Dann bin ich schon 158 Millionen Sekunden auf der Welt." Seinem Vater ließ dieses „Kindergeschwätz" keine Ruhe und er nahm Bleistift und Papier zur Hand. Nach längerem Rechnen korrigierte er seinen Sohn mit den Worten: „Du hast dich um 127.000 Sekunden geirrt." „Nein, habe ich nicht", erwiderte das Kind, „du hast die beiden Schaltjahre vergessen." Das hatte der Vater in der Tat.

Es kann natürlich auch sein, dass Klein-Benjamin seine überlegenen Fähigkeiten in den darauf folgenden Jahren schlicht und einfach verbarg. Ein Intelligenter kann sich leicht dumm stellen, ein Schwachkopf aber nicht intelligent. Darum fragen sich manche, ob überlegene

Intelligenzen die Erde mit uns teilen. Eines ist jedenfalls sicher: Wir könnten sie niemals erkennen - es sei denn, sie ließen es zu. Die etwas heikle und darum mit größter Behutsamkeit zu handhabende Thematik mit dem Stichwort „Neuer Mensch" stelle ich in meinem Buch „Zukunftsfalle - Zukunftschance" (siehe meine Homepage www.farkas.at) eingehend zur Diskussion.

Auch wenn die Evolution keine Anstalten zu machen scheint, den Homo sapiens in seiner großen Zahl an die von ihm selbst rasend veränderten Umweltbedingungen anzupassen, so steht nirgendwo geschrieben, dass solches nicht schon vor Hunderttausenden von Jahren geschehen ist. Vielleicht wandeln uralte überlegene Vettern des Homo sapiens unter uns, die vor Jahrtausenden jene Desaster durchlebt haben, die zu produzieren wir gerade im Begriff sind. Nennen wir sie doch beim Namen: Nachkommen der Atlanter - bereit, die Zügel in die Hand zu nehmen, wenn es fünf vor Zwölf ist.

Keine vereinzelten „Supertypen", sondern eine verborgene, organisierte und konkrete Macht mit einer komplexen Kommunikationsstruktur und was sonst noch dazu gehört. Eine Macht, deren Vertreter sich möglicherweise hin und wieder zu erkennen geben. Warum sie das tun, ist uns verborgen geblieben, nicht aber das Außergewöhnliche ihres Wesens...

Das Netzwerk der „Anderen"

Den Maler, Bildhauer, Architekten, Ingenieur, Festungsbauer, Musiker und Schriftsteller Leonardo da Vinci an vorderster Stelle einzureihen wäre verführerisch. Nicht zuletzt wegen des kryptischen Ausspruchs dieses Universalgenies der Renaissance im „Codex Madrid: „Lies mich, Freund, denn nur sehr selten kehre ich zu dieser Welt zurück." Trotzdem: Noch anachronistischer als da Vinci sind zwei Persönlichkeiten: der viel zitierte Graf von Saint-Germain und der fast gänzlich vergessene Rudjer Boskovich.

Nehmen wir letzteren an Hand eines Briefwechsels, der so oder so ähnlich stattgefunden haben dürfte, aus dem Blickwinkel des einundzwanzigsten Jahrhunderts unter die Lupe. Und lernen wir Persönlichkeiten kennen, die eindeutig nicht in ihre Zeit gehörten.

Ein alter Mann in einem großen Arbeitszimmer liest einen durch Boten überbrachten Brief mit mehreren Seiten. Obwohl seine Sehkraft in der letzten Zeit abnimmt, kann er die Schrift und die zahlreichen präzisen Gleichungen gerade noch entziffern. Wieder einmal stellt der Absender seiner Freundesrunde Faszinierendes zur Diskussion. Diesmal geht es um die energetischen Vorgänge im menschlichen Gehirn. Mit geschlossenen Augen lässt der alte Mann die Kolonnen der gelesenen Gleichungen, Axiome und der anderen mathematischen Beweise vor seinem geistigen Auge aufmarschieren. Während ein Teil seines Verstandes präziser als jeder Computer mit der komplexen Mathematik jongliert, fragt er sich leicht amüsiert, was wohl seine gelehrten Zeitgenossen mit den Ausführungen über wechselnde Energiepotentiale in der menschlichen Psyche anfangen würden.

Die Antwort lautet: nichts! Diese Korrespondenz fand nämlich im achtzehnten Jahrhundert statt. Der Empfänger des Briefes war der berühmte Mathematiker Leonard Euler (1707-1783) und sein Verfasser der vielleicht noch erstaunlichere, heute aber kaum bekannte Rudjer Boscovich (1711-1787). Gehören er und sein „Freundeskreis" zu den „Anderen" unter uns? Nimmt man Euler und Boscovich unter die Lupe, so stellt man schnell fest, dass man es hier nicht mit „gewöhnlichen Genies" zu tun hat, sondern mit Superhirnen reinsten Wassers. Leonard Euler war bekannt dafür, dass er die kompliziertesten wissen-

schaftlichen Arbeiten in Minutenschnelle verarbeiten konnte, auch nachdem er 1766 seine Sehkraft eingebüßt hatte. Schüler Eulers berichteten, dass er bei einer Kontroverse über eine mathematische Operation, an der Zahlen mit siebzehn Dezimalstellen beteiligt waren, den gesamten Rechenvorgang im Kopf bewältigte und die Lösung im Bruchteil einer Sekunde nannte. Computerschnell sozusagen. Neben seinem mathematischen Genius verfügte Euler über ein komplettes Wissen über Physik, Chemie, Zoologie, Botanik, Geologie, Medizin, Geschichte sowie in griechischer und lateinischer Literatur, wie es keiner seiner Wissenschaftskollegen auch nur in einem einzigen dieser Gebiete vorweisen konnte. Euler konnte aus jedem Buch zitieren, das er jemals gelesen hatte. Er präsentierte Erkenntnisse und Zusammenhänge, die allen Philosophen und Wissenschaftlern seit der Antike entgangen waren, beispielsweise den mathematischen Charakter der Verse von Vergil. Fast noch übermenschlicher erscheint Eulers Briefpartner Rudjer Boscovich. Unerklärlicherweise befähigte ihn eine Ausbildung, die ihm maximal das Wissen des frühen 18. Jahrhunderts vermitteln konnte, zu erkenntnistheoretischen Aussagen, die heute noch von Physikern und Mathematikern nach wie vor als zukunftsweisend angesehen werden. Sie sind nahe an den Grenzen unseres gegenwärtigen Wissensstandes angesiedelt, vielleicht sogar darüber hinaus.
Im „New Scientist" vom 6. März 1958 kam der Wissenschaftsjournalist Allan Lindsay Mackay aus dem Staunen über eine Arbeit nicht heraus, die Boscovich 1758(!) in Wien veröffentlicht hatte. Mackay und führende Wissenschaftler vertraten die Überzeugung, Boscovich sei seiner Zeit um mindestens 200 Jahre voraus gewesen. Immerhin vertrat der Geheimnisvolle die Ansicht, es müsse eine einheitliche Theorie des Universums geben; eine umfassende Gleichung, die Mathematik, Physik, Chemie, Biologie und sogar die Psychologie einschließt. Boscovich definierte nicht nur die Erscheinungen Licht, Magnetismus und Elektrizität - welche zu seiner Zeit nur schemenhaft erkennbar waren -, sondern beschrieb Quantenphänomene, Wellenmechanik und ein durchaus modernes Atommodell aus Nukleonen. Seine Ansicht, Materie, Raum und Zeit bestünden aus winzigen Körnchen, entspricht den modernsten Erkenntnissen der theoretischen Physik über die Quantelung von Materie und Energie.

Der Wissenschaftshistoriker L. L. White ist überzeugt, dass selbst unsere computergestützte Wissenschaft die Gedankengänge von Boscovich nicht vollständig erfassen kann, weil wir die zu ihrem Verständnis unerlässliche Grundlage bis heute nicht schaffen konnten: die Verbindung zwischen Relativitätstheorie und Quantenphysik, an der sich Größen wie Einstein oder Niels Bohr die Zähne ausgebissen haben. Ähnliche Schwierigkeiten haben wir bei der von Boscovich geforderten Einheitlichen Feldtheorie der vier Grundkräfte. Boscovich sprach von ihr wie von etwas Altvertrautem.

Kann man das Auftreten eines Mannes, der zwei Jahrhunderte „zu früh" die Plancksche Konstante einführte oder eine statistische Theorie der damals völlig unbekannten Radioaktivität ausarbeitete, hinlänglich mit dem Begriff Genialität erklären? Haben wir es hier mit einer normal-menschlichen Lebensgeschichte zu tun oder mit etwas Fremdartigem?

Je nach ihren unbekannten Absichten geben solche rätselhaften Persönlichkeiten möglicherweise zarte Hinweise auf ihr Anderssein oder wirken in totaler Anonymität. Manchmal mögen besondere Umstände sie zu Aktionen nötigen. So vielleicht im Jahr 1937, als ein Unbekannter im Pariser Gasforschungslabor auftauchte und den Wissenschaftler und Autor Jacques Bergier bat, den Physiker Andre Helbronner, dessen Assistent Bergier damals war, vor den Gefahren zu warnen, die von dem „Element 94" ausgehen. Besagtes Element konnte erst vier Jahre später von dem Physiker Glenn T. Seaborg am Berkeley-Institut in Kalifornien isoliert werden. Weitere vier Jahre später sollte es zu einem Machtfaktor von globaler Bedeutung werden. 1937 hätte kein Fachmann den unheilvollen Siegeszug voraussagen können, den Plutonium - das Transuran mit der Ordnungszahl 94 - antreten sollte. Jacques Bergier, der für sein fotografisches Gedächtnis bekannt war, vertrat bis zu seinem Tod im Jahr 1979 die feste Überzeugung, ein Unsterblicher hätte 1937 besagte Warnung ausgesprochen. Der amerikanische Geheimdienst OSS (Office of Strategie Services, die Vorläuferorganisation der CIA) nahm diese Ansicht Bergiers nicht auf die leichte Schulter und machte tatsächlich Jagd auf den Unbekannten. Wenn auch ohne Erfolg.

Leben Unsterbliche unter uns?

Man schreibt das Jahr 1972. Millionen Zuschauer sitzen wie gebannt vor den Fernsehbildschirmen, auf denen ein skurriles Experiment ablaufen soll. Ein junger Pariser namens Richard Chanfray will mit Hilfe eines simplem Camping-Gasofens Blei in Gold verwandeln. Die mit viel Brimborium durchgeführte Transmutation wird als gelungen bezeichnet. Einer wissenschaftlichen Prüfung wird sie aber nicht unterzogen. Die tatsächliche „Sensation" sollte jedoch weniger in dem spektakulären Auftritt, sondern in der Person des jungen Mannes bestehen. Chanfray, der damals wie Ende zwanzig, Anfang dreißig wirkte, hatte sein Alter etwas höher angegeben. Genau gesagt: Er behauptete, mehr als 3000 Jahre auf dem Buckel zu haben und kein Geringerer als der legendäre Graf von Saint Germain zu sein.

Na gut, behaupten kann man viel, eines aber ist unbestreitbar: Der Graf von Saint Germain ist ein echtes Rätsel. Erste Aufzeichnungen über den Geheimnisvollen, der von sich selbst sagte, er habe von König Cyrus von Babylon den magischen Stab des Moses erhalten und sei dadurch einer der unsterblichen Illuminaten geworden, finden sich etwa ab dem Jahr 1740.

Ein junger Adeliger, der statt Geld stets eine Handvoll Diamanten bei sich trug, exzentrisch, aber erlesen gekleidet war und eine Aura des Mysteriums um sich verbreitete, sorgte in den blasierten Adelskreisen am Wiener Hof für Gesprächsstoff. Desgleichen wenig später in Paris. Dort nahm die Saint-Germain-Legende (wenn sie eine solche ist) ihren Anfang.

Bei einer Soiree der betagten Gräfin von Gregory kam es zu einem Gespräch zwischen ihr und dem Grafen von Saint Germain, der in mittleren Jahren zu sein schien. „Graf", fragte die Gastgeberin, „habe ich Sie nicht schon in Venedig gesehen, als mein verstorbener Mann dort Botschafter war? Oder war das Ihr Herr Vater?" „Nein", erwiderte der Graf, „ich selbst hatte das Vergnügen Ihnen zu begegnen. Ihre Schönheit ist mir bis heute unvergesslich geblieben." Das verwirrte seine Gesprächspartnerin. Damals war sie ein junges Mädchen gewesen, der Graf aber hatte sich seither kein Jota verändert. „Wie ist das möglich?" fragte sie. „Madame", lautete die ausweichende Antwort,

„ich bin kein ganz junger Mann mehr." Genau genommen hätte er ein Greis sein müssen, denn die angesprochene Begegnung lag siebzig Jahre zurück. Solche Berichte sind Legion.

Natürlich kann man leicht behaupten, mit Pontius Pilatus und den zwölf Aposteln bekannt gewesen zu sein, oder persönliche Erlebnisse aus den Kreuzzügen zum Besten geben, aber eine Reihe von Faktoren unterscheiden den Geheimnisvollen von einem herkömmlichen Scharlatan.

Der Graf von Saint Germain beherrschte erwiesenermaßen perfekt mindestens Französisch, Englisch, Deutsch, Italienisch, Spanisch, Russisch, Portugiesisch, Arabisch, Türkisch, Persisch, Chinesisch, Indisch und eine große Zahl antiker Sprachen, die nur Experten geläufig waren. Sein medizinisches Wissen, das er oft praktisch unter Beweis stellte, könnte sich auch im 21. Jahrhundert sehen lassen.

Er war in buchstäblich allen Wissenschaften nicht nur bewandert, sondern seinen Zeitgenossen weit voraus, spielte viele Musikinstrumente virtuos, war ein brillanter Juwelier und Goldschmied mit anachronistischen Kenntnissen in Metallurgie (die keiner seiner Zeitgenossen verstehen konnte), betrieb Textilherstellung und Porzellanmanufaktur. Sogar als Maler hätte er ein gutes Auskommen gehabt.

Eine so ungeheure Bandbreite an Kenntnissen und Fertigkeiten ist in einer normalen Lebensspanne kaum zu erlangen, schon gar nicht, wenn der Betreffende in die Artigkeiten höfischen Lebens eingespannt ist, permanent in höchsten Kreisen agiert und immer wieder diplomatisch-politische Missionen erfüllt. Die zusätzliche Ausarbeitung des vom Grafen verfassten umfangreichen okkulten Werkes „Die heilige Trinosophie", das als eine der bedeutendsten Wissensquellen gilt, übersteigt endgültig die Möglichkeiten jedes Normalsterblichen. Der (unsterbliche?) Graf weist noch andere mysteriöse Züge auf. Er aß in Gesellschaft niemals auch nur das Geringste (in dem Zusammenhang meinte er zu Giacomo Casanova: „Meine Nahrung ist nicht für Menschen geeignet") und er legte hellsichtige Fähigkeiten an den Tag. So sagte er die Französische Revolution voraus, machte den Schwedenkönig Gustav III. auf kommende Gefahren aufmerksam und prophezeite der Chronistin Mademoiselle d'Adhemar, dass er ihr noch weitere fünf Male gegenübertreten würde, was auch geschah. Die letzte Begegnung fand 1820 statt. Saint Germain wirkte auch damals wie ein

Mann um die vierzig. Die französische Sängerin Emma Calve ist überzeugt, dass tatsächlich er es war, der sie 1897 um ein Autogramm bat. Der Graf, den Madame Blavatsky wiederholt als einen der verborgenen unsterblichen Meister der Welt bezeichnete, hinterließ eine unleugbare Spur durch die Zeit. Er könnte sogar „Karl Mays ungeliebtes Vorbild" gewesen sein, wie der österreichische Erfolgsautor Peter Krassa in einem gleichnamigen Artikel durchaus plausibel argumentiert. Seiner Meinung nach ist es nicht auszuschließen, dass Karl May schon in frühen Jahren das dreiteilige Bändchen von Franz Gräffer „Die Kleinen Wiener Memoiren" untergekommen ist, in denen sich das Kapitel „Saint Germain, der Unbegreifliche bey den Wiener Adepten" findet. Als Indiz für ein daraus möglicherweise resultierendes Interesse Karl Mays am geheimnisvollen Grafen erscheint Krassa das von May gewählte Pseudonym Ernst von Linden. Immerhin findet sich in den „Wiener Memoiren" ein Baron von Linden, der die Bekanntschaft Saint Germains macht. Peter Krassa schlussfolgert recht überzeugend, Karl May könnte das Pseudonym bewusst gewählt haben, um bei etwaigen Kennern der Gräffer-Bändchen unterschwellig den Eindruck zu erwecken, besagter Baron Linden käme persönlich zu Worte. Auch in Karl Mays Manie, sich während seiner kriminellen Phase mit zahlreichen Phantasienamen und Pseudotiteln auszustatten, vermutet Krassa eine Parallele zum Leben des Grafen, der mit rund 80 verschiedenen Namen und vielen weltlichen, geistlichen und Adelstiteln in Erscheinung trat.

Mays ursprüngliche Faszination für den Grafen schlug später anscheinend in Antipathie um, die in Mays später umgearbeiteter Saint-Germain-Novelle „Fürst des Schwindels" ihren Ausdruck finden sollte. Vielleicht weil Mays jugendliche Illusionen hinter den Gefängnismauern der unbarmherzigen Wirklichkeit Platz machen mussten, zumindest für den Autor aus Sachsen. Für den geheimnisvollen Grafen scheinen „menschliche" Gesetze und Spielregeln hingegen ebenso bedeutungslos wie alle Versuche seiner habhaft zu werden.

Niemand weiß, wann dieser Grenzgänger zwischen den Zeiten geboren wurde und ob er tatsächlich gestorben ist. Es gibt mehrere angebliche Todesdaten (von 1780 bis 1874), doch keines ist belegt. Im Laufe der Jahrhunderte wurden immer wieder Anstrengungen unternommen ihn zu fassen. Eine im 19. Jahrhundert von Kaiser Napoleon III. eingesetzte Kommission scheiterte ebenso wie frühere und spätere Versuche. Auch hinter anderen „Unsterblichen" war man ebenso intensiv wie vergeblich her.

Im Jahr 1926 erschien das Buch „Le Mystere des Cathedrales" (Das Geheimnis der Kathedralen). Es gilt bis heute als rares Standardwerk über die unleugbaren Rätsel der großen Kathedralen, deren Baumeister die Weltbühne scheinbar aus dem Nichts betreten hatten. Das Vorwort zu diesem Buch stammte vom damals sehr bekannten Esoteriker Eugene Canseliet. Der Autor war der Alchimist und esoterische Schriftsteller Fulcanelli (Jean-Julien Champagne?).

Weit unbekannter als Saint Germain, erweist sich Fulcanelli bei näherer Betrachtung nicht weniger mysteriös als der Graf. Obwohl Fulcanelli nach amtlicher Lesart von 1877 bis 1932 gelebt haben soll und sein „offizielles Grab" auf dem Pariser Friedhof Arnomeille les Gonesse zu finden ist, wird immer wieder behauptet, er läge weder dort noch sonst irgendwo unter der Erde, da er nämlich unsterblich wäre. Canseliet war nicht davon abzubringen, Fulcanelli 1954 zum letzten Mal gesehen zu haben, der trotz seiner beinahe 80 Jahre wie ein junger Mann wirkte. Ähnliche Begegnungen sind aktenkundig. Mehr als eine Person will ihm selbst in unseren Tagen begegnet sein.

Autoren wie Louis Pauwels und Jacques Bergier vertraten die Ansicht, dass seine Identität immer ein Rätsel bleiben wird. Darüber hinaus war Bergier bis zu seinem Tod eisern davon überzeugt, der geheimnisvolle Warner von 1937 wäre niemand anderer als Fulcanelli gewesen.

Mit diesen anachronistisch-zeitlosen Betrachtungen könnte sich der Kreis schließen. Kehren wir wieder zur verschütteten tumultösen fernen Vergangenheit zurück, deren Überlebende möglicherweise unter uns sind. Bereit einzugreifen, wenn wir genau jene Narreteien vollführen wollen, die ihre eigene Welt im wahrsten Sinne des Wortes versinken hat lassen...

Atlantis lebt

Die Zeit hat viele Seiten aus dem Buch der Menschheitsgeschichte herausgerissen, dennoch berichten sämtliche Überlieferungen von einer ungeheuerlichen Weltkatastrophe. Auf Grund der alten Texte und Sagen zahlreicher Völker scheint es nicht unmöglich, sich ein Bild von den Ereignissen zu machen: Als eine Gruppe von Denkern und Wissenschaftlern zur Einsicht kam, dass ihre Zivilisation zum Untergang verdammt war, beschlossen sie sich in die unzugänglichsten Gebiete der Erde zurückzuziehen. In den Bergen wurden geheime Schlupfwinkel geschaffen. Die wenigen Auserwählten begaben sich in die verborgenen Täler des Himalaja, um von dort aus zum Wohle künftiger Generationen die Flamme ihrer Weisheit am Leben zu erhalten.
Nachdem der Ozean Atlantis verschlungen hatte, gingen die Überlebenden im Schutz ihrer Abgeschlossenheit in aller Muße - ohne die Irrtümer des untergegangenen Reiches zu wiederholen - daran, eine Utopie zu verwirklichen. So konnten sie den in Atlantis erreichten Kenntnisstand sogar überflügeln und kleine Wissenshäppchen an die in Barbarei lebende Weltbevölkerung weitergeben.
Diejenigen, die von den sogenannten „Götterboten", „Sonnensöhnen" oder ähnlichen Trägern verlorenen Wissens in manchen Künsten unterwiesen wurden, erhoben sich in der Folge aus ihrem primitiven Zustand. Sie wurden zu den Begründern der Völker des Altertums, von denen wiederum wir abstammen.
Ihre Lehrer hielten sich seit damals im wahrsten Wortsinn verborgen. Der hohe Stand ihrer Wissenschaft dürfte es ihnen ermöglicht haben, ein umfassendes Netz von unterirdischen Verbindungswegen rund um den Globus anzulegen. Abschottung gegen die Welt war ihr bester Schutz, Isolierung ihr unwandelbares Gesetz.
Der deutsche Schriftsteller Kurt K. Doberer vertritt in seinem Buch „Die Goldmacher" folgenden Gedankengang: „Die Weisen von Atlantis erkannten die Möglichkeit dem Untergang zu entfliehen, indem sie das Mittelmeer in östlicher Richtung durchquerten, um in die grenzenlosen asiatischen Weiten auszuwandern und - in Tibet beginnend - Kolonien zu gründen. So konnten sie als Netzwerk verborgener, großteils unterirdischer Gemeinschaften ihre Wissenschaft weiterentwickeln und auf

eine Höhe bringen, von der unsere Universitäten und Denkfabriken nur träumen können."
Ist das pure Phantasie? Nur dann, wenn man dem beliebten Dogma verfallen ist, dass nicht sein kann, was nicht sein darf (wir kennen das ja). De facto dürfte die tatsächliche Existenz solcher Kolonien durch greifbare Hinweise aus so weit voneinander entfernten Ländern wie Indien, Amerika, Tibet, Russland, Mongolei und vielen anderen Weltgegenden erwiesen sein. Nicht zu vergessen, dass über fünf Jahrtausende hindurch immer wieder Berichte über unterirdische Reiche, bevölkert von ehemaligen Oberflächenbewohnern, laut wurden.
Mittlerweile gibt es nicht wenige ernst zu nehmende Zeitgenossen, die davon überzeugt sind, dass unsere „Eliten" genau dasselbe im Sinn haben: Überleben unter der Erde. Eine beträchtliche Anzahl der heutigen Wissenschaftler empfiehlt in Erwartung einer atomaren Weltkatastrophe - die durchaus der Dritte Weltkrieg sein kann - schon jetzt unterirdische Schutzräume, wenn nicht gar ganze Städte anzulegen. (Stichwort Untergrundstädte oder „Alternative 3", mit welchen Themen ich mich in meinem Buch „VERTUSCHT. Wer die Welt beherrscht" eingehend auseinandersetze. Mehr darüber auf meiner Homepage www.farkas.at). Eine kleine Andeutung soll dennoch nicht unterbleiben.

Überleben im Bauch der Erde

Tatsächlich wird eifrig in den Eingeweiden der alten Erde gewühlt. Wie man unterschiedlichen Veröffentlichungen entnehmen kann, soll es allein in den Vereinigten Staaten von Amerika Hunderte unterirdische Installationen geben, die die Bezeichnung unterirdische Städte verdienen würden, finanziert mit den sogenannten „Schwarzen Budgets/Black Budgets", über die schon viel publiziert wurde, unter anderem in meinem Büchern. Diese Anlagen sind schwer befestigt und der Öffentlichkeit ebenso zugänglich wie die ominöse „Area 51". Also gar nicht. Bekannt ist sie trotzdem geworden.
Diese wohl berühmteste aller Untergrundinstallationen wurde schon 1954 gegründet. Sie geistert nicht nur als „Aera 51" oder „Dreamland" durch die Publikationen, sondern auch unter den weniger bekannten Namen „Die Box", „Watertown" und „Die Ranch". Besagtes militärisches Sperrgebiet in der Wüste von Nevada mit einer Länge von 40 Kilometern und einer Breite von 35 Kilometern, das so hermetisch abgeriegelt ist, als wäre es auf dem Mond, ist ein so fester Bestandteil von einschlägigen Quellen, dass eigentlich nicht allzu viel darüber gesagt werden müsste. Vielleicht nur dies: Trotz des „Freedom of Information Act (FOIA)" und der von Präsident Clinton am 17. April 1995 unterzeichneten „Executive Order Nr. 12985", der zufolge mit 16. Oktober 1995 alle Geheimdokumente automatisch freigegeben werden, die älter als 25 Jahre sind, darf die Luftwaffe aufgrund einer Ausnahmeregelung vom selben Jahr alle Daten zur „Area 51" weiterhin geheim halten.
So gut wie unbekannt, aber nicht weniger interessant als die „Area 51" soll eine weitverzweigte Untergrundbasis mit dem bezeichnenden Namen „Nightmare (Alptraum) Hall" mit unterirdischen Verbindungen zu weiteren Basen, darunter auch zur weit entfernten „Area 51", sein. Zu suchen ist sie unter der Archuleta-Mesa, einem Tafelbergmassiv nördlich von Dulce in New Mexico. Im kalifornischen Antelope Valley finden sich geheime, utopisch anmutende Anlagen, die teilweise eindeutig in unterirdische Komplexe führen. Amerikas „Unterwelt" kann noch mit zahlreichen weiteren Untergrundkomplexen voll verborgener Hangars, Tunnel, Schächte, Bunker, Kavernen, ja mit ganzen subterranen Städten aufwarten. Beispielsweise die ausgedehnten Untergrundan-

lagen mit einem komplexen Tunnelsystem, die zu den Los Alamos National Laboratories (LANL) im Norden von New Mexico unweit des Städtchens Taos gehören sollen und die bereits in den 1940er-Jahren fertiggestellt wurden. Diffuse Quellen erwähnen einen in den Felshang des Los Alamos Canyon gebohrten Tunnel mit massiven Türen, der ins Innere einer Geheimanlage mit der Bezeichnung TA-41 oder TA-11 führen soll. In dieser herrscht angeblich ein kontrolliertes Klima zwischen 4 und 15 Grad Celsius und eine konstante Luftfeuchtigkeit von 50 Prozent.

Der umstrittenste Komplex befindet sich nach Berichten 30 Kilometer westlich von Washington nahe der Stadt Bluemont, Virginia, in der granitenen Flanke des Mount Weather. Der Eingang zu besagter Anlage soll einer Tresortüre ähneln. Sie wurde, wie die „Aera 51", bereits in den 1950er-Jahren errichtet. Der Zugang erfolgt über die Route 601, die zum Befremden der lokalen Bewohner nach jedem Schneesturm stets als erste freigeschaufelt wird.

Interviews mit Arbeitern aus der Anlage ergaben, dass sie Appartements mit allen Annehmlichkeiten in großer Zahl enthält, wie auch Straßen, Cafes, Krankenhäuser, ein Wasserreinigungssystem, ein Kraftwerk, ein Amtsgebäude, einen kleinen See, der aus unterirdischen Quellen gespeist wird, ja sogar ein Massentransportsystem mit Elektroautos. Eine Art Miniaturausgabe des Weißen Hauses würde es möglich machen, von der Untergrundanlage aus zu regieren, was von den USA übrig geblieben ist. Interessanterweise sollen regelmäßige Planspiele für genau diese Situation abgehalten werden, an denen Regierungsmitglieder teilnehmen. Da 1974 der Absturz einer TWA-Linienmaschine auf Mount Weather die Öffentlichkeit überhaupt erst auf die Geheimanlage aufmerksam machte, glauben manche, dass nur die Spitze des Eisbergs entdeckt wurde.

So soll sich 200 Meter unter der Böschung des Berges Raven Rock in Pennsylvania eine Untergrundstadt mit der militärischen Bezeichnung „Site R" befinden, die sogar einen direkten Treffer mit einer Wasserstoffbombe unbeschadet überstehen würde. Während weniger privilegierte US-Bürger sehen müssten, wo sie bleiben, hätten es die Regierungsmitglieder und Wirtschaftsführer in diesem tiefen Riesen-Privatbunker mit Friseurläden, Telefon, gesicherter Strom- und Wasserversorgung und was man nach dem Untergang der Zivilisation so braucht, recht kommod. Heute, viele Jahre nach dem angeblichen Ende der Ost/West-Konfrontation, werden all diese Anlagen schwerst bewacht, obgleich es eigentlich keinen Grund mehr für Überlebensstädte im Erdinneren geben sollte.

Andere mysteriöse Anlagen sind bekannt. Es gibt Schätzungen, dass allein die für den Katastrophenschutz zuständige Bundesbehörde „Federal Emergency Management Agency (FEMA)" um die fünfzig geheime Untergrundeinrichtungen in den Vereinigten Staaten unterhält.

Alle Versuche, Genaueres über die Untergrundbasen in den USA und in Großbritannien und über die Motive zu ihrem Betrieb zu erfahren, zerschellen an einer Mauer offiziellen Schweigens. Dass Derartiges in der ehemaligen Sowjetunion noch im Gange ist, verwundert im Grunde ebenso wenig wie die Tatsache, dass man dort natürlich schon gar nichts erfährt. Allein der Untergrundbunker 10 Kilometer außerhalb des Zentrums von Moskau mit dem Namen „Rameki" soll 120.000 Ausgesuchten die Unbilden einer Nuklearkatastrophe ersparen.

Mit dieser tröstlichen Aussicht wieder zurück zu jenen Unterirdischen, die vielleicht schon seit Jahrtausenden in den Eingeweiden unseres Planeten hausen, nachdem ihre oberirdische Heimstatt zu Grunde gegangen ist. Und das möglicherweise in einer selbstgemachten technologischen Apokalypse, wie wir sie uns mit großer Wahrscheinlichkeit in Bälde ebenfalls bereiten werden. Ihre Spuren finden sich jedenfalls rund um die Welt.

Shangri La, Agharti, Shamballah

Die Möglichkeit, dass in ferner Vergangenheit ein mächtiger Staat existierte, der über außerordentlich große technische Kenntnisse verfügte, wird seit geraumer Zeit auch von modernen Wissenschaftlern nicht geleugnet.
Bereits im Jahr 1909 erklärte Professor Frederick Soddy, ein Pionier der Nuklearphysik, in einer Studie über die wissenschaftliche Überlieferung der Antike, sie wäre vielleicht „ein Echo vieler vorausgegangener Epochen der Vorgeschichte, der Nachhall eines vergangenen Zeitalters mit höchster Wissenschaft und Technik."
Lassen wir einige Vertreter der Zivilisation über ihre Erfahrungen mit den Rätseln dieser speziellen Vergangenheit Zeugnis ablegen.
In seinem Buch „Kreuz und quer durch die beiden Amerikas" berichtet L. Taylor Hansen von einem amerikanischen Ehepaar, das in den sechziger Jahren des zwanzigsten Jahrhunderts in seinem Privatflugzeug den Urwald von Yukatan überflog. Da ihnen das Benzin ausging, waren sie gezwungen mitten im Dschungel zu landen. Die beiden sahen sich zu ihrem Erstaunen vor einer Maya-Stadt, die so getarnt war, dass man sie von oben nicht sehen konnte.
Die Maya-Indianer lebten dort in ihrem ganzen alten Glanz, völlig von der Außenwelt abgeschlossen um ihre antike Kultur zu bewahren, deren Ursprung sie selbst auf Atlantis zurückführten. Die Besucher mussten versprechen, die Lage des Ortes nicht zu verraten. Dann wurden sie gastlich aufgenommen und kehrten begeistert vom moralischen und intellektuellen Niveau ihrer Gastgeber in die Vereinigten Staaten zurück.
In dem Buch „Reiseerlebnisse in Zentralamerika, Chiapas und Yukatan" erwähnt der amerikanische Archäologe J. L. Stephens einen spanischen Geistlichen, der im Jahr 1838 oder 1839 auf der Höhe der Kordilleren eine große Stadt erblickte, deren weiße Türme in der Sonne leuchteten. Die Überlieferung behauptet „Kein Weißer hat jemals diese Stadt betreten. Ihre Einwohner sprechen die Maya-Sprache und wissen, dass die Fremden ihr ganzes Land erobert haben. Sie töten jeden Weißen, der ihr Gebiet zu betreten versucht. Sie kennen kein Geld und besitzen weder Pferde noch Rinder oder Maultiere wie auch kein anderes Haustier."

Oberst P. H. Fawcett, von dem noch ausführlich die Rede sein wird, verschrieb (und opferte) sein Leben der Suche nach einer verschollenen Stadt, die seiner Ansicht nach die Existenz von Atlantis beweisen sollte. Er behauptete, die Ruinen einer solchen Stadt in Südamerika entdeckt zu haben.

In den 1930er Jahren veröffentlichte ein Dr. Lao-Tsin in einer Shanghaier Zeitung einen Bericht über seine Reise in eine merkwürdige Gegend von Zentralasien. In seiner Schilderung, die das berühmte „Shangri La" in James Hiltons „Verlorener Horizont/Lost Horizon" (London 1933) vorwegnimmt, beschreibt der chinesische Arzt die gefahrvolle Wanderung über die Höhen von Tibet, die er in Begleitung eines aus Nepal stammenden Yogi unternahm.

In einer trostlos öden Gebirgsgegend erreichten die beiden Wanderer ein verborgenes Tal, das vor den nördlichen Winden geschützt war und sich eines viel wärmeren Klimas erfreute als das umliegende Gebiet. Dr. Lao-Tsin schildert den dort vorhandenen „Turm von Shamballah" und die Laboratorien, über die er nicht genug staunen konnte. Man erläuterte den beiden Besuchern die wunderbaren wissenschaftlichen Leistungen, die von den Bewohnern des Tales vollbracht wurden, einschließlich telepathischer Experimente über große Entfernungen. Der chinesische Arzt hätte noch viel mehr über seinen Aufenthalt in jenem Tal berichten können, wenn er den Einwohnern nicht versprochen hätte, ihre Geheimnisse nicht zu verraten.

Der Forschungsreisende, Künstler und frühe Friedensaktivist, der auch mit dem Völkerbund in Kontakt stand, Professor Nicolas Constantine Roerich, berichtete in seinem 1928 erschienen Buch „Herz von Asien" davon, dass er und seine Begleiter im Jahr 1926 eine leuchtende Flugscheibe über dem Karakorum-Gebirge am äußersten Ende von Kun Lun sahen. An dem sonnenhellen Morgen war der fliegende Teller durch die starken Ferngläser der Forscher sehr deutlich sichtbar. Während die Europäer das kreisförmige Objekt noch beobachteten, änderte es abrupt seinen Kurs und verschwand hinter der Bergkette des Humboldtgebirges. Zur damaligen Zeit gab es noch keine Flugmaschine, die in der Lage gewesen wäre, Zentralasien zu überfliegen. Von den unglaublichen Luftmanövern ganz zu schweigen. Die Lamas, die die Expedition begleiteten, meinten dazu: „Das Zeichen von Shamballah."

Besagter Professor Roerich ist eine interessante Persönlichkeit. Er wurde 1874 als Sohn einer reichen Bürgerfamilie in Russland geboren. Nach seinem Architekturstudium in St. Petersburg und Paris arbeitete er in Russland und in Amerika, wo er nach Ausbruch der bolschewistischen Revolution seine Zelte aufschlug. Roerich interessierte sich von Jugend an für Buddhismus, Mystik, Überlieferungen und für die Rätsel von Asien. Er wurde ein so profunder Kenner dieses Gebietes, dass im Jahr 1924 eine Expedition nach Tibet und Zentralasien unter seiner Führung von wissenschaftlichen Instituten bezahlt wurde.

Über diese Expedition berichtete er 1930 in seinem Buch „Altai-Himalaja: Ein Reisetagebuch". Darin findet sich folgende erstaunliche Passage: „Eine Legende in Zentralasien erzählt von unterirdischen Bewohnern namens „Aghartis"... In den Klippen, die Kurlyk überragen, sind dunkle Höhleneingänge. Sie führen in Tiefen, die niemand ergründen konnte. Es gibt geheime unterirdische Passagen von Tibet durch Kuen Lun, durch Altyntag und Tourfan.

Legenden erzählen von den Besuchen des Herrschers von Shamballah in Klöstern und Tempeln..."

Roerich kam zu der Überzeugung, dass es ein „Zentrum der Welt" namens „Shamballah" gibt, das durch unterirdische Tunnel mit allen Nationen der Erde verbunden ist. Während seiner Reisen durch Sinkiang (im chinesischen Turkestan) erforschte er persönlich lange unterirdische Gänge. Bei einem Aufenthalt in Tsagan Kure bei Kaigan (China) schrieb er 1935 den Artikel „Die Hüter", in dem er die Frage aufwirft, ob geheimnisvolle Personen, die plötzlich irgendwo mitten in der Wüste auftauchen, nicht einen unterirdischen Weg benützten.

Die Eingeborenen erzählten ihm, dass aus den Katakomben in Sinkiang manchmal sonderbare Menschen hervorkämen, um Einkäufe in der Stadt zu besorgen. Sie pflegten mit uralten Geldmünzen zu bezahlen, deren Herkunft niemand zu bestimmen vermochte.

Er fragte die Mongolen immer wieder nach den rätselhaften Besuchern aus und erhielt von ihnen sehr interessante Auskünfte. Manchmal, so hieß es, verkleideten sich die Unbekannten als Händler, Hirten oder Soldaten, wurden aber trotzdem erkannt. Sie pflegten den Mongolen Geschenke zu machen. Im Altai-Gebirge, hinter dem großen See und den hohen Bergen, so erzählte man ihm weiter, liegt ein heiliges Tal voller Wunder. Man erreicht es durch unterirdische Gänge und Höhlen. Die Parallelen zu Dr. Tsins Bericht sind augenfällig.

Während der Überquerung des Karakorum-Passes erzählte ein eingeborener Führer Nicolas Roerich, dass manchmal große weiße Männer und auch Frauen aus geheimen Ausgängen mitten im Gebirge auftauchten. Man hatte sie mit Lichtern in der Hand im Dunkeln dahingehen sehen und es hieß, sie hätten auch schon Reisenden Hilfe gebracht.

Auf seiner Forschungsreise durch Zentralasien gelangte Roerich eines Tages zu einem weißen Grenzpfahl, der als einer der drei Eingänge von Shamballah gilt. Um zu zeigen, wie tief der Glaube an Shamballah im Herzen der Lamas verwurzelt ist, genügt es, die Worte zu zitieren, die Roerich von einem tibetanischen Mönch vernahm: „Die Leute von Shamballah erscheinen manchmal in dieser Welt, um sich mit jenen ihrer Mitarbeiter zu treffen, die hier auf Erden wirken."

Die Tibetforscherin Alexandra David-Neel berichtet in einer ihrer Schriften von einem tibetanischen Volkssänger, von dem es hieß, er wüsste den Weg zur „Wohnung der Götter" irgendwo in den zerklüfteten Gebirgen der Provinz Tsdhinhai. Einmal brachte er ihr von diesem geheimnisvollen Ort eine blaue Blume mit, die bei 20 Grad Frost erblüht war; der Ditschu-Fluss war an diesem Tag mit einer zwei Meter dicken Eisschicht bedeckt.

Dr. Ferdinand Ossendowski, einem Preisträger und Mitglied der Academie Francaise, wurde in der Mongolei vom Fürsten Chultun Beyli und dessen Groß-Lama ein unorthodoxes Geschichtsbild offenbart. Danach hätte es einst zwei Kontinente gegeben, einen im Atlantischen und einen im Stillen Ozean. Beide wurden von den Fluten verschlungen, doch ein Teil ihrer Einwohner vermochte sich in große unterirdische Höhlen zu retten. Diese weiten Gewölbe waren von einem eigentümlichen Licht erhellt, in dem Pflanzen gedeihen konnten. So blieb ein verlorener Stamm der vorgeschichtlichen Menschheit erhalten, der in der Folge zu den höchsten wissenschaftlichen Erkenntnissen gelangte. Nach Dr. Ossendowskis Bericht hätte dieses unterirdische Geschlecht der „Agharti" besonders auf technischem Gebiet außerordentliche Leistungen vollbracht.

Sie besaßen Fahrzeuge, die mit großer Geschwindigkeit ein ungeheuer großes Netz von unterirdischen Verbindungswegen in Asien durchquerten. Sogar das Leben auf anderen Planeten sollen sie in Flugmaschinen erforscht haben.

Diese Schilderung ist unglaublich, aber gleichzeitig so schwer zu widerlegen, dass sie es verdient, näher unter die Lupe genommen zu werden.

Erfahren wir also, was der polnisch-deutsch-amerikanische Forscher, der in den zwanziger Jahren des vorigen Jahrhunderts große Teile Asiens bereiste, persönlich berichtet. Die folgende Schilderung ist Ossendowskis berühmtem Buch „Tiere, Menschen und Götter/Beasts, Men and Gods" in leicht gestraffter Form entnommen. Dass dieses Buch zur Lieblingslektüre von SS-Reichsführer Heinrich Himmler werden sollte, der daraus Anregungen für zahlreiche abstruse Aktivitäten schöpfte, kann man Ossendowski kaum übel nehmen. Er konnte wohl ebenso wenig ahnen, dass man seinen Bericht dazu verwenden würde, um Rassenwahn zu legitimieren, wie Helena Petrowna Blavatsky dasselbe ahnen konnte, als sie ihre „Geheimlehre" verfasste, von der ja schon die Rede war.

Der König der Welt

Eine Legende besagt, dass sich unter der Gebirgskette des Himalaja das große unterirdische Reich des Herrn der Welt erstreckt. Dieses Königreich und magische Zentrum des Ostens heißt „Agharti" und ist der Gegenpol zum westlichen magischen Zentrum von „Hyperborea", dessen Imperator zu werden Hitler sich erträumt hatte. Damit zum Zitat aus Ossendowskis Buch:
„Halten Sie an!" flüsterte der mongolische Führer mitten in der Steppe, nahe von Zaganluk in der Mongolei. Der Mongole ließ sich von seinem Kamel hinabgleiten, das sich ohne Weisung des Reiters niederlegte. Der Mongole legte seine Hände zum Gebet vor das Gesicht und begann immer wieder den heiligen Spruch ‚Om! Mane padme hom!' zu sagen. Auch die anderen Mongolen hielten sofort ihre Kamele an und begannen zu beten. Was hat sich zugetragen?
Die Mongolen beteten eine Zeit lang. Dank flüsterten sie unter einander, zogen die Riemen der Packkamele an und setzten den Marsch fort. „Haben Sie gesehen", fragte der Mongole, „wie furchtsam unsere Kamele die Ohren bewegten? Wie die Pferdeherde auf der Steppe aufmerksam lauschte, wie Schaf- und Viehherden am Boden hingekauert lagen? Haben Sie bemerkt, dass die Vögel aufhörten zu fliegen und dass die Murmeltiere auf der Stelle liegen blieben und die Hunde nicht mehr bellten? Erde und Himmel hörten auf zu atmen. Der Wind legte sich. In einem solchen Moment bleibt der Wolf, der sich an das Schaf heranmacht, dort liegen, wo er sich befindet, hält die aufgescheuchte Antilopenherde plötzlich im rasenden Lauf inne, entfällt der Hand des Schafhirten das Messer. Alle Lebewesen werden unwillkürlich in Gebetsstimmung versetzt und erwarten ihr Schicksal. So war es in diesem Augenblick. Das ist immer dann der Fall, wenn der König der Welt in seinem unterirdischen Palast betet und das Geschick der Völker der Erde ergründet." So sprach der alte Mongole, ein einfacher, rauer Schafhirte und Jäger.
Die Mongolei hat dem Mysterium Geburt gegeben. Ihr Volk fühlt ihr Mysterium. Ihre Roten und Gelben Lamas bewahren das Mysterium. Die Hohepriester von Lassa und Urga sind im Besitz ihres Mysteriums." (Zitat-Ende.)

Auf seiner Reise durch Mittelasien hörte Ossendowski zum ersten Mal von dem „Mysterium der Mysterien". Anfänglich schenkte er ihm wenig Beachtung und maß ihm nicht so viel Bedeutung bei, wie es später der Fall sein sollte, nachdem er Hinweise von der Existenz des „Königs der Welt" gesammelt und analysiert hatte.
Alte Leute am Ufer des Amylflusses erzählten ihm, dass ein mongolischer Stamm sich vor Dschingis Khan in dem „unterirdischen Land" verborgen habe. Ein Mann, der aus der Nähe des Sees Nagan Kul stammte, zeigte Ossendowski ein Tor, das der Eingang zum unterirdischen Königreich von Agharti wäre. Durch dieses Tor sei früher einmal ein Jäger in das Königreich gekommen. Nach seiner Rückkehr berichtete er Wundersames, worauf die Lamas ihm die Zunge herausschnitten um ihn daran zu hindern, das Mysterium der Mysterien zu verraten.
Realistischere Informationen erhielt der Forschungsreisende vom „Hutuktu" (höchster Rang der lamaistischen Mönche, ein heiliger Mann und inkarnierter Gott) Jelip Djamsrap des Narabantschi Kure. Nach seinen Erzählungen über den „König der Welt" begann Ossendowski zu verstehen, dass sich hinter der Legende eine mächtige reale Kraft verbergen mochte, die in der Lage sein konnte, die Entwicklung von ganz Asien, ja sogar der Welt zu beeinflussen. Von dem Moment an begann er Erkundigungen einzuziehen. Konkreteres erfuhr er dann vom Lieblingsgelong(Lama) des Fürsten Chultun Beyle und vom Fürsten selbst. Damit ist ein weiteres Zitat fällig:
„Alles in der Welt", sagte der Gelong, „befindet sich beständig im Zustand der Wandlung und des Überganges - die Völker, die Wissenschaften, die Religionen, Gesetze und Sitten. Vor mehr als sechzigtausend Jahren verschwand ein Heiliger mit einem ganzen Menschenstamm unter dem Erdboden, um sich niemals wieder an der Erdoberfläche zu zeigen. Viele Leute haben indessen seitdem dieses verborgene Königreich besucht. In ihm ist das Volk gegen das Böse geschützt, nichts ist von Zerstörung bedroht. Die Wissenschaft hat sich ruhig entwickelt. Das unterirdische Volk hat das höchste Wissen erreicht.
Das Land unter der Erde ist ein großes Königreich mit Millionen Menschen. Sein Herrscher ist der König der Welt. Er kennt alle Kräfte der Welt und vermag in den Seelen der Menschheit und in dem großen Buch des Geschickes zu lesen. Unsichtbar regiert er auch über die

Menschheit, die die Erdoberfläche bewohnt. Jeder ist seinem Befehl unterworfen."
„Dieses Königreich ist ‚Agharti'", fügte Fürst Chultun Beyle hinzu. „Es erstreckt sich über alle unterirdischen Gänge der Welt. Ich hörte, wie ein gelehrter Lama aus China dem Bogdo Khan erzählte, dass die unterirdischen Höhlen in Amerika von der ehemaligen Bevölkerung dieses Kontinents bewohnt seien. Alle unterirdischen Völker und unter der Erde befindlichen Räume werden von Herrschern regiert, die dem König der Welt untertan sind.
Sie wissen ja, dass es früher in den beiden größten Ozeanen des Ostens und des Westens zwei Kontinente gegeben hat, die unter der Wasseroberfläche verschwanden. Deren Bevölkerung gehört jetzt zu dem unterirdischen Königreich. In den Höhlen unter der Erdoberfläche herrscht ein besonderes Licht, dem es zu danken ist, dass dort Getreide und Pflanzen wachsen und die Menschen ein langes, von Krankheiten freies Leben führen können."
Der Torguten-Lama, der mit Ossendowski von Urga nach Peking reiste, gab ihm weitere Einzelheiten: „Shamballah, die Hauptstadt von Agharti, ist von Städten umgeben, die von Hohepriestern und Männern der Wissenschaft bewohnt sind. Der Thron des Königs der Welt ist von Millionen inkarnierten Göttern umringt. Dies sind die heiligen „Panditas" (die ranghöchsten buddhistischen Mönche).
Der Palast des Königs der Welt wird eingefasst von Palästen der Hohepriester, die alle sichtbaren und unsichtbaren Kräfte der Erde, der Hölle und des Himmels beherrschen. Wenn unsere wahnsinnige Menschheit einen Krieg gegen das unterirdische Königreich beginnen sollte, so wäre dieses imstande die ganze Oberfläche unseres Planeten in eine Einöde zu verwandeln. Die Bewohner von Agharti können Meere trockenlegen, Kontinente in Ozeane verwandeln und Berge zu Wüstenstaub machen. Unter dem Befehl des Königs der Welt können Gräser und Büsche entstehen, werden alte und schwache Menschen wieder jung und kräftig und werden die Toten wieder zum Leben erweckt.
In Wagen, die uns fremd sind, rasen die Bewohner des unterirdischen Königreichs durch Spalten im Inneren unseres Planeten. Einige indische Brahmanen und tibetanische Lamas haben bei ihren mühevollen

Versuchen, die Spitzen von Bergen zu erreichen, die noch nie ein menschlicher Fuß betreten hat, auf den Felsen Inschriften und in dem Schnee Fuß- und Wagenspuren entdeckt. Der gesegnete Sakai-muni hat auf einer Bergspitze Steintafeln gefunden, die Worte trugen, die nur er im hohen Alter verstehen konnte. Danach ist er zum Königreich Agharti vorgedrungen, von wo er Bruchstücke des heiligen Wissens mit auf die Welt brachte.

In Agharti leben in Palästen, die aus wunderbaren Kristallen gebaut sind, die unsichtbaren Herrscher über alle Menschen und der König der Welt mit seinen beiden Gehilfen, Mahytma, der die Zwecke aller zukünftigen Ereignisse kennt, und Mahynga, der die Ursachen dieser Ereignisse beherrscht. Die heiligen Panditas studieren die Welt und alle ihre Kräfte. Gelegentlich treten die Gelehrtesten unter ihnen zusammen und senden ihre Boten an Stellen, an die menschliche Augen niemals gedrungen sind. Dieser Vorgang ist von einem Taschi Lama, der vor neunhundert Jahren gelebt hat, so beschrieben worden: Die höchsten Panditas bedecken ihre Augen mit einer Hand, die andere Hand legen sie unter den Hinterkopf jüngerer Männer, die sie so in tiefen Schlaf versetzen. Dann machen sie die Körper der Schlafenden gegen jeden Schmerz unempfindlich und härter als Stahl.

Die versteinerten Jünglinge liegen mit offenen und wachsamen Augen da. Sie hören, sehen und behalten alles, was um sie herum vorgeht. Dann tritt ein Hohepriester („Goro") des Königs der Welt an sie heran und heftet seinen Blick auf sie. Langsam erheben sich sodann ihre Körper von der Erde und verschwinden im Luftraum. Der Goro sitzt währenddessen da und starrt mit festem Blick in die Richtung, in die er die Boten entsandt hat. Unsichtbare Fäden verbinden seinen Willen mit ihnen. Einige von ihnen bewegen sich unter den Sternen und beobachten die dortigen Ereignisse, die unbekannte Bevölkerung der Sternenwelt, ihr Leben und ihre Gesetze. Sie hören, was die Sternenmenschen zu sagen haben, lesen deren Bücher, verstehen ihr Geschick und Leid. Andere der Boten kommen in Berührung mit dem tobenden Feuer im Erdinneren, das ewig kämpft, die Metalle in der Tiefe des Planeten zerschmilzt, das Wasser für die Geiser und die heißen Quellen kocht, Felsen zerbricht und durch die Berglöcher Lavaströme über die Erdoberfläche gießt. Andere wiederum stürmen mit den unendlich kleinen,

durchsichtigen Luftwesen dahin und dringen in die Mysterien ihrer Existenz ein. Andere tauchen in die Tiefen der Meere ein und beobachten das Königreich der Wasserwesen...
In Erdeni Dza hat es einmal einen Pandita Hukutu gegeben, der von Agharti gekommen war. Er erzählte, dass er nach dem Willen der Goros auf einem roten Stern gelebt, in dem eisbedeckten Ozean getrieben und zwischen den stürmischen Feuern in der Tiefe der Erde geschwebt hatte."
Das sind die Erzählungen, die Ossendowski in den mongolischen Jurten der Fürsten und in den lamaistischen Klöstern zu hören bekam, vorgetragen in einem feierlichen Ton, der Widerspruch ausschloss.
In Urga erfuhr Ossendowski aus dem Mund eines alten Lamas Weiteres über den geheimnisvollen „Herrscher der Welt". Der alte Mann, Bibliothekar des Bogdo Hukutu, sagte: „Das ganze Jahr hindurch leitet der König der Welt die Arbeiten der Panditas und Goros von Agharti. Nur gelegentlich begibt er sich zu der Tempelhöhle, in der der einbalsamierte Körper seines Vorgängers in einem Sarg aus schwarzem Stein liegt. Diese Höhle ist immer dunkel. Aber wenn der König der Welt sie betritt, dann erscheinen Flammenstreifen auf ihren Wänden und aus dem Sargdeckel züngeln Flammen hervor. Der König der Welt tritt an den Sarg und streckt seine Hand aus. Darauf brennen die Flammen noch heller. Die Feuerstreifen an den Höhlenwänden bilden mysteriöse Zeichen, feurige Buchstaben des „Vatannan"-Alphabets, der Sprache des unterirdischen Königreichs.
Von dem Sarg ergießen sich durchsichtige Bänder eines kaum wahrnehmbaren Lichtscheins. Sie werden von den Gedanken des Vorgängers des Königs der Welt gebildet. Bald ist der König der Welt auf diese Weise von einem Strahlenglanz umhüllt. In diesem Augenblick steht er in Berührung mit den Gedanken aller Männer, die das Los und Leben der Menschheit beeinflussen, mit den Führern, Männern der Wissenschaft und allen anderen starken Persönlichkeiten. Er versteht ihre Gedanken und Pläne. Wenn sie gefällig sind, wird der König der Welt sie fördern. Wenn sie aber missfallen, dann vereitelt er sie.
Diese Macht ist Agharti durch die mysteriöse Wissenschaft des „Om" verliehen, mit dem wir alle unsere Gebete beginnen. Om ist der Name des ersten Goro, der vor dreihundertdreißigtausend Jahren lebte. Er

erhielt vom Übernatürlichen die Macht über alle Kräfte, die die sichtbare Welt beherrschen.

Nach der Unterhaltung mit seinem Vorgänger beruft der König der Welt den Großen Rat, beurteilt die Handlungen und Gedanken großer Menschen und unterstützt sie oder vernichtet sie. Mahytma und Mahynga wissen diese Handlungen und Gedanken von ihren wahren Ursachen her zu bestimmen. Wenn der König der Welt aus dem Tempel heraustritt, strahlt er in göttlichem Lichte."

Eine anachronistische Vision

Diese mit solcher Überzeugung vorgetragenen Schilderungen ließen den Deutsch-Amerikaner Ossendowski bei aller westlichen Rationalität nicht unberührt. Womit hatte er es zu tun - Wirklichkeit oder religiöse Phantasie?
„Hat jemand den König der Welt gesehen?" fragte er den Bibliotheks-Lama. „O ja", antwortete dieser. „Während der feierlichen Festtage des alten Buddhismus in Siam (heute Thailand) und Indien ist der König der Welt fünfmal erschienen. Er saß in einem prächtigen Wagen, der von weißen Elefanten gezogen wurde und mit Gold, Edelsteinen und dem feinstes Kunstwerk verziert war. Er war in einen weißen Mantel gekleidet und trug eine rote Tiara mit herunter hängenden Diamantenfäden, die sein Gesicht verbargen. Er segnete das Volk. Daraufhin konnten die Blinden wieder sehen, die Stummen sprechen, die Tauben hören, die Verkrüppelten sich frei bewegen, und wo auch immer die Augen des Königs der Welt ruhten, standen die Toten zu neuem Leben auf.
Der König der Welt erschien auch vor fünfundvierzig Jahren in Erdeni Dzu. Er war auch in dem alten Sakai-Kloster und in Narabantischi Kure. Mehrmals empfingen Auserwählte eine Botschaft des Königs der Welt mit etwa dieser Aussage: „Der König der Welt wird vor allem Volk erscheinen, wenn die Zeit für ihn gekommen sein wird, um die guten Menschen der Welt gegen die schlechten zu führen. Die schlechtesten Menschen sind noch nicht geboren worden."
Konkreteres bekam Ossendowski vom Hutuktu von Narabantischi zu hören, den er zu Beginn des Jahres 1921 in seinem Kloster besuchte. Dieser erklärte: „Als der König der Welt vor dreißig Jahren (1890) in unserem Kloster erschien, machte er für das bevorstehende (zwanzigste) Jahrhundert folgende Prophezeiung: „Mehr und mehr werden die Menschen ihre Seelen vergessen und auf leibliches Wohl bedacht sein. Die größte Sünde und Verderbtheit wird auf der Erde herrschen. Die Menschen werden nach dem Blut und dem Tod ihrer Brüder dürsten. Der Halbmond wird düster werden. Er und seine Gefolgschaft werden in Bettlertum und in endlosem Krieg versinken. Die Eroberer unter dem Halbmond werden von schwerem Missgeschick heimge-

sucht. Ihr Reich wird klein werden. Die Kronen von Königen, von großen und kleinen, werden fallen... Ganze Völker werden dahinsterben... Hunger, Krankheit und Verbrechen, wie die Welt sie vorher nie gesehen hat, werden herrschen... Millionen werden ihre Sklavenfesseln verlieren, ihre Erniedrigung jedoch mit Hunger, Krankheit und Tod vertauschen. Die Straßen werden von Mengen bedeckt sein, die von einem Ort zum anderen Ort wandern. Die größten und schönsten Städte werden im Feuer vergehen... Laster, Verbrechen und Zerstörung von Leib und Seele werden folgen... Familien werden auseinandergerissen... Glaube und Liebe werden verschwinden...

Dann werde ich ein Volk, ein jetzt unbekanntes Volk, senden, das das Unkraut der Tollheit und des Lasters mit starker Hand ausreißen und diejenigen, die dem Geiste der Menschheit treu geblieben sind, zum Kampf gegen das Böse anführen wird. Dieses Volk wird auf der - durch den Tod der Nationen gereinigten - Erde ein neues Leben begründen. Es werden drei große Königreiche in Erscheinung treten, die einundsiebzig Jahre lang glücklich bestehen werden. Danach wird es Jahre des Krieges und der Zerstörung geben. Danach werden die Völker von Agharti aus ihren unterirdischen Höhlen auf die Oberfläche der Erde kommen..."

Hier sollte man kurz innehalten. Was unterscheidet diese Prognose von zahllosen anderen, nicht weniger dramatischen? Doch einiges. Lässt man starke Worte, unscharfe Formulierungen und die unvermeidliche Heils- und Errettungsbotschaft am Ende beiseite, so fallen einige erstaunliche Voraussichten auf, die 1890 so gut wie unmöglich gewesen sein dürften. Selbst 1921, dem Jahr, als Ossendowski die Prophezeiungen zu hören bekam, erscheinen sie fürwahr hellsichtig. Vieles war auch nach dem damaligen Stand der Dinge absolut nicht vorauszusehen. Was ich meine, sind die Passagen über den völligen Verfall aller Werte, weltweites Chaos und Brutalisierung, das Missgeschick der Eroberer unter dem Halbmonde, Hungerkatastrophen und Krankheiten, die von Ort zu Ort wandernden Menschenmassen, den „Tod der Nationen", die auseinandergerissenen Familien und ganz besonders über jene Millionen, die ihre Sklavenfesseln gegen Hunger und Tod eintauschen würden. War 1890 die Zerstörung des Halbmondes ebenso wie das Fallen aller Kronen unmöglich vorauszusehen gewesen, so könnte

man noch einwenden, dass 1921 die Reduktion des Osmanischen Reiches nach dem Ersten Weltkrieg auf ein Zehntel seiner ursprünglichen Größe (ein weit höherer Gebietsverlust als jener der Österreichisch-Ungarischen Monarchie) bekannt und der Niedergang der Herrscherhäuser absehbar gewesen war. Nicht absehbar war jedoch das Ende der Kolonialära und schon gar nicht, dass die von kolonialen Ketten befreiten Völker nicht die Freiheit, sondern Hunger und Tod im Tausch gegen ihre frühere Erniedrigung erhalten würden (wer anderes glaubt, hat schon lange keine Tagesschau mehr gesehen). Dasselbe gilt für die Migrations- und Flüchtlingsströme des 20. und 21. Jahrhunderts, die weder am Ende des 19. noch am Anfang des 20. Jahrhunderts vorhersehbar waren. Und last but not least, für die Auflösung der Nationalstaaten, die heute mit Begeisterung - wenn auch nicht bei den Völkern - und mit eiserner Konsequenz betrieben wird.
Zusammengefasst und Hand auf's Herz: Liest sich die Vision des Lebenden Buddha vom 17. Mai 1921 (Wiedergabe von 1890) nicht wie ein Auszug aus den Tagesnachrichten oder wie eine Kurzbeschreibung der Zustände ab dem letzten Drittel des zwanzigsten Jahrhunderts?

Wie konnte der „König der Welt" das wissen? Was erwartet uns wirklich? Verborgene Mächte scheinen den immer deutlicher zu Tage tretenden und alles beeinflussenden selbstzerstörerischen Zug des Homo sapiens schon lange vor heutigen Computermodellen nicht nur erkannt und seine verheerenden Auswirkungen vorausgesagt zu haben, sondern könnten im Verlauf der Geschichte das Schlimmste bereits mehrmals verhindert haben.

Rishis - prophetische Vorfahren in fliegenden Wagen

Überlieferungen und Mythen aller Kulturen, von denen wir einige wenige unter die Lupe genommen haben, berichten von Unbekannten, die seit langem dafür sorgen, dass der Homo sapiens immer wieder im letzten Moment überlebt. Wesen wie die legendären „Rishis" aus dem „Rama-Imperium" von Nord-Indien und Pakistan, das vor etwa fünfzehntausend Jahren entstanden sein und viele Jahre die Geschicke großer Teile der Welt kontrolliert haben soll.
Die Rishis gelten in Indien als Lenker der Welt, als die „Großen Alten". Sie sollen älter als die Menschheit sein und eine eigene Rasse zwischen Göttern und Menschen darstellen. Die klassischen Hindu-Texte erwähnen an vielen Stellen die legendären „Sieben Städte der Rishis". Sie begegnen uns in den ältesten indischen Schriften und Epen, manche davon viele tausend Jahre alt. Beispielsweise im Mahabharatha, in der Baghavad Ghita, dem Ramajana, dem Samaranganasutradhara oder dem Samarangana Suthradhara, um nur einige zu nennen. Dort werden sie als Wesen bezeichnet, die den Göttern trotzen, da ihre Macht noch größer ist als die der Götter. Sie waren Berater von Herrschern und bestimmten das Schicksal von ganzen Generationen.
Den Rishis werden geniale technische Kenntnisse nachgesagt. Sie sollen die Erbauer der ersten fliegenden Maschinen, der sogenannten „Vimanas" oder „Astras", gewesen sein, die in zahlreichen Legenden erstaunlich modern beschrieben werden.
Dazu einmal klipp und klar gesagt, auch wenn es den offiziellen westlichen Sanskritwissenschaftlern, Historikern und Archäologen noch so gegen den Strich geht: In der gesamten klassischen Literatur des alten Indien bezeichnet das Wort „Vimana" ein fliegendes Fahrzeug, welches das Firmament - nicht den ominösen Himmel! - mit Glanz erleuchtet und konkret genannte Substanzen als Treibstoff enthält.
Im Rigweda-Epos kann man vom Vimana eines Brüderpaares mit Namen Asvinas lesen, das sich leichter als ein Vogel am Himmel bewegte und mühelos zum Mond und zurückfliegen konnte. Bei den Landungen auf der Erde vollführte es ein großes Getöse. Es sind sogar technische Einzelheiten festgehalten. Wie man lesen kann, war es

dreistöckig (*trivrt*) und wurde von drei Piloten gelenkt (*tri bandhura*). Es war aus leichtem Metall gefertigt und hatte einziehbare Räder. Als Treibstoff dienten die Substanzen „madhu" und „anna", von denen die Sanskritgelehrten nicht wissen, wie man sie übersetzen kann.
König Rumanvat verfügte gar über eine Art von Vimana, dessen Schilderung in alten Texten an die „Air Force One" der US-Präsidenten erinnert: „Der König und die Gruppe von Würdenträgern aus jedem Stadtteil setzten sich in den himmlischen Wagen. Sie erreichten die Weite des Firmamentes und folgten der Route der Winde. Der Himmelswagen überflog die Erde über die Ozeane und wurde dann Richtung der Stadt Avantis gesteuert, wo gerade ein Fest abgehalten wurde. Das Vimana stoppte, damit der König dem Fest beiwohnen konnte. Nach dem kurzen Zwischenhalt startete der König wieder unter den Augen von unzähligen Schaulustigen, die den Himmelswagen bestaunten." In den Rigweda-Abschnitten 1.166.4 bis 5.9 wird beschrieben, wie Gebäude wackelten, Bäume umgerissen wurden und wie das Echo des Startlärms von den Hügeln widerhallte, wenn das Himmelsschiff abhob.
Ausführlich werden in den verschiedensten Legenden die Konstruktionsmechanismen und Funktionsweisen der Vimanas beschrieben. Verschiedene „Modelle" werden bildhaft dargestellt: von zigarrenförmigen Zylindern bis zu Scheiben mit einer Kuppel und mit Bullaugen, die den Rang umlaufen - allesamt klassische UFOs, wie man heute meinen würde. Es gibt regelrechte Flughandbücher in Altindisch, beispielsweise enthalten die 230 Verse des Samara Sutradhara ausführliche Anweisungen zum Bau der Geräte, zum Take-off, zum Kreuzen über große Distanzen, für normale und Notfalls-Landungen. Sogar Hinweise auf mögliche Kollisionen mit Vögeln finden sich.
Die acht Kapitel des „Vaimanika Sastra" (ein Text aus dem vierten Jahrhundert v. Chr., den „Bharadvajy der Weise" verfasst hat) beschreiben die Funktion der Vimanas ausführlich und geben darüber hinaus genaue Verhaltensmaßregeln zur Lenkung, für Vorsorgemaßnahmen bei langen Flügen und beim Durchqueren von Gewittern sowie zum Umschalten von einer Antriebsform auf eine andere (z.B. von Sonnenenergie auf Anti-Gravitation). Garniert werden diese erstaunlichen Texte mit Diagrammen und Zeichnungen von Flugkörpern,

die (wörtlich) „nicht brennen und nicht brechen können" und die „Licht und Hitze absorbieren". Sage und schreibe 16 verschiedene Materialien sind genannt, aus denen diese Maschinen gebaut werden. Ganz schön anachronistisch, besonders wenn man bedenkt, dass „Bharadvajy der Weise" sich auf noch viel ältere Quellen bezieht.
In den 1990er-Jahren entdeckten chinesische Forscher in Lhasa mehrere Dokumente in Sanskrit, die ihrer Meinung nach - wie auch nach der Meinung der Übersetzerin Dr. Ruth Reyna von der indischen Chandrigarh-Universität – konkrete Anweisung zum Bau von Raumschiffen mit (Anti-)Gravitationsantrieb enthielten. Die Beschreibung dieser „Astras" genannten Flugmaschinen wurde so lange ins Reich der Legende verbannt, bis aus China durchsickerte, dass Teile des Manuskripts Eingang in das chinesische Raumforschungsprogramm gefunden hätten.
Im großen indischen Epos „Ramajana" stößt man ebenfalls auf diese „Astras". Sie werden hier auch mit dem bekannteren Begriff „Vimana" bezeichnet. Mehr noch, im „Ramajana" findet sich ein detaillierter Bericht über einen Mondflug in einem „Astra/Vimana" sowie über ein Gefecht mit einem zigarrenförmigen „Vailixi" über der Oberfläche des Erdtrabanten. „Vailixi" ist die gelegentlich auftauchende Bezeichnung für die Flugmaschinen des Volkes der „Asvins", und diese sind nicht mehr und nicht weniger als die Bewohner von Atlantis(!).
Die bereits erwähnten Götterkriege gingen also anscheinend auch im Weltraum vor sich, hauptsächlich aber wohl auf Erden.
Noch frappanter wird die Sache, wenn man diese Beschreibungen mit den nicht weniger präzisen Beschreibungen vergleicht, die beim bereits erwähnten Dialog des NASA-Ingenieurs Joseph Blumrich mit dem Hopi-Indianer „White Bear Fredericks" zur Sprache kamen. O-Ton „Weißer Bär" über Flugmaschinen in uralten Indianerüberlieferungen:

„Diese Flugkörper haben verschiedene Größen und Namen. Einer davon ist ‚Paatoowa' - das Objekt, das über das Wasser fliegen kann. ‚Pahu' heißt in unserer Sprache Wasser und ‚Toowata' ist ein Gegenstand mit gekrümmter Oberfläche. Ich will dir erklären, wie sie aussehen. Wenn man einen Flaschenkürbis durchschneidet, erhält man eine Form, die wie eine Schale oder Untertasse aussieht. Und wenn man zwei solche

Teile zusammensetzt erhält man die Form des Flugkörpers, mit dem man damals zu den Planeten fuhr. Wegen dieser Form nennen wir sie auch ‚Fliegende Schilde.' Bei Oraibi gibt es eine Felszeichnung von einer Frau mit einem Fliegenden Schild. Der Pfeil ist ein Zeichen für große Geschwindigkeit. Wenn man in einem Gebilde wie diesem sitzt, kann es sich nach allen Richtungen bewegen, und man fällt nicht heraus, ganz gleich wie schnell es fliegt.

Bei den Hopi weiß man, dass auch einige von uns mit solchen Raumschiffen fuhren und dass sie auch in anderen Ländern benutzt wurden, weil die Atlanter mit ihnen zu uns herüberkamen. Das Fahrzeug hat keinen Motor wie unsere Flugzeuge und braucht keinen Kraftstoff. Es fliegt im magnetischen Feld. Auf diese Weise kann man jeden Ort innerhalb unserer Atmosphäre erreichen und auch die Erde verlassen. So einfach ist das."

Noch im dritten Jahrhundert vor unserer Zeitrechnung lässt sich die Verwendung von Fluggeräten in singhalesischen Überlieferungen eindeutig dokumentieren. Heute noch fertigen singhalesische Goldschmiede nach Jahrtausende alten - auf Palmblättern verzeichneten - Konstruktionsplänen detailgetreue Modelle von Vimanas an, die als religiöse Gegenstände höchste Verehrung genießen.

Ursprünglich schufen die Rishis diese Gefährte für Wesen, die in den Epen als Götter bezeichnet werden. Im Lauf der Zeit gaben sie einen Teil ihres Wissens an die Menschen weiter, die es vor allem in zahlreichen Kriegen einsetzten. Mit dem Verschwinden der Rishis gerieten die alten ingenieurtechnischen Überlieferungen in Vergessenheit. Was geblieben ist, sind verglaste Ruinen wie die von Dvaraka.

Wie es scheint, waren die Rishis die Hüter einer geheimen Weisheit, älter als die Anfänge der indischen Kultur, sogar älter als die Welt unserer offiziellen Geschichtsbücher. In den Bibliotheken aus beschriebenen Palmblättern, die von den Rishis hinterlassen wurden, sollen sich auch Berichte über frühe Zivilisationen finden. Das Alt-Tamil soll jene Sprache sein, die von den Rishis extra geschaffen wurde, um die Aufzeichnung ihrer allumfassenden Kenntnisse für die Zukunft überhaupt zu ermöglichen. Aus diesen Quellen bezogen Forscher wie James Churchward oder David Hatchel Childress ihr Wissen über die legendären Länder Lemuria und Mu, und natürlich Atlantis.

Jede der Palmblattbibliotheken enthält präzise Angaben über die weitere Entwicklung der Menschheit und die auf sie zukommenden Gefahren. Informationen, die niemals für eine breite Öffentlichkeit bestimmt gewesen sein dürften, zu erschreckend sollen die Aussagen sein. Vom alsbaldigen Ablauf des „Kali-Yuga", des „Eisernen Zeitalters" und vom Untergang der materialistisch orientierten Gesellschaften ist dort die Rede, von gewaltigen, mit Naturkatastrophen und Kriegen verbundenen geopolitischen Umwälzungen in unserem Jahrhundert, aber auch vom Anbruch eines neuen Zeitalters, von der Rückkehr der Rishis aus ihren Refugien in unzugänglichen Gebieten Zentralasiens und dem erneuten Antritt ihrer weisen Herrschaft. Am Beginn des „Kali-Yuga", als die Menschheit immer tiefer im Materialismus zu versinken begann, sollen sie sich nämlich aus dieser Welt zurückgezogen haben, in die „Reinen Länder", von denen indische und tibetische Legenden zu berichten wissen und die noch heute hinter den unsichtbaren schützenden Mauern psychischer Kraft in den Einöden des Altai und Himalaja, der Inneren Mongolei und des Karakorum existieren sollen. Im hohen Norden, so heißt es in vielen Legenden, existiert das unterirdische Volk der „Tschuden", die in einer eigenen Welt leben. Dorthin sollen sich die Rishis während des Kali-Yuga begeben haben. Das Autorenpaar Annett und Thomas Ritter entdeckten das Tagebuch eines russischen Geologen, der von seltsamen Begegnungen mit den letzten Überlebenden der Tschuden im Gebiet der Steinigen Tunguska in den fünfziger Jahren des zwanzigsten Jahrhunderts berichtete. Während seines Aufenthaltes in einem gigantischen unterirdischen Höhlenlabyrinth entdeckte der Geologe die Ahnenreihe der Herrscher der Tschuden, die bis zu seltsamen, nicht-menschlichen Geschöpfen zurückreicht, von denen die Tschuden ihre Abstammung herleiteten. Die Gesprächspartner des Geologen behaupteten, jene Urväter der Tschuden würden auch heute noch in einem unterirdischen Reich leben, das von der physischen Realität durch rätselhafte Mauern getrennt wäre. Sie nannten dieses Reich „Agartha" oder auch „Shamballah". Ein Reich, nach dem Forscher wie Nicolas Roerich, Henning Haslund, Dr. Ernst Schäfer und Sven Hedin in den unwegsamen Einöden des Altai, des Karakorum und der Inneren Mongolei gesucht haben. Was sie fanden, waren beeindruckende archäologische Zeugnisse längst vergangener Kulturen.

Einige dieser verwegenen Forscher wie Nicolas Roerich oder Dr. Schäfer sollen sogar das Tor nach Shamballah durchschritten haben. Aus diesen anderen, doch physisch realen Dimensionen, kehrten sie verändert zurück. Sie sahen sich nunmehr als Botschafter einer universellen Wahrheit, als Mahner für einen weltweiten Frieden im Namen jener, die sie als „Mahatmas" (man kennt den Begriff auch von Madame Blavatsky) oder „die großen Seelen" bezeichneten und die in den Refugien der unterirdischen Reiche auf den Anbruch ihres Zeitalters warten sollen.

Auch in den Schriften und Äußerungen des jeweiligen Dalai Lama findet die These, dass neben unserer Zivilisation auf diesem Planeten noch die Überlebenden weitaus älterer Kulturen in unzugänglichen Refugien existieren sollen, eine eindrucksvolle Bestätigung.

Bei einer Einweihung in das „Kalachakra Tantra" erklärte der vierzehnte Dalai Lama im Jahr 1981: „Das Kalachakra Tantra ist stets eng verbunden gewesen mit dem Land Shamballah und seinen sechsundneunzig Distrikten, seinen Königen und deren Gefolge. Doch wenn du eine Landkarte ausbreitest und Shamballah suchst, so ist es nicht zu finden. Vielmehr scheint es ein reines Land zu sein, das man nicht einfach sehen und besuchen kann, mit Ausnahme derjenigen, deren Karma und Verdienste gereift sind. Sogar wenn Shamballah ein reales Land ist - ein wirkliches reines Land - können normale Menschen sich ihm nicht unmittelbar nahen. Es wird vielleicht möglich werden, wenn man in Zukunft Raumschiffe bis zu dem Punkt verbessern kann, dass sie schneller als das Licht werden. Bis dahin aber muss man reich an Verdiensten sein, um dorthin zu kommen."

Eine schöne, Hoffnung machende Sage. Aber: ist etwas an ihr dran?

Die Spur der Großen Alten

Nicht nur an der endlos weiten Coromandelküste im Südosten Indiens finden sich steinerne Zeugnisse aus den Zeiten der Rishis. Schon vor über 2000 Jahren war die antike Metropole „Mahabalipuram" phönizischen, griechischen und arabischen Händlern bekannt. Bereits diese frühen Quellen berichten von gigantischen uralten Ruinenkomplexen. Noch heute zeugen diese Ruinenfelder von einer Kunst präzisester Steinbearbeitung in Größenordnungen, die selbst uns unvorstellbar erscheinen. Mehrere Meter hohe Felsen wirken wie mit einem Messer durchschnitten. Über das ganze, etwa fünf Quadratkilometer große Areal ziehen sich sauber aus den Felsen herausgeschnittene Terrassen. Gebäude sind in monolithischer Bauweise direkt aus dem gewachsenen harten Felsen herausgearbeitet. Verständnislos fragen sich moderne Betrachter, mit welchen technischen Mitteln die Errichtung dieser Anlage in grauer Vorzeit möglich gewesen sein soll. Lokale Legenden berichten, die Rishis hätten das Äonen alte Mahabalipuram als eine Bastion erschaffen, die in den Kriegen der Götter schließlich verwüstet wurde. Die Schilderungen in den Überlieferungen aus fernen Tagen decken sich erstaunlich gut mit den Vorstellungen, die wir vom Einsatz modernster Waffensysteme haben, einschließlich solcher, die nur in der Theorie existieren (Lasergeschütze und ähnliches).
Auch in Ceylon, dem heutigen Sri Lanka, das nur einige hundert Seemeilen von der indischen Ostküste entfernt im Indischen Ozean liegt, bewahren buddhistische Mönche in den Höhlenklöstern des Hochlandes bis heute Erinnerungen an die Herkunft und das alles überragende Wissen der Rishis. Nicht mehr und nicht weniger als die Zukunft dieser Erde haben die Rishis in die Hände der Menschen gelegt, als sie sich im Kali-Yuga vor dem Würgegriff des Materialismus in die Reinen Länder zurückzogen. Das Schicksal dieser Welt wurde den Menschen anvertraut - doch die Hüter der alten Weisheit sind nicht begraben in toter Vergangenheit, sondern beobachten und begleiten den Weg der Menschheit, bereit, auch selbst wieder die Bühne der Geschichte zu betreten und erneut Verantwortung zu übernehmen, wenn sich die Menschen als unfähig erweisen sollten, die ihnen anvertraute Aufgabe zu lösen. Sind sie, die ruhelosen Wanderer durch Raum und Zeit, Wächter der Menschheit wie die nicht weniger mysteriösen „Neun Unbekannten" - oder sind sie gar mit diesen identisch...?

Wächter der Menschheit?

In der Tat erinnert das Aufgezählte frappant an die Legende von den „Neun Unbekannten". Das Verblüffende an dieser uralten Überlieferung ist die Verbindung mit der geschichtlicher Figur des indischen Kaisers Aschoka (272-232 v. Chr.). Wer sich mit dem Wirken von „Ashoka dem Großen" befassen will, braucht keine okkulten Folianten zu Rate zu ziehen, sondern kann in jedem Geschichtswerk über den zweiten Nachfolger und Enkel von Tschandragupta lesen, der das Indusbecken, das Dschamma-Ganges-Becken sowie das östliche Halbinselhochland Dekhan in einem Großreich vereinigte. Zeugnisse von seinem riesigem „Maurjareich" im Gangesbecken finden sich von Bangladesch im Osten bis im Süden auf die Breite von Madras in Form von Felsinschriften und Denkmalsäulen. Dazu kommen Chroniken, die später auf Ceylon unter dem Aspekt der buddhistischen Therawadinschule geschrieben wurden.

Kaiser Ashoka brachte Indien nach dem Zerfall der Induszivilisation erstmals staatliche Einheit und innenpolitischen Frieden. Im Jahr 322 vor Christus hatte er die makedonischen Garnisonen vertrieben und sich in den Besitz der Hinterlassenschaft von Alexander dem Großen gesetzt. Er annektierte das Magdahreich und andere. Nachdem er das Reich Kalinga im heutigen indischen Unionsstaat Orissa zwischen Kalkutta und Madras geschluckt hatte, entsagte der erstaunliche Potentat freiwillig jeder weiteren Eroberung, obgleich ihn niemand hätte aufhalten können.

Im Gegensatz zu manchen Staatsmännern unserer Tage, deren Nachtruhe von Leichenbergen in keiner Weise gestört wird, war Aschoka von dem mit Hunderttausenden Gefallenen bedeckten Schlachtfeld nach dem Massaker von Kalinga zutiefst erschüttert. Die Gräuel des Krieges machten den Kaiser zu einem Mann des Friedens. Anstelle der Expansion trat nur noch die Verbreitung des buddhistischen „Dharma" (Lehre) als reguläre Außenpolitik. Aschoka schrieb Toleranz Andersgläubigen gegenüber auf seine Fahnen und schuf einen modernen Sozialstaat mit starkem Tierschutz. Es gibt Historiker, die in der Unerschrockenheit der indischen Fauna eine bis ins Heute reichende Nachwirkung der Tierliebe des Herrschers erkennen wollen.

Dessen nicht genug, wollte der nunmehrige überzeugte Friedensfürst für alle Zeiten verhindern, dass mit den Früchten des menschlichen Geistes Schindluder getrieben wurde. Ein antiker Vorläufer des Athener Professors O. J. Despotopoulos, der im Oktober 1953 die UNESCO aufforderte, jeglichen wissenschaftlichen Fortschritt streng geheim zu halten und einem Wissenschaftlergremium vorzubehalten. Damit Erfindungen nicht als Waffen missbraucht werden können, ordnete Aschoka die Tarnung jeglichen Fortschritts an. Von Stund an wurden alle Erkenntnisse hinter einem mystischen Schleier verborgen. Um diese Geheimhaltung und gleichzeitig die Führung der nichts ahnenden Menschheit durch eine kleine Gruppe Eingeweihter zu gewährleisten, soll Kaiser Aschoka vor über zweitausend Jahren die Gesellschaft der „Neun Unbekannten" ins Leben gerufen haben.
Ein mehr als exklusiver Zirkel, deren Mitglieder in einer Kunstsprache kommunizieren und ihr Wissen aus *neun* geheimen Büchern beziehen, die permanent weitergeschrieben werden. Ein Buch für jeden der Unbekannten.

Das *erste* Buch erläutert die unwiderstehlichen Techniken der Propaganda und der psychologischen Kriegsführung. „Dies ist die gefährlichste aller Wissenschaften", meinte Talbot Mundy, der diese mysteriöse Vereinigung 1924 in seinem Werk „The Nine Unknown" erstmals erwähnte.
Das *zweite* Buch befasst sich mit Physiologie und legt die verborgensten Kämmerchen des menschlichen Körpers frei. Die asiatischen Kampfkünste Judo, Aikido, Kung Fu, Karate und andere sollen auf winzige durchgesickerte Informationsfragmente aus diesem Buch zurückzuführen sein.
Das *dritte* Buch behandelt Mikrobiologie.
Das *vierte* Buch verrät das Geheimnis der Transmutation, der Umwandlung von einem Element ins andere. Es heißt, manche Priester und Gläubige hätten in Notzeiten auf diese Weise große Mengen reinen Goldes erhalten. Mit großer Wahrscheinlichkeit geht die Suche nach dem Stein der Weisen auf eine Fehlinterpretation der spärlichen Hinweise auf die Existenz dieses Buches zurück.
Das *fünfte* Buch referiert über Kommunikation jeglicher Art, irdisch und nicht-irdisch.
Das *sechste* Buch enthüllt das Wesen der Gravitation.

Das *siebente* Buch entrollt eine umfassende Kosmogonie, verglichen mit der alle Konzepte der modernen Physik und Astrophysik hilfloses Herumfabulieren sind.
Das *achte* Buch befasst sich mit dem Licht.
Das *neunte* Buch behandelt die Evolution der Arten und der Gesellschaften. Es erlaubt den Aufstieg und Fall von Lebensformen und von Zivilisationen vorherzusagen.

Beindruckend und erschreckend zugleich. Wer seit weit mehr als zweitausend Jahren über einen Wissensschatz dieser Mächtigkeit verfügt, der noch dazu ständig erweitert wird, könnte den Lauf der Welt bestimmen. Da Macht bekanntlich korrumpiert (wir erleben es tagtäglich) und absolute Macht daher absolut korrumpiert, müssten die Träger eines solchen titanischen Potentials mehr sein als gewöhnliche Menschen, um der Versuchung offener Machtergreifung zu widerstehen. Genau das soll auf die „Neun Unbekannten" zutreffen, die manche als Abkömmlinge der Rishis, der Atlanter oder anderer übermenschlicher Vorfahren ansehen.
Über alle Leidenschaften erhaben, nur ihrer heiligen Aufgabe gewidmet, den Homo sapiens unauffällig, aber mit sicherer Hand durch die Wechselfälle eines chaotischen Schicksals zu lenken, wenden sie ihre unvorstellbaren Mittel mit äußerster Behutsamkeit an. Unter ihrer Observanz entstehen und vergehen große und kleine Zivilisationen, vollziehen sich Tragödien und Hochentwicklungen. Neun Männer mit einer für uns unergründlichen Aufgabe, gebunden nur an ein oberstes Gebot: das Gebot des Stillschweigens. Das ist die Legende von den „Neun Unbekannten". Oder ist es mehr als eine Legende...?

Spuren und Hinweise

Es erhebt sich die Frage, ob man Indizien für tatsächliche Aktivitäten der „Neun Unbekannten" entdecken kann. Wir haben schon in uralten indischen Texten gestöbert, die Götterkriege mit erstaunlichen - um nicht zu sagen anachronistischen - Details beschreiben, die fatal an nukleare Explosionen und deren Folgen erinnern. Und wir haben mit konkreten Spuren dieser Auseinandersetzungen Bekanntschaft gemacht. Damit sind wir plötzlich wieder bei einem der Schauplätze des Bharata-Krieges, bei den rätselhaft geschmolzenen Ruinen im oberen Gangesbereich in Nordindien, zwischen dem Ganges und den Rajamahalbergen sowie in den dichten Wäldern des Halbinselhochlandes Dekhan, wo sich sogar riesige Felder solcher, teilweise zu einer glasartigen Substanz gewordener Ruinen finden, aber auch ein menschliches Skelett mit einem Radioaktivitätspegel fünfzig mal so hoch wie normal. Und das Hochland des Dekhan war ein Teil des Imperiums von Kaiser Aschoka...!
Absolut überzeugt von der Existenz der „Neun Unbekannten" war der Jurist Louis Jacolliot (1837-1890). Er war französischer Gesandter in Kalkutta und oberster Justizbeamter in Chandernagore und hat wichtige Werke über okkulte Wissenschaften im alten Indien, über den Hinduismus und über das Wirken Heiliger Männer verfasst (1884 „Occult Sciences in India", 1887 „L'Indie Brahmanique"). Jacolliot erwähnte die „Neun Unbekannten" mehrmals und beschrieb ab 1860 wissenschaftliche Methoden, derer sich die Unbekannten bedienen sollten und die ihrer Zeit weit voraus waren. Beispielsweise die Umwandlung von Masse in Energie oder Sterilisation durch Strahlung. Allein diese Aussagen stellen bereits ein Rätsel dar.
Jacolliot ging jedoch noch weiter und nahm die Legende beim Wort, die „Neun Unbekannten" wären für die unerklärlichen Eigenschaften des Gangeswassers verantwortlich. Bekanntlich wird dem heiligen Fluss eine mystische Heilkraft zugeschrieben, den er auch besitzen muss, da sich seit Jahrhunderten Millionen und aber-Millionen von Pilgern mit den grausigsten und infektiösesten Krankheiten in seinen Fluten tummeln. Obgleich der Strom ein einziger Seuchenherd sein müsste, erfolgt keine Ansteckung der Gesunden unter den Badenden. Die unbe-

friedigende Erklärung dafür sind Bakteriophagen, wobei niemand zu sagen vermag, wieso diese nicht auch im Bramaputra, im Hoangho oder im Amazonas Vergleichbares bewirken. Jacolliot vertrat und publizierte die Ansicht, der Ganges würde von einem geheimen Tempel aus durch Strahlung sterilisiert - hundert Jahre bevor die abendländische Wissenschaft von einer solchen Methode auch nur eine Ahnung hatte.

Es gibt noch mehr Frappierendes, das mit den „Neun Unbekannten" in direkte Verbindung gebracht werden kann, jedoch den Rahmen sprengen würde. Zusammenfassend erscheint die Vermutung legitim, dass Wesen wie „Die Neun Unbekannten" existieren und über ein Wissen verfügen könnten, das unserem nicht nachsteht oder sogar überlegen ist. Sie könnten in der diffusen Grauzone der geheimnisvollen Drahtzieher, Gesellschaften und Mächte beheimatet sein, denen ich in „VERTUSCHT. Wer die Welt beherrscht" (Argo-Verlag) und „SCHATTEN DER MACHT" (KOPP-Verlag) nachgespürt habe (siehe auch meine Homepage www.farkas.at).

Damit kommen wir zur alles entscheidenden Frage: Wenn es solche Unbekannten immer noch gibt, wo sind sie?

Die Erde ist hohl

Haben Sie gewusst, dass Giacomo Casanova (1725-1798) nicht nur ein bekannter Frauenbeglücker, sondern ein hochgebildeter Mann mit wissenschaftlichen Kenntnissen und literarischen Ambitionen war? 1788 legte Casanova mit seinem fünfbändigen Epos „Icosameron - Edouard und Elisabeth oder die Reise in das Innere unseres Erdballs" ein Werk vor, das nicht nur wegen seines exzellenten Stils und der hintergründigen Sozialkritik, sondern auch aufgrund seiner erstaunlichen Ideen und wissenschaftlichen Spekulationen - darunter die Vorwegnahme der Elektrizität - Beachtung verdient. Aufgrund der kleinen Auflage ist das Original heute so gut wie verschollen. In diesem Werk wird die Reise in eine unterirdische Welt beschrieben, die von den „Mégamicres" - den „Großen Kleinen" - bevölkert ist: kleine Wesen mit großem Geist. Die Vorstellung eines von Höhlen und Tunneln durchzogenen Tibet oder Himalaja ist bereits reichlich phantastisch. Dessen nicht genug wird behauptet, die ganze Erde würde ein gigantisches Tunnelsystem beinhalten. Beispielsweise schwören die Ouechua-Indianer in Peru und Bolivien darauf, dass die Anden von einem großen unterirdischen Wegenetz durchzogen sein sollen.

Viele religiöse Schriften, Legenden und Mythologien erzählen von einer Welt unter der Erdkruste. Als beispielsweise „Gilgamesh", der legendäre Held aus dem sumerischen und babylonischen Epos, seinen Vorfahren „Utnapishtim" besuchte, stieg er ins Erdinnere hinab. Dorthin reiste auch Orpheus (in der Unterwelt), um nach der Seele von Eurydike zu suchen. Als Ulysses/Odysseus das äußerste Ende der westlichen Welt erreicht hatte, bot er den Geistern ein Opfer dar, damit die Seelen der Alten aus den Tiefen der Erde an die Oberfläche steigen und ihm Rat erteilen konnten. In einigen Legenden wird auch von Venus gesagt, sie sei ins Erdinnere verbannt worden. Sogar der Rattenfänger von Hameln verschwand mit der unglücklichen Kinderschar im Inneren eines Berges. Nicht zu vergessen der Venusberg, in dessen Inneren Tannhäuser sich aufhielt, der Untersberg, in dem König Barbarossa immer noch warten soll, König Arthus Zurückgezogenheit in Bergesinneres oder die Legenden von Holger Dansk, dem Dänen in den Gewölben unter der Kronenburg. So gut wie sämtliche mythologischen oder religiösen Götter und übermenschlichen Wesen sollen ihre Jugend unter der Erde verbracht haben: Dyonisos wurde in einer Höhle genährt, Jupiter wurde in einer Höhle geboren, Hermes und Adonis desgleichen...

Bei vielen Völkern wird von Generation zu Generation von einem Wohnsitz erzählt, „den die Götter für die ersten Menschen erschaffen hatten", ein Ort, von dem auch in indischen, chinesischen, eddaischen und aztekischen Schriften die Rede ist: ein Ort im Zentrum der Erde. Die ältesten Legenden über die Hohlwelt besagen, dass das Erdinnere von verschiedenen riesenhaften Wesen, Dämonen, „den kleinen Leuten" und einer weisen friedfertigen humanoiden Rasse bewohnt sei. Einige Forscher glauben, sie werde von den Überlebenden von Lemuria und Atlantis bewohnt.

Viele alte Schriften und Manuskripte erwähnen „die Unterwelt" als einen real existierenden echten Lebensraum, der heute in den Religionen und Überlieferungen zur „Hölle" degeneriert ist. Die alten Griechen und Römer waren der Ansicht, ihre Götter und Göttinnen seien Abgesandte einer Zivilisation in der inneren Welt. Im Osten existiert eine Überlieferung, wonach der erste Mensch aus einer unterirdischen Welt stammte. Adams Zuhause lag „im Zentrum der Erde" und seine Mission war es, die Erdoberfläche zu erkunden. Eine Hindu-Sage geht sogar noch weiter. Hier ist Adam der König einer Gruppe von Menschen, die nach einer großen Katastrophe ins Innere der Erde geflohen waren und später wieder an die Oberfläche kamen, um die menschliche Rasse neu zu begründen.

Von Legenden einmal abgesehen, gibt es immer wieder Vorkommnisse, die darauf hindeuten könnten. Wie beispielsweise die Ereignisse um den Berg „Shasta" in Kalifornien, um den sich bei den indianischen Ureinwohnern Nordamerikas Legenden ranken, die sich mit denen von Shamballah und Agharti vergleichen lassen.

Der bereits erwähnte Louis Jacolliot notierte Berichte über eine unterirdische Welt namens „Agharti" mit riesigen Höhlen und ausgedehnten Tunnelsystemen im Norden, tief in den Eingeweiden des Himalajas. Legenden, die von zahlreichen Sanskritaufzeichnungen und Teilen der berühmten Palmblattbibliotheken gestützt wurden. Der Franzose kam zu der Überzeugung, auf einen uralten Tatsachenbericht gestoßen zu sein, was er 1879 in seinem Buch „Histoire des Vierges" (Geschichte der Jungfrauen) so ausdrückte: „Eine der ältesten Legenden, die in Tempeln niedergeschrieben ist oder mündlich weitergegeben wird, ist jene, dass vor vielen Tausenden von Jahren ein großer Kontinent mit einer mächtigen Zivilisation existiert haben soll, der durch eine Katastrophe vernichtet wurde... Es ist sicher, dass diese Zivilisation existiert hat, und es wäre für die Wissenschaft von höchster Bedeutung, ihre Spuren zu finden, wie vage sie auch immer sein mögen."

Gibt es nun Hinweise auf ihre Existenz oder gibt es sie nicht? Was es gibt, ist ein Fingerzeig: das immer wieder erwähnte grüne Leuchten, das auch in unseren Tagen in den Tiefen von Höhlen und Tunneln beobachtet wird. Es hat eine wahrhaft lange Tradition - und zwar auf allen Kontinenten.

Tibetanische Lamas sind überzeugt, dass die geheimen Untergrundstädte und Stollen im Himalaja von einem grünen Licht erhellt werden, das Getreide wachsen und die Menschen nie krank werden lässt. Auf identische Überlieferungen stößt man auf der anderen Seite des Erdballs. Einheimische von Südamerika erzählen von einem mysteriösen grünen Licht in und um Minen, in Schächten und Höhlen wie auch zwischen den Ruinen von Inka-Städten. Ein Forscher, der ein Stück weit in Tunnel im Amazonasgebiet eingedrungen war, berichtete „vom Schein einer grünen Sonne, die in Tiefen leuchtete."

Zur Zeit des amerikanischen Goldrausches Ende des neunzehnten Jahrhunderts wurde von vielen Goldsuchern um den Berg „Shasta" herum ein rätselhafter Lichtschein wahrgenommen, der sich auch bei hellem Wetter zeigte. Es konnte sich also nicht um blitzähnliche Phänomene handeln und ebenso wenig um künstlich erzeugte Elektrizität, da die Gegend damals noch nicht elektrifiziert war. In neuerer Zeit hat man öfter erlebt, dass der Motor von Autos auf den zum „Shasta" führenden Straßen ohne ersichtlichen Grund abstirbt.

Ein Waldbrand, der 1931 auf dem Berg wütete, wurde plötzlich durch eine rätselhafte Nebelwand aufgehalten. Man konnte noch viele Jahre lang die Linie sehen, an der die Flammen jäh Halt gemacht hatte; sie bildete eine exakte, vollkommen gleichmäßige Kurve rund um den Hauptgipfel.

Im Jahr 1932 erschien in der „Los Angeles Times" ein sehr merkwürdiger Artikel. Sein Verfasser, Edward Lanser, berichtete, er hätte in der Umgebung des „Shasta" eine Befragung durchgeführt und von den Einwohnern erfahren, dass man schon seit undenklichen Zeiten von der Existenz einer geheimnisvollen Siedlung wüsste, die im Inneren des Berges liegen soll. Die Bewohner dieser verborgenen Stadt seien weiße Menschen von hohem Wuchs und edlem Aussehen. Kaufleute behaupteten, dass diese Unbekannten manchmal, wenn auch sehr selten, in ihren Läden erschienen um etwas zu kaufen. Sie zahlten stets mit Goldkörnern, die viel mehr wert waren als die erstandene Ware. Wenn man solchen Menschen im Wald begegnete, machten sie sich rasch davon oder verschwanden einfach in den Lüften. Manchmal konnte man auf den Hängen des Berges sonderbares Vieh erblicken, das keiner in Amerika bekannten Tierart ähnelte. Noch rätselhafter scheint es, dass man im Gebiet des „Shasta" immer wieder flügellose Flugobjekte beobachtet, die lautlos durch die Luft gleiten. Manchmal senkten sie sich auf das Meer nieder und setzten ihre Reise auf der Meeresfläche oder unter Wasser fort.

Liegt im Inneren des Berges wirklich eine „Himmelsstadt", wie es die alten indianischen Sagen behaupten? Sind ihre Bewohner der großen Flut wirklich auf Luftschiffen entkommen? Gibt es überhaupt irgendeinen Beweis dafür, dass in den Eingeweiden der Erde etwas verborgen liegt, von dem sich die Schulweisheit nichts träumen läßt?

Im Jahr 1965 veröffentlichte der Höhlenforscher Dr. Antonin Horak in der „National Spaeological Society News" einen Bericht über eine seltsame Entdeckung, die er einundzwanzig Jahre zuvor gemacht hatte. Damals, 1944, war Dr. Horak Hauptmann in der tschechoslowakischen Partisanenarmee gewesen. Gemeinsam mit zwei Kameraden war er nach einem Schußwechsel mit deutschen Truppen von einem Bauern in eine Grotte nahe den Städten Plavince und Lubocna geführt worden. In dem Bericht wird sogar die exakte geographische Lage angegeben: 49,2 Grad Nord, 20,7 Grad Ost. Einer der Männer namens Martin war schwer verwundet, der zweite, ein gewisser Jurek, und Dr. Horak standen kurz vor dem Zusammenbruch. Nachdem sie Martin in ihrer Zuflucht, so gut es ging, versorgt hatten, fielen sie sofort in tiefen Schlaf.

Die Männer konnten die Höhle nicht verlassen, solange ihr Kamerad nicht einigermaßen wiederhergestellt war. Entgegen den Warnungen des Bauern, nicht tiefer in die „Spukhöhle" einzudringen, tat Dr. Horak genau das. Nachdem er unbestimmte Zeit in den Berg hineingegangen war, änderte sich der bisher völlig natürliche Tunnel in den Felsen schlagartig. Im Licht der Taschenlampe wiesen die Tunnelwände plötzlich eindeutig künstlichen Charakter auf. Der abwärts führende Boden war mit einer Substanz gepflastert, die an Kalk erinnerte, aber völlig andere Eigenschaften aufwies, wie Dr. Horak feststellen musste, als er eine Probe nehmen wollte.

Nachdem es ihm nicht gelungen war, mit seinem Pickel auch nur einen Splitter aus dem „Kalkbelag" des Bodens herauszuschlagen, feuerte er einen Schuss aus seiner Pistole gegen die Tunnelwand ab. Die dröhnende Detonation verhallte im Kreischen des Querschlägers, als die Kugel in der Tiefe des Berges verschwand. Das rasende Hochgeschwindigkeitsstahlmantelgeschoss war ebenfalls nicht in der Lage, auch nur ein winziges Stück der Substanz abzusplittern, mit der die Wand bedeckt war. Lediglich eine zarte Schramme blieb zurück.

Ärgerlich darüber, dass er nichts vorzeigen konnte, kehrte Dr. Horak zu seinen Gefährten zurück. Gemeinsam mit Jurek ging er nochmals bis zu der Stelle, wo der Tunnel künstlich wurde, doch auch zu zweit kamen sie zu keinem Ergebnis.

Der Autor schloss seinen Artikel von 1965 mit der Frage „Wer oder was hat diesen Gang in den Berg getrieben? Waren es Menschen? Haben wir hier einen Beweis für Legenden wie die von Plato über frühe Zivilisationen mit magischen Technologien jenseits unserer Vorstellungskraft?"

Hinweise auf mysteriöse Tunnelsysteme finden sich auch schon in früheren Tagen.

Ein Tunnelsystem rund um die Welt

In der Nacht des 13. Februar 1834 stürzte die altehrwürdige Kirche von Gapennes in der französischen Picardy an der Somme in sich zusammen. Man machte zuerst ein (extrem lokales) Erdbeben dafür verantwortlich, erkannte aber dann die wahre Unglücksursache: Der Grund, auf dem die Kirche stand, war von einem weitläufigen Tunnelsystem völlig durchzogen. Einer der Tunnel hatte nachgegeben und das Gebäude einstürzen lassen. In Sabine Baring-Goulds klassischem Werk „Klippen, Kastelle und Höhlen in Europa", erschienen 1911, ist dieser Vorfall festgehalten. Interessant ist aber besonders, was die Autorin anschließend an die Schilderung des Vorfalls bemerkt: „Gapennes ist nicht der einzige Ort in der Provinz, an dem solche unterirdischen Passagen existieren. Hunderte wurden bereits entdeckt und immer weitere werden es laufend. Es ist legitim zu sagen, dass es kaum ein Dorf zwischen Arras und Amiens, zwischen Roye und dem Meer, zwischen dem Verlauf der Somme und der Authie gibt, das keine unterirdischen Tunnel aufweist. Sie alle sind uralt und von erstaunlicher Gleichartigkeit."

Der französische Historiker E. Lucan erwähnt an mehreren Stellen Berichte und Überlieferungen von seltsamen Vorgängen in tiefen Höhlen nahe Marseilles. Von Zeit zu Zeit, so heißt es, bewegt sich der Erdboden, unheimliche Geräusche dringen aus den Tiefen - darunter solche wie von riesigen brummenden Maschinen -, desgleichen grüne Lichterscheinungen(!). Und das seit Jahrhunderten, wahrscheinlich noch länger. Die Berichte verlieren sich im Dunkel der Vergangenheit.

Diese Schilderungen aus einem einzigen Land - Frankreich - sind nur einer der handfesten Beweise dafür, dass unser Erdball von Tunneln und Untergrundstädten durchzogen wird, in denen auch heute noch Seltsames vor sich geht. Erzählungen von Maschinengeräuschen aus den Tiefen finden sich nämlich ebenso bei den Indianern in Kanada wie bei den Inuit in Alaska, oder in den Tunneln unter der Mayapyramide von Palenque im mexikanischen Staat Chiapas, in Indien, in Russland, in Afrika, unter der Wüste Gobi, buchstäblich überall.

Es gibt die Tunnel mit ihren Begleiterscheinungen in Nord- und Südamerika, in Mitteleuropa, in Ozeanien, auf den Balearen im Mittelmeer, in Russland, in China - die Aufzählung könnte noch lange fortge-

setzt werden. Sie verbinden die beiden amerikanischen Kontinente über die Beringstraße mit dem eurasischen Großkontinent. Die Verbindung in südlicher Richtung ist etwas schwieriger, müßte sie doch zur nächsten Landmasse Afrika eine Entfernung von etwa dreitausend Kilometern überbrücken, heute unter dem Meeresboden. Die Antwort, die viele darauf geben, ist jene, dass die Tunnel in vorgeschichtlicher Zeit sehr wohl unter einer Landmasse verlaufen sind - und zwar unter der von Atlantis. Damit bildeten sie ein unzerrissenes globales Netz, in dessen Zentrum auch heute noch das mysteriöse „Agharti" liegt, zu dem anscheinend alle Wege führen. Zumindest jene unter der Erdoberfläche. 1914 machte der damalige US-Präsident Theodore Roosevelt im Zuge seiner begeistert betriebenen Erforschung des südamerikanischen Kontinents mit Legenden und Überlieferungen Bekanntschaft, die von einem ausgedehnten Tunnelsystem unter dem gesamten Doppelkontinent Nord- und Südamerika zu berichten wussten. Auch sein späterer Nachfolger und Namensvetter Franklin Delano Roosevelt wurde immer wieder mit Berichten über Höhlensysteme konfrontiert, in denen auf Goldenen Platten die Geschichte einer frühen Hochzivilisation erzählt wird, die von einer Katastrophe über Nacht vernichtet worden sein soll.
Es zeigt sich, dass nach Legenden und Beobachtungen auch unter dem amerikanischen Kontinent ein ausgedehntes Tunnelsystem existieren soll, durchaus vergleichbar mit dem in Tibet und unter dem Himalaja. Mehr noch: obwohl der Atlantik dazwischen liegt, sollen die unterirdischen Anlagen mit jenen in Asien zu einem weltweiten Netzwerk von Höhlen, Tunneln und Untergrundstädten verbunden sein, in denen die Abkömmlinge der Atlanter auch heute noch leben. Charles A. Marcoux, der Leiter des „Subsurface Research Center" in Phoenix, Arizona, vertritt die Ansicht, dass ein weltweites Tunnelsystem von Kanada nach Südamerika und in andere, weit entfernt liegende Regionen der Welt existiert.
Starker Tobak, aber gibt es dafür auch Hinweise und Indizien, wenn nicht gar Beweise?
Nach einer uralten Überlieferung wurde das mächtige Inka-Imperium von einer kleinen Gruppe begründet, die aus einem Tunnel in Pacari-Tambo östlich von Cuzco in Peru - der späteren Hauptstadt des Inkareiches - hervorgekommen ist. Interessanterweise handelt es sich dabei

um hellhäutige Personen von überdurchschnittlicher Größe, die sich selbst als Abkömmlinge einer uralten Rasse von Göttern bezeichneten. Der erstaunliche Eroberungserfolg der spanischen Plünderer - anders kann man die sogenannten „Konquistadoren" wohl kaum nennen - beruht zu nicht geringem Teil auf der Annahme der Indios, sie wären die erwarteten und nun wiedergekommenen „Weißen Götter" der Sage, die ihnen Glück bringen würden. Falscher konnten die Inkas kaum liegen, wie ihr tristes Schicksal beweist.

Im Jahr 1689 verfaßte ein spanischer Missionar mit dem beeindruckenden Namen Pater Francisco Antonio de Fuentes y Guzman eine Historie seiner jahrlangen Arbeit in Guatemala. Bemerkenswert sind besonders seine Eintragungen über ein riesiges Tunnelsystem, das nicht ganz zweihundert Jahre später von dem amerikanischen Rechtsanwalt und Globetrotter John Lloyd Stephens in seinem Buch „Incidents of Travel in Central America, Chiapas and Yukatan" eingehend beschrieben wurde. Darin erwähnt er auch künstliche Sonnen, mit denen „die Götter im Inneren der Erde", so die wörtliche Überlieferung, ihre unterirdischen Siedlungen beleuchten.

In ihrem umfangreichen Werk „Entschleierte Isis" erwähnt Madame Blavatsky das amerikanische unterirdische Tunnelsystem mit größter Selbstverständlichkeit: „Nahe Cuzco gibt es einen geheimen Eingang in einen riesigen Tunnel, der unter der Stadt nach Lima verläuft, dort einen Knick nach Süden macht und weiter nach Bolivien führt." Über seinen weiteren Verlauf, der hier keineswegs endet, sondern unter dem Kordillerenmassiv ins Irgendwohin führt, verrät Madame Blavatsky nichts, doch auch die angedeuteten Distanzen sind gewaltig: über 500 Kilometer von Cuzco nach Lima und von dort nach Bolivien noch mehr als 1.500 Kilometer. Eine Karte des Systems soll sich auch heute noch im Archiv der auf Madame Blavatsky zurückgehenden Theosophischen Gesellschaft im indischen Madras befinden. Die südamerikanischen Legenden meinen wahrscheinlich diesen Monstertunnel, der sich - mindestens! - von Mexiko in den Norden nach Peru und in den Süden nach Bolivien erstrecken soll wenn sie von der „Inkastraße" berichten.

Ein wichtiger Knotenpunkt der unterirdischen Stollen und Gewölbe ist das riesige Land Brasilien. Es ist mit über 8,5 Millionen Quadratkilometern das viertgrößte Land der Welt und bedeckt fast die halbe Landfläche des südamerikanischen Kontinents. Es ist ein mysteriöses Land, das erst vor relativ kurzer Zeit die Weltbühne betreten hat, als der portugiesische Navigator Pedro Alvares Cabral seine Küste im Jahr 1500 erreichte. Auch heute noch liegt seine jüngere Geschichte in relativem, seine ältere in absolutem Dunkel. Und das, obgleich es unübersehbare Anzeichen dafür gibt, dass vor Jahrzehntausenden - manche Forscher nennen die Zeit um 60.000 vor Christus, als man in Europa noch in Höhlen hauste - ein weißhäutiges Volk im Bergland Mato Grosso und an anderen Stellen gelebt und seltsame Spuren hinterlassen hat. Kolonisten aus dem untergegangenen Atlantis, wie manche Forscher überzeugt sind.

Sogar die Namensgebung berührt ein Rätsel. Nach offizieller Lesart geht sie auf das Vorkommen von Rotholz „Biancaea sappan" zurück, in Wirklichkeit soll aber das altkeltische Wort „Hy-Brazil", das Atlantis bedeuten soll, dabei Pate gestanden haben.

In diesem großteils immer noch unbekannten Land finden sich zahlreiche Eingänge in unterirdische Tunnel, die riesige Gebiete durchziehen müssen. Der bekannteste dieser Eingänge liegt in den Roncador-Bergen. Zu diesem Eingang in die unterirdische Welt, von dem ihm ein Eingeborener berichtet hatte, war der schon mehrfach erwähnte Colonel Fawcett von Cuiaba aus unterwegs, als sich seine Spur verlor.

Aus einem dieser Eingänge sollte vor Jahrtausenden der „Atlanter" Quezalcoatl (die gefiederte Schlange) getreten sein. Neben den üblichen Legenden findet man in Ordonez de Aguilers „Historia de Ciello" (Geschichte des Himmels) aus dem sechzehnten Jahrhundert die dezidierte Aussage, Quezalcoatl habe mehrere Besuche in Brasilen von Atlantis aus gemacht und habe sich schließlich durch eine unterirdische Passage für immer wieder dorthin zurück begeben.

In den dichten Wäldern zwischen Rio Apure und dem Orinoko lebt ein wenig bekanntes Volk „weißer Indios", die als „Los Parias" bezeichnet werden. Ihre Ansiedlung trägt den Namen „Atlan", und ihre mündliche Überlieferungen erzählen von der Zerstörung ihrer Urheimat, einer riesigen Insel im östlichen Ozean sowie von deren Kolonien in ihrer neuen Heimat Brasilien.

Legenden der nordamerikanischen Indianer, die von den europäischen Siedlern in Millionenzahl buchstäblich vertilgt worden sind, berichten davon, dass die ersten Menschen im Inneren der Erde „ausgebrütet worden" seien. Darüber hinaus ist es erstaunlich, dass die Mythen der nur noch spärlich vorhandenen roten Ureinwohner weit mehr Berichte über Menschheitsschöpfung - nicht selten in unterirdischen Gefilden - und über Untergänge umfassen als die aller anderer Völker der Erde. Viele dieser Berichte weisen erstaunliche Parallelen mit solchen aus Asien und Europa auf. Nicht zu vergessen die weißhäutigen Ur-Amerikaner, die nach indianischen Überlieferungen Jahrtausende vor den weniger sympathischen weißen Europäern nach Nordamerika gekommen und geheimnisvolle Spuren hinterlassen haben sollen. Interessanterweise wird diese Vorstellung auch von den Inuit in Alaska geteilt, die ihren Teil des Landes ebenfalls als untertunnelt und von einem „übermenschlichen Volk" bewohnt betrachten.

Will man dem Autor des Buches „Agharta", Robert Ernst Dickhoff, glauben, so soll sogar unter New Yorks Zentralpark ein uraltes bewohntes Tunnelsystem existieren, das zu betreten noch riskanter ist als jeder nächtliche Aufenthalt im Zentralpark selbst, und der ist wahrhaft ein Ort für Abenteurernaturen. Tunnel- und Höhlensysteme, gegen die die verrotteten Atomschutzanlagen in amerikanischen Großstädten simple Kellergewölbe sind, auch wenn sich darin ein Mensch leicht verirren und verhungern kann.

Dass dieses uralte und vermutlich mächtige Volk auch heute noch im Land des Fastfood, der endlosen Autostraßen und der brodelnden Mega-Citys tief unter der Erde leben und das Treiben auf der Oberfläche mit steigendem Missfallen beobachten soll, ist ein kühner Gedanke. Aber ist es auch ein absurder? Will man düsteren Prophezeiungen glauben, wird sich schon in absehbarer Zeit herausstellen, was davon zu halten ist.

Es gibt jedenfalls eine Reihe von Forschern, die Nordamerika als von Eingängen in unterirdische Reiche übersät betrachten. Nicht selten liegen sie am Fuße eines Berges wie des legendenumrankten Mount Shasta oder unter Höhleneingängen wie dem zur berühmten Mammut-Höhle in Kentucky.

Nun gut. Nachdem die Hinweise auf die anscheinend nie erloschene Präsenz uralter Wesenheiten auf dem Tisch liegen, erhebt sich die Frage, was sie vorhaben mögen. Sofern sie eine eigenständige Macht verkörpern, was anzunehmen ist, könnten sie - und würden es wohl auch - aufgrund ihrer überlegenen Möglichkeiten mehr oder weniger dezent in das globale Geschehen eingreifen, wenn ihnen das erforderlich scheint. An der Frage, ob sie genau das im Lauf der bekannten Geschichte schon getan haben, scheiden sich die Geister. Über eines allerdings dürfte Einigkeit bestehen: Nimmt man die Lage der Menschheit auch nur einen Moment lang ernst, so wäre es höchste Zeit für das Eingreifen höherer Mächte, auch wenn sie aus tiefen Gefilden kommen mögen.

Unterirdisches „Utopia"

Hier muss man sich nun fragen, über welche Machtmittel diese hypothetischen Unbekannten in ihrer Glanzzeit verfügt haben, beziehungsweise immer noch verfügen könnten. Eine Antwort finden wir zu unserer Überraschung möglicherweise in einem über Hundert Jahre alten Buch, das auf den modernen Leser beklemmend aktuell, um nicht zu sagen visionär wirkt. Es handelt sich um Lord Edward Bulwer-Lyttons „Vril oder Eine Menschheit der Zukunft/The Coming Race" aus dem Jahr 1871. Das Buch erzählt von der unterirdischen Superzivilisation der „Vrilya", die mit Hilfe der kosmischen Urkraft „Vril" in Frieden prosperiert und sich geistigen Höhenflügen hingibt. (Dass dieses Paradies auch seine kleinen Fehler hat, die für den Helden des Romans immer größer werden, kommt später zur Sprache.)
Edward George Earl Bulwer-Lytton (1803-1873) hatte von frühester Jugend an ein starkes Interesse für Mystisches, alte Legenden, Alchemie und verborgenes Wissen. Es gehört wenig Phantasie dazu zu erkennen, dass er einem seiner Vorfahren, Dr. John Bulwer, der im 17. Jahrhundert angeblich das Geheimnis der Lebensverlängerung entdeckt hat, in der Gestalt des Okkultisten und Magiers Glyndon 1842 in seinem Roman „Zanoni" ein literarisches Denkmal gesetzt hat.
Lytton, der auch Esoteriker war, soll in „The Coming Race" Erkenntnisse der traditionellen Alchemie, Lehren des Rosenkreuzertums, Sagen von Reichen im Erdinneren (Agharti), die Erkenntnisse von Mesmer und Reichenbach über Magnetismus und vieles andere verarbeitet haben. Darüber hinaus war Bulwer-Lytton ein herausragender Astrologe und Rosenkreuzer. Unbestritten, wenn auch wenig bekannt ist, dass er paranormale Fähigkeiten wie Präkognition und Telekinese besaß oder sie entwickelt hatte. Dafür gibt es Zeugen und hieb- und stichfeste Beweise.
Lyttons „The Coming Race" ist heute nicht ein solcher Klassiker wie sein Werk „Die letzten Tage von Pompeij". Zum Zeitpunkt des Erscheinens hatte es jedoch eine große Wirkung. Das Buch soll unter anderem Madame Blavatsky und Rudolf Steiner nachhaltig beeinflusst haben. Jahrzehnte später hat es angeblich nachhaltige Wirkung auf eine weit düsterere Figur gehabt: Adolf Hitler. Der „Führer" soll, so meinen viele Forscher - nicht zuletzt unter Einfluss des geheimnisvol-

len Esoterikers und Geopolitikers General Karl Haushofer - völlig ernsthaft an eine unterirdische Rasse von Superwesen geglaubt haben, denen er durch seine Welteroberung den Weg bereiten wollte.
Über die zwölf Jahre der NS-Herrschaft gibt es zahllose Veröffentlichungen. Einige wenige davon befassen sich auch mit Hitlers okkulten Aspekten und mit seinen verbissenen Bemühungen, den Eingang ins Reich Agharti tatsächlich zu finden. Sogar in Ungarn ließ er in der Höhle von Borodla in Aggtelek nach dem Eingang in das geheimnisvolle Reich suchen. Dieses dunkle Kapitel gehört der Geschichte an.
Belassen wir es dort und wenden wir uns statt dessen ohne jeglichen radikalen Hintergedanken der heute nach wie vor aktuellen Gretchenfrage zu, ob es sich bei dem erstaunlichen Buch „The Coming Race" um reine Fiktion oder um einen romanhaft verbrämten Tatsachenbericht handelt. Behauptet wird jedenfalls, Lord Lytton habe seinen Roman auf okkulten Informationen aufgebaut, die er als Rosenkreuzer erhalten hatte.
Der namentlich nicht genannte Romanheld, der in das unterirdische Reich der „Vrilya" vordringt, ist zwar Amerikaner, weist aber unverkennbare Ähnlichkeit mit Bulwer-Lytton in jüngeren Jahren auf. Besagter Protagonist erfährt Anfang des neunzehnten Jahrhunderts in England von einer Zivilisation im Erdinneren. Er ist davon so fasziniert, dass er den Eingang dazu allein wochenlang sucht und in einem Minenschacht schließlich auch findet, geführt von einem geheimnisvollen, immer stärker werdenden Lichtschein. Am Ende des Tunnels stößt er dann auf die Welt von Agharti mit ihren Bewohnern, den übermenschlichen Vrilya. Man nimmt ihn freundlich auf. Besonders Zee, die Tochter des „Obersten Verwalters des künstlichen Lichts im Staate", Aph-Lin, und Professorin an der „Akademie der Gelehrten" hat es ihm angetan und umgekehrt. Obwohl die Lage der Minen nicht genannt wird, durch die er schließlich in das unterirdische Reich gelangt, kommt der Autor Alec Maclellan in seinem Bestseller „The Lost World of Agharti" zu der Schlußfolgerung, sie lägen im West Riding District der Grafschaft Yorkshire, wo Bulwer-Lytton längere Zeit gelebt hatte. Eine erste Leseprobe, in der der namentlich nicht genannte Ich-Erzähler zu Wort kommt, macht uns mit der subterranen Superzivilisation der „Vrilya" bekannt: „Erst jetzt begann ich jene Erzählungen über Ursprung und Werdegang dieser unterirdischen Bevölkerung zu verste-

hen, die selbst nur ein Teil eines großen Geschlechtes war, das sie „Ana" nannten. Urältesten Traditionen zufolge hatten die Vorfahren auch dieser Menschheit einst in höheren Regionen dieser Welt gelebt. Mythen und Urkunden wussten noch zu berichten von jenen Sphären, auch sprachen die Überlieferungen von einem unermesslich gewölbten Dome, dessen unendliche Weiten nicht des künstlichen Lichtes bedurften, das die Menschen erzeugen. Aber die jetzigen Schulmeister begriffen auch hier diese Dinge nur noch als Allegorien. Nach diesen Traditionen jedoch war die Erde zu der Zeit, als solche Überlieferungen niedergelegt wurden, schon nicht mehr in ihrem Urzustande, sondern in einer jener ungeheuren Umwälzungen begriffen, die den Wechsel von einem Zustand der Entwicklung in den nächsten bewirken und begleiten, wobei gewaltige Katastrophen in den Naturkräften und Elementen wüten. Durch eine dieser elementaren Katastrophen war der Teil der Erde, den die Vorfahren dieser Menschheit bewohnten, durch verheerende Wassergewalten überschwemmt und vernichtet worden, die unaufhaltbar die Länder verschlangen, so dass alles, mit wenigen Ausnahmen, in den Wassern verschwand und den sicheren Tod fand. Ob diese Tradition sich bezog auf die geschichtlichen Ereignisse, die wir Sintflut nennen, oder auf eine ähnliche von unseren Geologen umstrittene Wasserkatastrophe auf Erden, will ich hier nicht entscheiden, denn die Ereignisse scheinen nach der Chronologie dieses Volkes, wenn verglichen mit den Berechnungen Newtons, noch um einige Jahrtausende vor den Zeiten Noahs zu liegen. Bemerkenswert war mir doch auch, dass der Bericht dieser Historiker vom Vorhandensein menschlicher Wesen schon in Zeiten spricht, welche die Hypothesen unserer landläufigen Geologie noch für ungeeignet halten für die Bildung von Säugetieren.

Eine kleine Gruppe von Menschen nur konnte sich retten vor den vernichtenden Fluten des Wassers und verbarg sich in den Höhlen höherer Felsen. Doch als sie in diesen Höhlungen weiterwanderten, da verloren sie die Regionen der oberen Welten für immer. Wahrlich, das ganze Antlitz der Erde war durch das Wüten des Wassers verändert - was vorher Land gewesen, war jetzt Meer, und aus früheren Meeren heraus ragte Land. Man erzählte mir als beweisbare Tatsache, dass noch jetzt in dem Innern der Erde sich die Überreste menschlicher Wohnungen damaliger Zeiten befänden, die nicht in Höhlen und Hütten, sondern in Städten bestanden hätten, deren Ruinen noch von den edlen Kulturen jener alten Geschlechter zeugen, die gewiss nicht zu den Rassen zu zählen sind, die eine heutige Geschichtswissenschaft zu schildern sich abmüht, als ob sie nur mit dem Feuerstein in der Hand und ohne Kenntnis von den Metallen ein dumpfes Dasein gefristet hätten. Die Flüchtlinge bewahrten jedoch die Kenntnis der Künste und Fähigkeiten, die sie in ihrer früheren Heimat besessen hatten.

So vermochten sie bald ihre dringendste Not zu besiegen und das Licht, das sie oben gekannt, nun durch künstliches Licht zu ersetzen. Und wirklich scheinen die Menschen, von denen diese Rasse hier ja nur ein Teil war, auch schon in dieser urfernen Vergangenheit durch ein besonderes Wissen und Können vermocht zu haben, sei es aus den Gasen der Luft oder manganischen Steinen, aus Erdöl oder sonstwie, sich ihr Licht aus den Kräften der Natur zu gewinnen. Hatten sie doch von Anbeginn an gelernt, mit den rauen Naturkräften zu ringen. Was sie so gelernt hatten, das konnten sie nun in der neuen Heimat gar wohl gebrauchen. ‚Viele Generationen lang', sagte mein Gastgeber einmal bei solchen Gesprächen voller Abscheu, ‚sollen unsere primitiven Vorfahren sich sogar so erniedrigt und ihre Lebenszeit abgekürzt haben, dass sie das Fleisch von Tieren aßen; es waren ja viele Tierarten gemeinsam mit ihnen vor den Wassergewalten geflüchtet und hatten Schutz gesucht in den Höhlen der Erde. Andere Tierarten, die Sie wohl in Ihrer Welt nicht kennen, tauchten in diesen Höhlen zum erstenmal auf.'
Als das geschichtliche Zeitalter - nach unseren Begriffen - aus dem Dämmerlicht in die durch Traditionen überlieferten Zeiten auftauchte, waren die Ana in verschiedene Gemeinden gegliedert und hatten in Zivilisation und Kultur eine Höhe erreicht, deren sich selbst unsere fortgeschrittensten Völker auf Erden noch jetzt kaum rühmen können. Sie waren damals schon mit den meisten unserer mechanischen Entdeckungen vertraut. Die Gemeinden lagen in heftigem Wettstreit miteinander. Es gab damals noch Unterdrückte und Bedrücker, Volksredner und Eroberer, genau wie jetzt bei uns; sie führten auch Krieg um irgendeines Landerwerbs oder einer Idee willen. Obgleich die einzelnen Staaten die verschiedensten Staatsformen jeweils für die besten hielten, fingen doch die freiheitlichen Institutionen schon an, die Übermacht zu gewinnen, Volksvertretungen wurden eingeführt, Freistaaten gegründet.

Die Demokratie, welche die erleuchtetsten europäischen Politiker heutzutage als das Zukunftsziel politischer Weisheit ansehen, herrschte bei den unterirdischen Geschlechtern allerdings nur noch bei denjenigen Stämmen, welche die Ana als barbarische Wilde verachteten, während die kultivierten Geschlechter der Ana, wie dasjenige, bei dem ich mich befand, auf die sogenannte Demokratie zurückblickten als auf ein aus sehr primitiven Vorstellungen entsprungenes Experiment, wie man es ja wohl nur in kindlichen Anfangsstadien politischer Staatenbildung versuche. Die Zeit der Demokratie war erfahrungsgemäß eine Periode des Ehrgeizes und Neides, der übelsten politischen Leidenschaften gewesen und hatte zu sinnlosen ständigen Systemwechseln, zu Parteikämpfen, kurz: zu ewigen Ursachen für Streit und Krieg geführt. Immerhin hatte dieser primitive staatliche Zustand einige Zeitlang gedauert, war jedoch dann durch die geistig höherentwickelte, kultiviertere und gebildetere Bevölkerung abgeschafft worden; vor allem nachdem man zur Entdeckung jener bis dahin geheimen Naturkräfte, jenes alles durchdringenden Agens gelangt war, das sie *Vril* nennen...
Es ist klar, dass die Entdeckung einer so ungeheuerlichen und allbeherrschenden Kraftquelle, wie es das Vril ist, insbesondere auch im ganzen Gemeinschafts- und Staatsleben einen entscheidenden Umschwung bewirkte. Sobald die Beherrschung dieser Naturkräfte in die Macht jedes einzelnen Menschen gestellt war, musste notwendigerweise jeder Krieg unter den Menschen zur Unmöglichkeit werden, denn die Fähigkeit alles zu zerstören wurde derart ausgebildet, dass jede physische Überlegenheit an Zahl, militärischer Disziplin oder Bewaffnung gar keine Rolle mehr spielte. Konnten doch mit den Vernichtungskräften, die - selbst in der Hand eines Kindes - aus dem *Vrilstab* ausgestrahlt wurden, die stärksten Festungen und Panzer zerstört werden, oder mit den richtig geleiteten *Vrilstrahlen* auch die größten Heere vom ersten bis zum letzten Mann blitzartig vom Leben zum Tode befördert werden. Wenn zwei Armeen feindlich gegeneinanderprallen und auf beiden Seiten diese Kräfte angewandt werden, so kann es nur mit der Vernichtung beider Armeen enden. Darum war die Zeit der Kriege vorüber." Ende dieser Leseprobe, auf deren gesellschaftspolitischen Inhalt ich noch zurückkommen werde ohne ihn gutzuheißen oder zu verdammen; das sei gesagt, um Missdeutungen zu vermeiden.

Vril - Macht aus fernen Tagen

„Sind alle Gesetze der Natur schon entdeckt?"
Lord Edward Bulwer-Lytton

Lord Bulwer-Lytton gab einem Freund gegenüber einen einzigen Kommentar zu dieser von ihm als konkrete Naturerscheinung beschriebenen „Vril-Kraft" ab, in der viele mehr als reine Fiktion sehen. Damals wie heute. Er sagte: „Ich verstehe unter „Vril" nicht etwa den Mesmerismus, der nur eine winzige Facette dieses alles umfassenden und die ganze Natur durchdringenden Fluidums ist."
Die Bezeichnung „Vril", unter der heutzutage Konzepte wie Nikola Teslas freie Energie, Ätherkraft, Vakuumenergie, ja sogar Rupert Sheldrakes „Morphogenetisches Feld" und vieles andere subsummiert wird, das in zahlreichen Gehirnen herumgeistert und von dem sich immer mehr Menschen die letzte Rettung vor dem drohenden Untergang der menschlichen Spezies erhoffen, geht nicht nur auf den Bulwer-Lyttons esoterisch angehauchten „Roman" zurück. Man findet auch anderswo unerwartete Querverweise.
So herrschte beispielsweise laut Edgar Cayce in Atlantis eine Hochblüte aller Wissenschaften, die in vielen Gebieten sogar weit über unseren heutigen rangieren soll. Mechanik, Chemie, Physik standen in für uns noch unerreichter Hochblüte, dazu noch Parapsychologie, wie wir sie uns kaum vorstellen können. Cayce zufolge kannten die Atlanter die Elektrizität und die Kernkraft und verstanden sich auch auf die Handhabung von Laser- und anderen Lichtstrahlen.
Für die hervorragendste ihrer Leistungen hielt Cayce jedoch die Nutzbarmachung der Sonnenenergie. Ursprünglich als ein Weg der geistigen Kommunikation zwischen dem Endlichen und dem Unendlichen geschaffen, versorgten riesige reflektierende Kristalle namens „Tuaoi-Steine" Atlantis mit Energie. Auf diese Zeit soll der Begriff „Feuerstein" zurückgehen. Der im Tempel der Sonne in Poseidia gelegene Feuerstein war das zentrale Kraftwerk des Landes. Allerdings war es auch diese Kraft, die laut Cayce schließlich den Untergang von Atlantis bewirken sollte, den er in einem seiner „Readings" folgendermaßen beschreibt: „...Die Kraftgewinnung aus der Sonne selbst bis zum Strahl, der zur Atomzertrümmerung führt, hatte die Vernich-

tung dieses Landes zur Folge." Ganz schön anachronistisch diese Aussage, aber das ist noch nicht einmal alles, denn Cayce erwähnte in dem Zusammenhang ausdrücklich die ominöse „Vril-Kraft."
Es gehört keine extreme Gedankenakrobatik dazu, um auf eine solche Kraft, ein solches Fluidum, in mehr Legenden, Sagen und Überlieferungen zu stoßen, als man dem Zufall zuschreiben kann. Hier nur ein paar davon: Das „Wasser von Ptah" (dem ägyptischen Gott und Vater des Re, der von den Griechen mit dem Schmied der Götter Hephaistos gleichgesetzt wird), „Anima Mundi" (die „Seele der Welt"), das „Siderische Licht" des Mittelalters und der Rosenkreuzer, das „Heilige Feuer Zarathustras" oder das „Antusbyrnum" der Parsen, „das Licht der Cybele", „die Fackel des Apoll", „die Flamme von Pan", „die Akasha-Chronik" der Hindus, das „Astrallicht" von Eliphas Levi, Reichenbachs „Od", das „Asthar Vidya" der indischen Rishis und last but not least, das „Mash-Mak" der Atlanter(!).
Erstmals ernst genommen und unter einem wissenschaftlichem Gesichtpunkt betrachtet wurde die „Vril-Kraft" 1929/30 in ein paar Broschüren und dann wieder 1947 vom berühmten Raketenforscher Willy Ley in einem kurzen Artikel im legendären Science-Fiction-Magazin „Astounding Science Fiction".
Laut Lord Lytton und anderen Quellen soll die Vril-Kraft drahtlos ausgestrahlt worden sein, um Fahrzeuge zu Lande, zu Wasser und in der Luft, Fabriken, Haushalte und alle anderen Abnehmer mit Energie zu versorgen. Dieses Konzept wurde von der sogenannten „Vril-Gesellschaft" zu einer Zeit offen propagiert, die durch das damalige geschichtliche Umfeld heutzutage völlig in Verruf geraten ist. Darum kurz ein paar aufklärende Worte.
Besagte „Vril-Gesellschaft" geht angeblich auf Rudolf von Sebottendorff (Rudolf Glauer) zurück, den Gründer der „Thule-Gesellschaft", die ihrerseits auf dem „Reichshammerbund" und dem „Germanenorden" fußt. Diese Wurzeln haben gereicht, um die „Vril-Gesellschaft" in schlechtmöglichstes Licht zu setzen. Zu Unrecht, wie es scheint.
Ernsthafte Forschungen belegen, dass die besagte Vereinigung weder als Antreiber und Vorläufer der Nazis betrachtet werden sollte noch als geheim. So weist etwa Dr. Peter Bahn in seinem Buch „Der Vril-Mythos" (gemeinsam mit Heiner Gehring) darauf hin, die „Geheim-

gesellschaft" sei eine kleine Berliner Gruppe gewesen, die sich „Reichsarbeitsgemeinschaft - Das Kommende Deutschland" nannte. Eine Namensgebung aus ihrer Zeit, die heute kämpferischer und nationalsozialistischer anmutet, als sie damals wohl gemeint war. Die Gruppe veröffentlichte 1930 im Astrologischen Verlag Wilhelm Becker in Berlin-Steglitz eine sechzigseitige Broschüre mit dem Titel „Vril. Die Kosmische Urkraft. Wiedergeburt von Atlantis".
Darin liest man beispielsweise „Errungenschaften des Menschengeistes aus grauer Vorzeit sollen wieder Gemeingut der Gegenwart werden. Die Vril-Kraft ist wiedergefunden... In weiterer Folge wird der Versuch unternommen, das Interesse breiter Massen für die kosmische Universalenergie wachzurufen."
Getreu ihrem Ausspruch „die kosmische Urkraft möglichst bald dem deutschen Volke zu eigen werden zu lassen" stellte die „Reichsarbeitsgemeinschaft" konkrete technische Verfahren vor.
In einer zweiten Vril-Schrift wurde in dem Kapitel „Die dynamotechnischen Urkraft-Elemente" der Versuch gemacht, die Gewinnung und Nutzung nämlicher Vril-Energie praktisch zu beschreiben. Als Zielvorstellung wurde die umfassende und kostenlose Elektrifizierung der gesamten Volkswirtschaft genannt, wodurch der Staat Steuern und Abgaben wesentlich senken und jedem Bürger ein sicheres Leben ohne Mangel garantieren könne. Damit stünde dem Menschen mehr freie Zeit für seine kulturschöpferischen Fähigkeiten zur Verfügung, was den Boden für eine „höhere Ethik" bereiten würde. All das klingt nicht wirklich nach Proto-Nazis, und wir finden es auch schon bei Bulwer-Lytton.
Dr. Bahn weist jedenfalls nach, dass eine Reihe der Vorwürfe gegen die „Vril-Gesellschaft" falsch ist, beispielsweise die Behauptung eines konkreten Nahverhältnisses zur „Thule-Gesellschaft" oder zu Rudolf Heß und gar zu Adolf Hitler. Es wird sogar vermutet, die „Vril-Gesellschaft" könnte in den nationalsozialistischen Kontext gerückt worden sein, weil die mit der Vril-Thematik verbundenen Konzepte einer „Freien Energie" mächtigen Konzernen gefährlich geworden wären, für die alle Bereiche des Lebens nur Geldquellen sind (man denkt unwillkürlich an Nikola Tesla). Aber das steht auf einem anderen Blatt. Wer sich eingehend über die im Deutschland vor und während des Zweiten Weltkriegs heimische „Vril-Gesellschaft" informieren will, der kann dies

in meinem Buch „VERTUSCHT. Wer die Welt beherrscht" ausführlich tun (mehr dazu auf meiner Homepage www.farkas.at). Damit zurück zur „Vril-Kraft" an sich.
Durch die richtig dosierte Anwendung der Strahlen aus den *Vril-Kristallen* konnte der menschliche Körper sogar verjüngt werden.
Konkretes über diese unheimliche Kraft erfahren wir aus einer weiteren Schilderung des Erzählers in „The Coming Race":
„Ich wollte ‚Vril' zuerst für Elektrizität halten, aber das wirkliche ‚Vril' umfasst so viele andere Eigenschaften und Manifestationen von uns meist noch verborgenen Naturkräften, dass alle unsere übrigen Schlagwörter wie Galvanismus, Magnetismus usw. für eine Definition von ‚Vril' nichts bedeuten.
Ja, dieser Menschengattung scheint es wirklich gelungen zu sein sie zu finden, jene große Urkraft, jenes innerste ewige Agens aller Natur, jene die Welt impulsierende Quelle aller Naturkräfte!
Was hatten die Philosophen in meiner Welt nicht alles über diese Dinge vermutet und disputiert! Faraday, dieser große Experimentator, hatte es schon geahnt, das letzte Geheimnis, das er mit den Worten von der Verbundenheit aller Kräfte andeutete. Denn er sagt: ‚Ich bin lange einer Meinung gewesen, die sich sogar bis zur innersten Überzeugung steigerte, und mit mir dachten viele, die ein wahres Naturwissen lieben, dass alle diese unendlich mannigfaltigen Formen, unter denen die Naturkräfte sich uns offenbaren, letztlich doch einen einzigen gemeinsamen Ursprung haben; oder ich könnte auch sagen, die Kräfte der Natur sind alle so untereinander verbunden, dass sie verwandelbar sind, ineinander und auseinander, und dass wir in ihrer Wirksamkeit dann auch die entsprechenden Verwandtschaften finden.'
Die Philosophen dieser mir fremden Welt behaupteten nun, dass sie im ‚Vril' jenes große, ewige Agens auch handhaben, dass sie all das beherrschten, was Faraday vielleicht noch als ‚atmosphärischen Magnetismus' betrachtet hätte, ja, dass sie den Temperaturwechsel und sogar das Wetter beeinflussen könnten; auch dass sie all jene Phänomene zu meistern wüssten, die wir in chaotischem Suchen bald Mesmerismus, bald tierische Elektrizität, bald odische Kräfte und mit anderem Wortschwall betiteln. Doch hier hatten alle diese Kräfte erst ihre wissenschaftliche Erkenntnis, ihren praktischen Wert in der Verwendung des ‚Vril' gefunden.

Durch ‚Vril' vermochten sie bewussten Einfluß zu üben ebenso auf geistige wie auf körperliche Funktionen, auch auf Tiere und Pflanzen, auf alle Naturreiche. In der Tat, hier sind Wirklichkeiten, zu denen selbst die Träume der Alchimisten nicht aufstiegen. Liegt es doch allen Agentien, Kräften und Wirkungen in der Natur zugrunde, dieses eine, was sie dort ‚Vril' nennen!
Zee fragte mich, ob es der wissenschaftlichen Welt bei uns bekannt sei, dass hiermit sogar die Verstandeskräfte über das gewöhnliche Wachbewusstsein hinaus um ein Wesentliches gesteigert werden könnten und dass man auch die Möglichkeit erlange, Gedanken des einen auf einen anderen zu übertragen, wodurch man zu einer blitzschnellen Verständigung untereinander fähig werde.
Ich entgegnete, dass man bei uns sich wohl verschwommene Vorstellungen von solchen Möglichkeiten gebildet hätte und dass ich hie und da sogar Versuche auf diesen Gebieten miterlebt hätte, aber dass alle diese Anfänge bald wieder verschwunden und vergessen worden seien, teils wegen der Schwindeleien, die einige Unwürdige damit getrieben, teils weil bisher bei den meisten Forschungen in diesen Dingen, auch wenn sie zu Erfolgen geführt hätten, man doch leider noch nicht einen befriedigenden Weg gefunden habe, um alle diese Phänomene in ein systematisches Lehrgebäude einzugliedern oder ihrer praktischen Verwertung zuzuführen, während sie andererseits von Unwissenden in einer gefährlichen Weise verwendet würden.
Zee hörte sich meine Ausführungen mit wohlwollender Aufmerksamkeit an und erzählte mir, dass ähnliche Missbräuche und Verwirrungen auch bei ihren Landsleuten an der Tagesordnung gewesen seien, solange in vergangenen Zeiten ihre Wissenschaft in diesen Dingen noch in den Kinderschuhen gesteckt hätte, und dass dadurch die Leute anfänglich die Kräfte des ‚Vril' in ganz falscher Weise verwendet hätten. Zum Schluss erzählte sie mir noch, dass man mir, während man mich bewusstlos gemacht hatte, durch Vermittlung des ‚Vril' die Rudimente ihrer Sprache eingeflößt habe..."
Und an anderer Stelle:
„Der Beschreibung nach, die ich von Zee empfing, welche als hervorragendes Mitglied der Akademie der Gelehrten diese Dinge weit besser studiert hatte und kannte als meine übrige Umgebung, kann man mit diesem Fluidum, wenn man es nur in der richtigen Weise versteht

und handhabt, auf alles Seiende in der Natur, ob leblos oder lebendig, den mächtigsten Einfluss ausüben. Es kann zerstörend wirken wie ein Blitzstrahl. Aber es kann, wenn anders verwendet, ebenso auch erneuernd und stärkend auf die Lebensprozesse einwirken. Es kann belebend und heilend sein. Es ist sogar das hauptsächlichste Heilmittel zur Beseitigung von Krankheiten, oder besser gesagt, es ermöglicht dem lebenden Organismus, das organische Gleichgewicht seiner Kräfteverteilung wiederherzustellen, so dass es ihm derart dazu verhilft, sich selbst zu heilen.

Durch diese Naturkraft haben sie (die Vrylia) auch Gewalt über die festesten Substanzen. Zerstören sie doch sogar durch ihre Verwendung steinige Felsmassen um ebene Täler für bebautes Land zu gewinnen.

Aus dem ‚Vril' erhalten sie vor allem ihr Licht, das die unzähligen Lampen zum Leuchten bringt, ein Licht, das wirksamer, milder und gesünder ist als das, welches aus brennenden Substanzen gewonnen werden könnte, wie man es früher tat..."

Eine andere Leseprobe aus Bulwer-Lyttons Buch erläutert nicht nur den praktischen Einsatz der Vril-Kraft mit erstaunlichen technischen Details, sondern erinnert stellenweise frappant an manche „Waffen der Götter", beispielsweise an den „Dorje-Stab":

Den „Vrilstab" habe ich so oft erwähnt, dass man gewiss eine genauere Beschreibung von mir erwartet. Leider kann ich nicht alles sagen, denn man hat mir dort niemals gestattet, ihn selber auszuprobieren, aus Furcht, dass meine Unwissenheit zu den schrecklichsten Katastrophen führen könnte. Soviel ich sah, ist es ein hohler Metallstab, der am Handgriff mancherlei Tasten und Sprungfedern hat, durch die seine Wirkung aufs genaueste reguliert, verstärkt, geschwächt oder auch völlig in den Funktionen verändert wird, so dass er also durch die eine Wirkensart heilt, durch eine andere zerstört. Auf die eine Art beeinflusst er den leiblichen Organismus, auf die andere gar die Verstandeskräfte und das Bewusstsein.

Er wird für gewöhnlich bequem nach Art eines Spazierstockes getragen, aber es gibt Vorrichtungen, durch die er beliebig verlängert oder verkürzt werden kann. Wenn er zu bestimmten Zwecken verwendet wird, so liegt der obere Teil fest in der Handfläche während Zeige- und Mittelfinger die Tasten bedienen. Doch man versicherte mir, dass sei-

ne Wirkung durchaus nicht bei allen Individualitäten die gleiche sei, sondern je nach der inneren Verwandtschaft des menschlichen Trägers zu den Vril-Kräften recht verschieden, auch veränderlich je nach den Triebkräften, die zur betreffenden Handlung Veranlassung geben. Einige wären fähiger im Zerstören, andere im Heilen usw., alles hänge also von der Selbstbeherrschung und Willensstärke des mit den Vril-Kräften arbeitenden Menschen ab. Ich wünschte, ich könnte Eingehenderes über dieses Instrument zur Leitung des Vril-Fluidums sagen, soviel ist jedoch gewiss, seine Konstruktion ist über alles Maß vollkommen und seine Wirkungen sind überwältigend. Ich muss noch berichten, dass diese Menschen gewisse Einrichtungen erfunden haben, mittels derer das Vril-Fluidum sogar über allergrößte Entfernungen auf die Dinge hindirigiert werden kann, die man zerstören will. Fünfhundert bis sechshundert Meilen sind hierfür die reinste Kleinigkeit...
In einem Museum, das Modelle von Instrumenten enthielt, welche mit Vril-Kräften arbeiten, brachte sie (Zee) nur durch gewisse Manipulationen mit ihrem Vrilstab, große und schwere Gegenstände in Bewegung, und zwar aus beträchtlicher Entfernung und ohne direkte Berührung. Mir war, als ob sie ihren Willen auf dieselben übertrug und sie völlig ihren Absichten und Befehlen unterwarf. Sie setzte auf diese Weise komplizierte Mechanismen aus weiter Entfernung in Bewegung, hielt die Bewegungen an oder änderte sie, bis nach einer erstaunlich kurzen Zeitspanne die verschiedensten vorher noch rohen Substanzen in symmetrische, vollkommene und kunstvolle Dinge verwandelt waren..."
Wenige Seiten später erhält der Leser durch den Mund von Aph-Lin weiteren Aufschluss über die Wirkungsweise der Vril-Geräte. Aph-Lin erklärt dem Besucher aus der Oberwelt: „Wenn Sie immer von der ‚Materie' als von einem Etwas sprechen, das an sich träge und bewegungslos sei, denke ich oft, ob Ihre Eltern und Lehrer wohl auch so ahnungslos von diesen Dingen sind, nicht zu wissen, dass keine der Substanzen im Kosmos träge und bewegungslos ist: Dass die kleinste Substanzeinheit ständig in innerer oder auch äußerer Bewegung und Verwandlung befindlich und von ständig sich ändernden Kräften durchdrungen ist, von denen Wärme die dem Menschen am leichtesten fühlbare, Vril aber die umfassendste, und wenn richtig erkannt und verwendet, die mächtigste Kraft ist.

So hat der Kräftestrom, der von meinem Willen seine Impulse erhält und von meiner Hand in bewusster Weise geleitet wird, eigentlich nur jene Wirkung, dass er die beweglichen Kräfteprozesse, welche sich in allen Substanzen, so träge und ruhig sie dem Unwissenden auch erscheinen mögen, ständig vollziehen, in willkürlicher Weise verändert, in ihrer Bewegung beeinflusst, verlangsamt, beschleunigt oder verstärkt. Wenn ein Stück Metall auch nicht aus eigenem Willensimpuls seine Lage verändern kann, so kann es doch durch die ihm eigene innere Kräftestruktur und Beweglichkeit leicht dem Willen eines Wesens unterworfen und zu beliebigen Bewegungen veranlasst werden; hier genügt schon ein richtig geleiteter Kraftstrom des ‚Vril', der es dem Willen ganz ebenso unterwirft, wie wenn irgendein sichtbares Etwas die Veranlassung gibt. Das Metall ist durch die seelischen Kräfte, die darauf übertragen werden, derart in Tätigkeit zu versetzen, dass man beinahe meinen könnte, es tue dies alles von selbst."

Mit diesen Ausführungen, die einen Physiker unserer Tage stellenweise an neueste Erkenntnisse erinnern müssen, dürfte die Frage nach den Machtmitteln dieses vielleicht gar nicht so hypothetischen Volkes in den Tiefen der Erde zumindest ansatzweise geklärt sein.

Wenn wir uns schon so weit vorgewagt haben, können wir uns auch mehr mit der Gesellschaftsform befassen, die in dieser Welt im Inneren unseres Planeten schon so lange herrschen könnte. Auf, dass wir etwas daraus lernen - und wenn es nur die Einsicht ist, dass wir uns vielleicht an eine solche Sozialstruktur gewöhnen müssen, sollte es die Unterirdischen geben und sollten sie sich entschließen, uns vor der eigenen Vernichtung zu bewahren. Natürlich alles nur Hypothese, Gedankenspielerei, das ist klar.

Utopia mit kleinen Fehlern

Eine weitere Leseprobe schafft Klarheit, wenn auch nicht unbedingt Beruhigung. Der Protagonist berichtet:
„Aber mit der Beendigung der Kriege kamen wieder andere Laster und Missstände des sozialen Lebens zum Vorschein. Jeder einzelne Mensch war ja jetzt völlig in der Gewalt seines Mitmenschen, da ein jeder, wenn er nur wollte, den anderen mit Leichtigkeit zu töten vermochte. Man hütete sich nun auch, Regierungsmaßnahmen und politische Systeme mit Zwangsgewalt durchführen zu wollen. Allzu große Völkergemeinschaften, die auf einen übermäßig weiten Raum verstreut sind, konnte man mit Gewalt doch nicht mehr zusammenhalten wie bisher. Zudem hörte jetzt mit der Aussichtslosigkeit jeglicher Kriegsführung auch der Ehrgeiz auf, einen Staat auf Kosten der anderen zu vergrößern. Unter diesen Umständen teilten sich die Vril-Entdecker im Laufe weniger Generationen friedlich in mittelgroße Gemeinden von zweckentsprechender Ausdehnung.
Der Stamm, bei dem ich lebte, beschränkte sich auf etwa zwölftausend Familien. Jeder Stamm besiedelte ein Gebiet, das für seine Lebensnotwendigkeiten ausreichte, und zu bestimmten Perioden verließ die überzählige Bevölkerung das Land, um sich eine neue Heimat zu suchen. Es wurde sogar niemals notwendig, zu einer willkürlichen Auswahl der Auswanderer zu schreiten, denn stets meldete sich eine ausreichende Anzahl, die freiwillig fortzog. Diese in Anbetracht des Raumes und der Bevölkerungszahl kleinen Staaten gehörten als Ganzes doch zu einem gemeinsamen Stamm. Sie sprachen die gleiche Sprache, wenn sie auch durch Dialekte verschieden gefärbt war. Sie heirateten untereinander und hielten die gleichen Gesetze und Gewohnheiten aufrecht.
Die Kenntnis des „Vril" und die Anwendung dieser Naturkräfte war ein so wichtiges gemeinsames Band zwischen den verschiedenen Gemeinden, dass das Wort ‚A-Vril' gleichbedeutend war mit Zivilisation. ‚Vril-ya', was so viel wie ‚Die zivilisierten Staaten' bedeutet, war der Name, der die Gemeinden, welche das Vril beherrschten, unterschied von den barbarischen Stämmen der Ana, die es nicht kannten.
Die Regierung des Stammes der Vrilya, um den es sich hier handelt, schien bei oberflächlicher Betrachtung recht kompliziert, war in Wirk-

lichkeit aber sehr einfach. Sie beruhte auf einem Prinzip, das bei uns zwar in der Theorie viel diskutiert, in der Praxis aber noch nirgends durchgeführt ist. Es ist nämlich eine philosophische Wahrheit, dass alles Lebendige zu einer organischen Einheit hinstrebt, das heißt aber auch, dass alle hierarchische Gliederung, wenn sie auch in noch so vielen Stufen aufsteigt, doch einer abschließenden obersten Spitze, eines Willenszentrums im organischen Aufbau bedarf.
Es geben selbst fanatische Demokraten doch zu, dass der soziale Organismus am besten verwaltet ist, wenn ein fähiges Oberhaupt an der Spitze steht, so dass die Kontinuität eines einheitlichen Handelns gewährleistet und ein Missbrauch der Vollmacht verhindert ist. Diese kluge Gemeinde erwählte sich also zur Spitze einen obersten Magistraten, den sie „Tur" nennt.
Der „Tur" sollte sein Amt eigentlich auf Lebenszeit ausüben, aber man kann ihn meist nur dazu überreden, es doch wenigstens bis zum vorgerückten Lebensalter zu behalten. Denn es gibt in der Tat nichts in dieser Art des Gemeinschaftslebens, was irgendeines seiner Mitglieder anreizen könnte, voller Ehrgeiz nach Amt und Würden zu streben. Keine besonderen Vergünstigungen, keinerlei Amtsinsignien gibt es da zu erhaschen. Der oberste Magistrat bezieht weder Amtswohnung noch Reichtümer. Andererseits sind die Pflichten, die ihm obliegen, sehr einfach und leicht, und erfordern weder übermäßige Tatenlust noch besondere Routine.
Da es keinen Krieg zu befürchten gibt, braucht man keine Armeen auszubilden und zu bezahlen. Da es keine Gewaltherrschaft gibt, braucht man keine raffinierte Geheimpolizei. Was wir an Verbrechen kennen, das war diesem eigenartigen Volke der Vrilya ganz unbekannt. Ständige Gerichtshöfe wurden daher nicht gehalten. Kleine Privatstreitigkeiten, die auch nur selten vorkamen, wurden zur Entscheidung an Freunde verwiesen, die jede der Parteien sich wählte, oder schließlich vom Rate der Weisen geschlichtet, auf den wir noch zu sprechen kommen.
Auf jeden Fall gab es keine Berufsjuristen, und die Gesetze glichen mehr freundschaftlichen Übereinkünften, denn es gab ja doch keine Gewalt, die im Ernst hätte Gesetze erzwingen können, gegenüber Menschen, die in ihrem Vrilstab die Macht hatten, ihre Richter zu vernichten. Es gab nur Gebräuche und Regeln, in welche die Bevölkerung seit Jahrhunderten schweigend eingewilligt hatte. Fand irgend jemand eine

der Vorschriften zu streng, so verließ er eben das Land und wanderte aus. In diesem Staate galt die Regel, die wir auf Erden in den Häusern und Landsitzen von Familien mit großzügiger Gastfreundschaft antreffen, die da lautet: ‚Komm oder geh, je nachdem ob dir die Sitten und Gewohnheiten unseres Hauses behagen oder nicht.'
Obgleich es in diesem Staat also keine geschriebenen Gesetze gibt, so läuft doch alles harmonischer ab als bei irgendeinem Volke bei uns. Einpassung in die Regeln, die von der Gemeinschaft angenommen sind, ist diesen Menschen von Natur aus zum Instinkt geworden. Bezeichnend für den Ton ihrer Regierungserlasse ist der typische Wortlaut für etwas Unerlaubtes, Verbotenes; er lautet stets nur: ‚Es wird gebeten, dies oder das nicht zu tun.' Unbekannt wie unsere Verbrechen ist ihnen auch unsere Armut. Selbstverständlich versuchen sie keine unsinnige Gemeinwirtschaft oder schematische Güterverteilung, auch gibt es natürlich keine Bevormundung in Bezug auf Größe, Luxus und Kultivierung des privaten Haushalts. Aber da man durch Ämter oder Staatsdienste keine Gelder und Würden erwirbt, so herrscht statt Ehrgeiz und Neid ein beschauliches *laisser-faire*.
Da einerseits der politische Kampf unmöglich, andererseits die Bevölkerungszahl begrenzt ist, so kommt es eigentlich nicht vor, dass eine Familie in Verzweiflung und Not gerät. Gibt es doch keine Möglichkeiten zur Spekulation und auch kein Strebertum nach Ämtern, Kommissariaten und einträglichen Posten. Die Entwicklung verlief hier ganz anders. Bei der Einwanderung hatte man jedem ein gleich großes Stück Land zuerteilt, und wenn auch natürlich der eine durch Urbarmachung, besseren Ackerbau, reichere Ernte und günstigen Handel den anderen überragte, so gab es doch in der Tat keine wirklichen Armen noch solche, die Mangel gelitten hätten. Trat jedoch der seltene Fall einmal ein, dass einer wirklich nicht hatte, was er brauchte, nun, so wanderte er eben aus. Dem obersten Magistraten waren Verwaltungszweige der verschiedensten Einzelgebiete zugeteilt. Hier war nun natürlich am wichtigsten die Versorgung des künstlichen Lichtes. Dessen Chef war mein Gastgeber, Aph-Lin. Das Auswärtige Amt, das den Verkehr mit benachbarten Staaten bewirkte, sah seine Hauptaufgabe eigenartigerweise fast nur in dem Austausch der technischen Erfindungen unter den Staaten. Ein dritter Zweig betreute sodann die Prüfung und Verwendung all dieser Technizismen. Diesem

Verwaltungszweig schloss sich die Akademie der Gelehrten an, ein absonderliches Kolleg, das hier besonders aus verwitweten, kinderlosen und jungen unverheirateten Frauen bestand, unter denen Zee die Fähigste war. In diesem Kolleg ließ man die für das praktische Leben am wenigsten notwendigen Studien durch weibliche Professoren erledigen - als da sind: abstrakte Philosophie oder Geschichte fernster Zeiten oder Wissenschaften wie Insektenkunde, Muschelkunde und ähnliche Fachgebiete.

Zee, deren Verstand die weitschweifigsten Theorien und die kleinsten Details umschloss, hatte bereits zwei Bände über ein mikroskopisch kleines Insekt geschrieben, das in den Haaren der Pfote des Tigers auftritt, welche Arbeit als das bedeutendste fachwissenschaftliche Ergebnis auf diesem so wesentlichen Erkenntniszweige von allen Autoritäten anerkannt war. Aber die Nachforschungen der Gelehrten beschränken sich hier nicht ausschließlich auf solche differenzierte, subtile Fachgebiete.

Die Wissenschaft beschäftigt sich bei diesem Volke auch noch mit umfassenderen Problemen. Namentlich die Eigenschaften des „Vril", für dessen Einflüsse die Organisation dieser Rasse so fein empfindlich ist, werden einer ständigen Beobachtung und Erforschung unterzogen. Aus dessen Kennern vor allem wählt der „Tur", der oberste Magistrat, sich seine Ratgeber aus, und zwar insgesamt drei, die ihm in Fällen bedeutender Ereignisse oder wichtiger Entscheidungen zur Seite stehen. Es gibt noch einige Verwaltungskörperschaften von geringerer Bedeutung, aber alle verkehren im Staate so unaufdringlich und lautlos, dass die Existenz dieser Regierung von den Menschen kaum bemerkt wird und sich das soziale Leben so harmonisch und ruhig abspielt, wie wenn es ein Naturgesetz wäre.

Sehr charakteristisch ist nun, dass Maschinerien und Mechanismen bis zu einem maßlosen und unbegreiflichen Umfange in allen Lebensgebieten und Tätigkeiten, sowohl im privaten als im öffentlichen Leben, verwendet werden, und die Verwaltungsbehörde sieht ihre wichtigste Aufgabe darin, nach Möglichkeit alles zu mechanisieren, dessen sie nur irgend habhaft werden kann.

Wie schon gesagt, gibt es weder Arbeiter noch Dienstboten, sondern zur Bedienung und Beaufsichtigung der Maschinen nimmt man Kinder von der Zeit an, wo sie der mütterlichen Fürsorge entwachsen, bis zum heiratsfähigen Alter, das bei den „Gy-ei" (Mädchen) um das sechzehnte, bei den „Ana" (Knaben) um das zwanzigste Lebensjahr liegt. Diese Kinder suchen sich selbst ihren Lehrmeister, ihre Beschäftigung und ihre Wirkensstätte. Einige wählen irgendein Handwerk, andere Landwirtschaft, viele aber auch den einzigen gefährlichen Dienst, den es in diesem Land überhaupt gibt. Denn es gibt hier nur noch wenige wirkliche Gefahren, so vor allem die Erdbeben und vulkanischen Ausbrüche des Erdinnern, deren Vorankündung, Verhütung oder Bekämpfung sehr hohe geistige Fähigkeiten erfordert; hie und da auch Angriffe der Feuer-, Luft- und Wassergewalten.

An den Grenzen des Landes und allen gefährlichen Punkten sind hierfür besonders befähigte Wächter aufgestellt, die in telegraphischer Verbindung mit jenem Gebäude stehen, wo der Rat der Weisen des Landes tagt. Diese Gefahrwächter werden zumeist unter den Knaben, die im Alter der Pubertät sind, ausgewählt, nach der Erkenntnis, dass in diesem Alter die Beobachtungsgaben besonders geschärft und viele physischen Fähigkeiten höher gesteigert sind als in anderen Lebensstadien. Die zweite, weniger gefährliche Art von Gefahrendienst besteht in der Vernichtung aller Kreaturen, die dem menschlichen Leben noch feindlich sind. Die schädlichsten sind wohl die großen Reptilien, von deren Existenz wir nur aus Fragmenten zerstörter Skelette in unseren Museen wissen, und gewisse gigantische Flugtiere, halb Vogel, halb Reptil. Diese und einige weniger gefährliche Tierarten, die unseren Tigern und Giftschlangen ähneln, haben nun die jüngeren Kinder dort zu erjagen und zu zerstören. Man ist nämlich der Ansicht, dass hierzu vor allem Rücksichtslosigkeit und eine gewisse Freude am Zerstören notwendig sind, eine Eigenschaft, die gerade dem jüngeren Kinde vorzüglich zu eigen ist.

Die Vernichtung einer anderen Tiergattung, der gegenüber vor allem Scharfsinn und eine feine Unterscheidungsgabe erforderlich sind, wird sodann älteren Kindern übertragen. Tiere nämlich, die zwar nicht dem Menschen selbst, aber seiner Landwirtschaft gefährlich sind, als da sind Elche und Elentiere und die Erde zerwühlende Biester, welche die Ernte verwüsten und die Ernährung gefährden. Es ist die erste Aufgabe dieser Kinder, den Tieren Achtung vor menschlichen Grenzpfählen und Einzäunungen einzuflößen, wie man Hunden bei uns den Respekt vor der Speisekammer beibringt. Nur wenn die Tiere auf solche Me-

thoden nicht reagieren, werden sie völlig vernichtet. Sonst wird Leben nie unnötig zerstört, weder zum Zwecke der Nahrung, noch etwa des Sports. Doch auch nie wird das Leben geschont, das dem menschlichen feindlich ist.
Gleichzeitig mit diesen gesunden körperlichen Beschäftigungen schreitet die geistige Ausbildung dieser Kinder von Stufe zu Stufe vorwärts. Es ist Brauch, dass Einzelne einen Kurs bei dem Rate der Weisen besuchen, wo der Schüler das lernt, was zu erlernen er anstrebt. Viele jedoch verbringen diese Periode der Prüfung auf Reisen, oder sie wandern gar aus oder beginnen sofort mit der irdischen Arbeit in Handel und Landwirtschaft. Keinen Zwang gibt es da für den menschlichen Willen."
An anderer Stelle wird der Erzähler in der Sache deutlicher und beschreibt damit vielleicht auch unser zukünftiges Schicksal, wenn man das Werk von Bulwer-Lytton für bare Münze nehmen will:
„Ich lernte von Zee, die viel gelehrter war als die männlichen Geschöpfe ihrer Umgebung, dass man die Überlegenheit der Vrilya den ungewöhnlichen Hindernissen zuschrieb, die ihnen von der Natur bei der ersten Entwicklung der Rasse entgegengestellt wurden. ‚Denn', sagte sie, ‚immer müssen bei den Kämpfen in der Entwicklung die befähigtsten Wesen aus der Masse herausgelöst werden. Die Natur arbeitet letztlich nur für die Auserlesenen! Auch bei unserer Rasse wurden so in der Entwicklung bis zur Entdeckung des ‚Vril' nur die hierfür bestorganisiertesten Menschen erhalten. In unseren Traditionen gibt es ein Buch, welches uns glauben lässt, dass wir einst aus Regionen hierherkamen, die der Schilderung Ihrer Welten entsprechen. Dies geschah durch ein heftiges Ringen mit der Natur, wie es unsere Ahnen erlebten, um eine auserlesene Menschheit zu bilden, die bestimmt ist, in der anderen Welt zukünftig wieder zu erscheinen, um die morschen und niedergehenden Rassen, die jetzt dort leben, von der Bildfläche zu verdrängen.'"
Das klingt nicht gerade positiv für unsereinen. Aber vielleicht ist ein solches Schicksal immer noch besser als die ungeheuren Apokalypsen, auf die wir unbeirrbar zusteuern. Die Fairness gebietet es, auch die hinter diesen harten Aussagen stehenden Gedankengänge der Vrilya zu erwähnen. Bulwer-Lyttons Romanheld schildert den Bewohnern des unterirdischen Reiches nämlich die zivilisatorischen Errungenschaf-

ten der Oberflächenbewohner in leuchtenden Farben, wobei er allerdings auf wenig Begeisterung stößt. Das liest sich in der betreffenden Passage des Buches so, wobei gemutmaßte Parallelen zu heutigen Zuständen von mir nicht beabsichtigt sind:
„Voll Ärger sah ich an den Gesichtern meiner Zuhörer, dass meine Lobeshymne nicht den günstigen Eindruck machte, den ich erwartet hatte, so dass ich beschloss, die Farben meiner Schilderung noch etwas deutlicher aufzutragen. Ich erging mich nunmehr in einer Beschreibung unserer so durch und durch demokratischen Einrichtungen im Staate, erzählte, wie das ruhige Glück aller Mitmenschen durch das Herrschen der politischen Parteien von vornherein gesichert sei; vor allem, wie bei uns für die Ausübung der Macht und den Genuss von Ehren ausgerechnet die an erarbeitetem Besitz, Charakter und Erziehung niedrigsten Bürger bevorzugt würden; wie überhaupt das in der Demokratie aufblühende politische Parteileben die segensvollsten Harmonien im Staatswesen hervorrufe.

Glücklicherweise fielen mir während des Sprechens sogar noch Zitate aus einer unlängst gehörten Rede über den läuternden Einfluss der amerikanischen Demokratie und ihre zukünftige Ausbreitung über die ganze Welt ein; eine vorzügliche Rede, die einer unserer besten Senatoren gehalten hatte (für dessen Eintreten ins Parlament eine einflussreiche Industriegesellschaft allerdings eben erst zwanzigtausend Dollar gezahlt hatte). Ich zitierte schließlich die herrlichen Prophezeiungen dieses überaus beredten Demokraten von der glänzenden Zukunft, die der ganzen Menschheit beschieden sein würde, wenn erst einmal die Flagge der Freiheit über den ganzen Kontinent wehen und zweihundert Millionen intelligenter Weltbürger, die von Kindheit auf an den freien Gebrauch von Schusswaffen gewöhnt sind, diese glorreichen Staatsideen einer zitternden Menschheit darbringen würden!"
Das klingt vielleicht irgendwie bekannt, muss aber nichts auf sich haben. Ebensowenig wie die folgenden Worten, die Zee an anderer Stelle zu ihrem Gast aus der Oberwelt sagt: „Sie sehen, wie gänzlich sich unsere Zustände unterscheiden von denjenigen der doch recht unzivilisierten Nationen, von denen Sie kommen. Es muss bei Ihnen ja notwendig zu einer systematischen Fortdauer ewiger Sorgen, Ängste und leidenschaftlicher Kämpfe ausarten, die mit der Zeit statt besser nur

schlimmer, bedrohlicher anwachsen. Bei uns gibt es ein Volk, das zwar an Zivilisation unter den Vrilya steht, jedoch unter den wilden Barbaren das mächtigste ist und seine Regierungsform für die beste politische Errungenschaft menschlicher Weisheit hält, die von den anderen Nationen unbedingt nachgeahmt werden müsse. Diese Staatsform nennt man ‚Koom-Posh', es ist die Regierungsform der Unwissenden, nach dem kindlichen Prinzipe gedacht, dass im Staate die Mehrheit regieren müsse. Diese Staatsidee sieht das Heil darin, dass eine jede Partei um die Mehrheit wetteifert, was natürlich nur zu einem Dauerzustand übelster Leidenschaft führt - Kampf um den Vorrang an Macht, um Erlangung der Staatsgelder oder um Volksgunst und andere Dinge von solcher Art. Es ist scheußlich zu sehen, wie bei dieser Staatsform die Rivalität der Parteien dahin führt, dass der eine den anderen beschimpft, verleumdet, betrügt und wie sich selbst noch die besten und harmlosesten dieser Parteimenschen gegenseitig ohne Gewissensbisse oder Scham niederkämpfen.

Vor einigen Jahren besuchte ich ein derartiges Volk, aber ihr Elend und ihre Würdelosigkeit wurden mir nur noch widerlicher dadurch, dass sie ständig davon redeten, wie herrlich weit sie es doch gebracht hätten und sich mit phrasenhaftem Wortschwall als eine glorreiche Nation gegenüber den anderen Völkern betitelten. Und leider gibt es keinerlei Hoffnung, dieses Volk, das übrigens recht dem Ihrigen gleicht, je zu bessern, da die ganze Psychologie dieser Menschen in solcher Richtung sich abwärts entwickelt.
Eine ihrer Begierden besteht beispielsweise darin, ihr Gebiet um jeden Preis zu vergrößern, was ja mit der fundamentalen Wahrheit in Widerspruch steht, dass jede Gemeinschaft nur bis zu einem organisch gegebenen Höchstmaß an Umfang noch lebensfähig ist. Und je mehr sie ein Staatssystem ausbauen, in dem einzelne Demagogen sich nur durch hitzige Kämpfe und geschwollene Worte an der Spitze von Millionenmassen erhalten, desto mehr brüsten sie sich gar: ‚Da seht ihr, durch welche ausnehmend glänzenden Vertreter einer im Verhältnis so kleinen Nation wir die Richtigkeit unseres politischen Systems beweisen!'
In der Tat, wenn die Weisheit des menschlichen Lebens doch wohl darin besteht, dieses irdische Leben nach den Anforderungen geistiger Welten soviel als eben möglich zu regeln, wie es unsere Anschauung

sagt, dann gibt es kaum eine falschere staatliche Ordnung als diejenige, welche die Fortdauer ewiger Parteikämpfe und Streitereien unter den Sterblichen systematisch noch fördert..."
Dazu der Erzähler noch an anderer Stelle:
„Sie (die Vrilya) erzählen selbst, dass in lange vergangenen Zeiten, als sie noch in staatlichen Verhältnissen lebten, die etwa unserem jetzigen Zustand entsprechen, wo ein jeder den anderen durch Parteikämpfe niederringt, auch die Lebensdauer der Menschen bei ihnen viel kürzer gewesen sei und die allgemeine Veranlagung zu bösartigen Krankheiten stärker."
Dass Bulwer-Lyttons Erzählung (sofern sie nicht mehr ist) zumindest als Blaupause für eine künftige, bessere Menschheit aufgefasst werden sollte, beweist allein das Vorwort des Übersetzers Dr. Guenther Wachsmut aus dem Jahr 1958, in dem es bereits vollkommen klar war, dass es mit der Menschheit kein gutes Ende nehmen wird. Ein auszugsweises Zitat aus dem Vorwort macht dies deutlich:
„Die Vision künftiger Menschheitsentwicklung, die Lord Edward Bulwer in seinem Roman „Vril oder eine Menschheit der Zukunft" im vorigen Jahrhundert niederschrieb, ist in unserer Gegenwart für jeden Menschen zum aktuellsten Problem geworden. Denn man sucht heute Bilder und Vorstellungen zu gewinnen in der Frage, ob auch in anderen Welten als der unserer Erdoberfläche menschenähnliche Wesen zu finden seien oder eines Tages bei uns auftauchen werden, die vielleicht sogar in ihren geistigen und praktisch-technischen Fähigkeiten viel weiter entwickelt sein mögen als der jetzige Erdenmensch. Was man derart heute im Bereich des planetarischen Umkreises erkunden will, erstand in der Vision Bulwers als eine im Erdinneren selbst und unabhängig von uns sich entfaltende Gemeinschaft von Wesen, die sich die Beherrschung bisher unbekannter Naturkräfte erworben hat, hier *Vril* genannt. Durch die Entdeckung und Anwendung solcher Naturkräfte ergibt sich nicht nur ein tiefgreifender Wandel in der Meisterung der Technik, sondern auch eine bewusste Herrschaft über die Lebensprozesse, damit aber auch eine völlig andersgeartete Lebensweise und soziale Ordnung.
Wie aktuell ist es heute, was Bulwer schon vor einem Jahrhundert für die Ausschaltung des Wagnisses kriegerischer Auseinandersetzungen bei einer solchen Menschheit prophetisch voraussagte, dass ‚mit den

richtig geleiteten Vrilstrahlen auch die größten Heere vom ersten bis zum letzten Mann blitzartig vom Leben zum Tode befördert werden. Wenn zwei Armeen feindlich gegeneinanderprallen und auf beiden Seiten diese Kräfte verwendet werden, so kann es nur mit der Vernichtung beider Armeen enden.'
Er beschreibt bereits Flugzeuge, die mit den Vrilkräften betrieben werden. Auch schildert er bis in Einzelheiten die verwandelte Situation durch Anwendung solcher neu entdeckter Naturkräfte in der Heilkunst und der Ernährung.
Die von jenen Wesen in der Technik dienstbar gemachten, selbständig handelnden und dirigierenden Roboter und Mechanismen verändern das soziale Leben von Grund auf. Denn es ergeben sich aus alledem auch geistig-seelische Wandlungen im Wesen des Menschen durch die Mechanisierung des Lebens und das Schwinden individueller und produktiver Schöpferkraft, Gefahren, die Bulwer warnend und oft mit köstlichem, echt englischem Humor darstellt.
Die Erlebnisse des durch Zufall in die Sphären jener seltsamen Erdbewohner geratenden Amerikaners und die sich dort ergebenden Abenteuer sind so farbenreich und lebensnah beschrieben, dass es sich zugleich wie ein spannender Roman liest.

Nach dem Ersten Weltkriege forderte mich Rudolf Steiner auf, dieses Werk Bulwers ins Deutsche zu übersetzen. Als ich ihm damals erwiderte, dass die Inhalte doch recht phantastische seien, entgegnete er, dies sei nur scheinbar und zeitbedingt, in Wirklichkeit habe Bulwer im inneren Bilde richtig geschaut, was in der Evolution potentiell veranlagt sei, insbesondere durch die zukünftige Entdeckung bisher unbekannter Naturkräfte. Die Bilderwelt in Bulwers Werk sei teils als Rückschau in verlorengegangene Fähigkeiten des Menschen in frühester Vorzeit der atlantischen Epoche, insbesondere aber als Vorschau in künftige Evolutionsphasen ein sehr wesentlicher Beitrag. So entschloss ich mich im Jahre 1922 zur nachfolgenden Übertragung, wofür er (Steiner) den Entwurf der Einbandzeichnung selbst anfertigte und mir übergab.
Da die Auflage längst vergriffen ist, soll dies Werk heute in Neuauflage wieder zugänglich gemacht werden, um in der radikalen Wandlung unseres Weltbildes, am Beginn der Beherrschung atomarer Kräfte, beim Vorstoß in bisher unbekannte Regionen der Natur und des Welt-

raumes, die Stimme eines in die Zukunft schauenden Erdenmenschen zu Wort kommen zu lassen...

Eine zukünftige Menschheit, welche Postulate, die sie einst für sehr hoffnungsvoll hielt, in der irdischen Wirklichkeit als ganz lebensunfähig erkennen wird; eine Zukunft, die gewaltige neue Naturkräfte sich erobern, sie aber anfänglich, ohne die Folgen zu überschauen, nur ungenügend beherrschen wird, die darum auch so manche versteckte und zwischen den Zeilen zu lesende Warnung Bulwers gewiss nicht befolgt, wird sich doch mit dem Gedanken durchdringen: dass sich Dichtung und Wahrheit, phantastische Zukunft und wirkliche Gegenwart, gar schnell folgen und eins werden!

Dornach, 1958 Dr. Guenther Wachsmuth"

Ende der Zitate aus dem Vorwort.

Kein gutes Zeugnis. Wie auch immer. Mögen die Vrilya nun eine reine Erfindung oder die romanhafte Verarbeitung des geheimen Wissens sein, über das der erstaunliche Autor zweifellos verfügt hat, eines ist klar: Ähnliches könnte sich in den Tiefen unserer Erde zusammenbrauen, über die wir weniger wissen als über die Mondoberfläche. Dafür gibt es nämlich Beweise, wie sie meines Wissens nach bisher noch niemand vorgelegt hat. Lassen Sie sich überraschen...

Reise ins Herz des Geheimnisses

Man schreibt das Frühjahr 1925. Vom Achterdeck des Ozeandampfers, der eben von Liverpool aus auf dem Merseyfluss in See gestochen ist, blickt der achtundfünfzigjährige britische Oberst Percy Harrison Fawcett auf die immer kleiner werdende Küste zurück. Würde er seine Heimat je wiedersehen? War er nicht zu alt für die Strapazen einer neuen Expedition zum Amazonasbecken, tief ins Herz von Brasilien? Sein eigenes Herz war jedenfalls noch jung genug für dieses wahrscheinlich letzte Abenteuer.

Fawcett war erst neunzehn gewesen, als er Offizier in der englischen Armee wurde. Trotzdem war das Militärische nicht die treibende Kraft in seinem Leben, sondern sein Drang nach Entdeckungen, nach dem Beschreiten von Pfaden, die noch kein Weißer gegangen war. Obwohl er in einer glücklichen Ehe lebte, war er im Grunde ein Einzelgänger geblieben. Nach seinem Dienst in Hongkong, Nordafrika und Irland kam er 1906 nach Bolivien, wo er bis 1909 im Auftrag der bolivianischen Regierung die Grenze zum Nachbarland Brasilien vermaß. Das war nicht nur das ideale Betätigungsfeld für seine Forschertätigkeit, sondern auch die Initialzündung für sein nie mehr erlahmendes Interesse an dem geheimnisvollen Urwald.

Damals hörte er zum ersten Mal von Indianern von einer „steinernen Stadt" im Matto Grosso. Bei seinen diesbezüglichen Nachforschungen stöberte er im Staatsarchiv von Rio de Janeiro einen Bericht aus dem Jahr 1753 auf (registriert als „Dokument 512"). Damals waren portugiesische Abenteurer bei ihrer Suche nach Gold- und Silberminen im Landesinneren auf die Ruinen einer gewaltigen Urwaldstadt mit breiten Straßen, riesigen Tempelanlagen, weiten Plätzen und majestätischen Gebäuden gestoßen. Dieses Rätsel ließ Fawcett nicht mehr los, dem wir uns jetzt endlich eingehend widmen wollen.

Nach dem Ersten Weltkrieg war er nicht mehr zu halten. Er quittierte den Dienst für das britische Weltreich, um als sein eigener Herr Entdeckungsreisen zu diesen Rätseln zu unternehmen. Seine erste Expedition zur „steinernen Stadt" im Jahr 1920 schlug fehl, weil seine damaligen Begleiter den enormen Anstrengungen nicht gewachsen waren. Fünf Jahre später, finanziert von der „Royal Geographical Society in

London", war er fest entschlossen zum Ziel zu kommen. Diese entscheidende Expedition tief in die Urwaldhölle des Matto Grosso im Nordwesten Brasiliens war seine siebente Reise ins Innere Südamerikas. Sie sollte die Krönung eines an Abenteuern reichen Forscherlebens werden. Sie wurde seine letzte. Welche Geheimnisse suchte dieser mutige Mann auf seiner letzten Reise - und welche entdeckte er tatsächlich?
Auf seinen früheren Expeditionen glaubte Fawcett auf Anzeichen und Hinweise dafür gestoßen zu sein, dass Brasilien in fernster Vergangenheit von einer hochentwickelten Rasse besiedelt war. Den Nachkommen von Atlantis, wie Legenden munkelten. Dieses Mysterium hatte Fawcett vom ersten Moment an fasziniert und nicht mehr losgelassen. Jetzt wollte er es wissen. Am 20. April 1925 brachen Fawcett und seine Begleiter - sein Sohn Jack und dessen Freund Raleigh Rimmel - von der Hauptstadt Cuiabá in die Dschungelhölle zu den Geheimnissen fernster Vergangenheit auf.
Als sachlicher Brite war sich der Colonel bewusst, dass die von Solon den Ägyptern abgelauschte Atlantissage eine schwache Grundlage für seriöse Forschungen darstellte. Was sehr wohl eine Grundlage für seriöse Forschungen war, waren Artefakte und Ruinen, wie er sie bei seinen vorhergegangenen Brasilien-Expeditionen entdeckt hatte. Zusammen mit den Erzählungen der Eingeborenen hatten sie ihn in der Vermutung bestärkt, die Überlieferungen vom Erbe von Atlantis könnten mehr sehr als reine Legende.
In England war das Interesse an der neuen Fawcett-Unternehmung enorm. Zeitungen, die schon über seine früheren Entdeckungsreisen berichtet hatten, verfolgten diese mit noch größerer Aufmerksamkeit. Doch die Londoner Blätter konnten ihre begierigen Leser nur mit wenigen Expeditions-Berichten versorgen. Oberst Fawcett sandte einige Briefe über den Verlauf der Expedition. Zuletzt meldete er sich am 29. Mai 1925 mit einem Brief an seine Frau aus dem „Dead Horse Camp" im Inneren Brasiliens. Er schrieb: „Wir sind jetzt an der Stelle, an der 1920 mein Pferd starb. Nur seine weißen Knochen sind geblieben."
Dann riss die Verbindung ab. Die Spur des kleinen Expeditionstrupps verlor sich in der grünen Hölle des Matto Grosso, welcher Name nicht grundlos „dichter Wald" bedeutet...

Die „Royal Geographical Society" finanzierte mehrere Suchexpeditionen. Hunderte von Abenteurern suchten nach den Verschollenen. Vergeblich. Dennoch drangen in den darauffolgenden Jahren immer wieder vage Informationen über das Trio in die zivilisierte Welt. Forscher fanden bei Indianern Dinge aus dem Besitz des Fawcett-Trupps. Ein Schweizer Urwaldjäger berichtete, er hätte 1932 in einem Eingeborenendorf mit einem Mann gesprochen, auf den die Beschreibung Fawcetts zutraf und der sich als Oberst der britischen Armee zu erkennen gab. Er händigte dem Schweizer einen Siegelring aus, den Fawcetts Frau als Eigentum ihres Mannes identifizierte. Auch spätere Berichte deuteten darauf hin, dass der Oberst aus eigenem Entschluss bei einem Eingeborenenstamm lebte und offenbar bei den Kalapalos-Indianern nahe der Quelle des Rooseveltflusses im Matto Grosso seine letzte Heimat gefunden hatte.

Das Geheimnis um den Verbleib von Colonel Fawcett wurde offiziell niemals gelöst. Inoffiziell vielleicht schon, wenn man bereit ist, eine bzw. mehrere nicht-materielle Botschaften als glaubwürdige Informationsübermittlung zu betrachten.

Berichte der anderen Art

Dazu muss gesagt werden, dass sich der britische Oberst Zeit seines Lebens intensiv mit übersinnlichen Dingen befasst hatte, einschließlich Schamanismus, Jenseitskontakten und jenen Phänomenen, die wir heute unter dem Begriff „Außersinnliche Wahrnehmungen" (ASW, PSI oder ESP) zusammenfassen. Viele Jahre seines Lebens hatte er in der Gegenwart von sogenannten „Primitiven" verbracht, für die der mentale Kontakt miteinander und mit Verstorbenen die natürlichste Sache der Welt war. Die im Folgenden geschilderte unorthodoxe Kontaktaufnahme und Informationsübermittlung hätte durchaus der Natur des Colonels entsprochen.

Die Engländerin E. Beatrice Gibbes sowie ihre Schülerin, die Irin Geraldine Cummins, waren sogenannte „Schreibmedien". So werden jene Personen bezeichnet, die in Trance psychische Botschaften von woher auch immer niederschreiben. Da die aktive Hand des ansonsten völlig unbeteiligten Mediums sozusagen eine Art Eigenleben entwickelt, wenn sie die Botschaften zu Papier bringt, spricht man auch von „automatischem Schreiben". Es gab und gibt zahlreiche Schreibmedien. Viele von ihnen wurden von der Wissenschaft untersucht, desgleichen die niedergeschriebenen Informationen. Wenn es auch nur Zähne knirschend zugegeben wird, so ist es Legionen von Aufdeckern und Enthüllern bei einer Reihe von automatisch niedergeschriebenen Botschaften nicht gelungen, sie wegzurationalisieren. Über die berühmteste Langzeit-Mehrfachbotschaft, genannt *Kreuz-Korrespondenz*, berichte ich in meinem Buch „Neue Unerklärliche Phänomene", das ebenfalls im Michaels-Verlag erschienen ist.

1935 erhielten die Damen Gibbes und Cummins die erste einer Reihe von geistigen Botschaften, die sich über sechzehn Jahre lang, bis 1951, fortsetzen sollten. 1955 veröffentlichten die beiden Frauen einen Bericht über diesen Langzeitkontakt, der wie die sprichwörtliche Bombe einschlug. „Sender" dieser Botschaften war nämlich der verschollene Oberst Fawcett. Was er auf diesem unorthodoxen Wege übermittelte, ist mehr als erstaunlich. Bei aller Dramatik und Unglaublichkeit sollte es trotzdem nicht als Hirngespinst abgetan werden. Also der Reihe nach:

An einem Dezembertag des Jahres 1935 hatte sich Geraldine Cummins in der Wohnung ihrer Kollegin Beatrice Gibbes im Londoner Stadtteil Chelsea zu einer ihrer periodischen Schreibsitzungen eingefunden. Als sie in Trance geglitten war, meldete sich bei ihr der vertraute „Astor". Dazu muss gesagt werden, dass das schlafende Bewusstsein des Schreibmediums üblicherweise durch eine andere Persönlichkeit ersetzt wird, die dann die Botschaften durchgibt. Die meisten Medien erklären, einen solchen „Helfer" oder Lotsen zu haben, der die psychische Verbindung zwischen seiner Dimension oder was auch immer herstellt. Geraldine nannte den ihren „Astor".

„Astor" sprach zu Geraldines schlafendem Geist: „Ich habe einen Mann gefunden. Er ist grauhaarig und sagt, er sei Colonel Fawcett. Er hält sich im Zwischenreich auf - entweder ist er das, was ihr ‚tot' nennt, oder er ist sehr krank. Hier ist seine Botschaft."

Minuten lang geschah nichts, dann begann Geraldines Hand zu schreiben: „Darf ich meine Lage erklären? Mein Sohn ist tot. Ihr wisst ja, dass er mich begleitete. Wir wurden von Indianern angehalten. Sie waren zuerst ganz freundlich, aber in ihren Herzen hatten sie vor den Weißen Angst. Sie waren überzeugt, es bedeutete den Untergang für sie, wenn der weiße Mann käme und sich ihres Landes bemächtigte. Ich wurde vor den Häuptling geführt... Er sprach gebrochen Englisch und Spanisch. ‚Weißer Dämon', sagte er, ‚entweder du stirbst auf der Stelle oder du schwörst, nie wieder zu deinem Volk zurückzukehren. Ich bin nicht grausam, ich meine es gut. Wenn du hierbleibst, bist du von der Schlechtigkeit des weißen Mannes erlöst. Du sollst bleiben, bis der Große Vater dich heim ruft - oder du stirbst noch in dieser Stunde!' Ich hatte keine andere Wahl als zu schwören." Damit endete die erste Botschaft.

Später übermittelte Informationen deuten an, dass der Oberst seine mentalen Botschaften nicht aus dem Jenseits übermittelte, sondern schwer krank, geschwächt und unter Drogeneinfluss aus einer Hütte mitten im brasilianischen Dschungel. Heute gilt das Freiwerden außergewöhnlicher psychischer Kräfte im Drogenrausch als wissenschaftlich erwiesen.

Zwei Tage nach dem Erstkontakt ging der nächste mentale Bericht ein. Ihm zufolge hatten die drei Forscher von den Indianern erfahren, dass tatsächlich in den Bergen am Rande des Dschungels eine Ruinenstadt mit reichen Goldschätzen existierte. Der Häuptling befürchtete (völlig zu recht), dass die Entdeckung dieser Schätze habgierige Weiße in Scharen anziehen und sein Volk ins Verderben stürzen würde. Darum durfte die genaue Lage der Stadt den drei Gefangenen nicht genannt werden. Als Fawcetts Sohn Jack und sein Freund Raleigh Rimmel gegen den Willen des Colonels das Lager verließen, um die Stadt zu suchen, schickte der Häuptling ihnen Krieger nach, die sie durch Pfeile töteten. Ein furchtbarer Schlag für den Oberst.

Eine Reihe weiterer Botschaften enrollte eine dramatische Geschichte, die unversehens noch einen weiteren phantastischen Aspekt bekommen sollte. Nachdem Fawcett einige Jahre bei den Indianern gelebt hatte, forderte ihn der Häuptling auf, seine Schwester zur Frau zu nehmen. Er hatte den Engländer mittlerweile so schätzen gelernt, dass er ihm diese „Ehre" zuteil werden lassen wollte, einen Nachkommen zu zeugen, der die Klugheit und Charakterstärke des Weißen mit der eigenen Naturverbundenheit vereinen würde. Dieser Sohn sollte einmal der neue Häuptling werden.

Fawcett stimmte unter einer Bedingung zu: Vorher wollte er die verborgene Stadt besuchen. Sein Drang Spuren der Atlanter zu finden war immer noch ungebrochen, ja sogar noch gewachsen. Danach würde er sich in die Heirat fügen, die für ihn wenig verlockende Züge hatte. Sie würde ein Alptraum werden, darüber machte er sich keine Illusionen. Die Schwester des Häuptlings war trotz ihrer Funktion als Medizinmann, Priesterin und Stammesorakel noch recht jung, von ebenmäßiger Gestalt und großer Schönheit, dafür aber außergewöhnlich groß. Sie, ein Ebenbild weiblicher Vollendung, verabscheute den Gedanken an eine Vermählung mit dem Weißen, der älter als ihr bereits verstorbener Vater war, ebenso sehr wie Fawcett diese Verbindung fürchtete. Unter diesen Vorbedingungen begann die Reise zur verborgenen Stadt.

Tagelang kämpften sich der Oberst und seine indianischen Begleiter durch den Dschungel. Einer nach dem anderen kehrten seine indianischen Begleiter wieder zurück. Dann endlich erklommen Fawcett und Olec, der einzige der Eingeborenen, der bis zuletzt bei ihm geblieben war, den letzten Bergrücken, der den Blick auf das Ziel ihres Marsches versperrt hatte. Die „Goldene Stadt" aber war nur noch ein Trümmerfeld. Ein Erdrutsch oder andere, weniger natürliche Einwirkungen

hatten sie unter Erdmassen verschwinden lassen. Nur noch Teile alter Gebäude ragten aus dem Erdreich. Sie wirkten selbst in diesem Zustand noch immer beeindruckend, besonders der Kopf einer riesigen Sphinx(!), der viele Meter hoch in die Luft ragte.
Enttäuscht machten sich Fawcett und Olec auf den Rückweg. Der Brite war eisern entschlossen, dem Häuptling ein weiteres Zugeständnis für seine Heiratseinwilligung abzunötigen: eine große Abteilung von Arbeitern. Mit ihnen wollte er zurückkehren und die Überreste der letzten atlantischen Siedlung wieder ausgraben lassen. Es kam nicht dazu. Trotzdem sollte der Oberst am Ende seines Lebens mehr über Atlantis erfahren, als er in seinen kühnsten Träumen erhoffen und durch die umfassendsten Grabungen jemals ans Tageslicht hätte bringen können.
Auf dem Rückweg wurden die beiden vom Fieber befallen. Bereits im Delirium legten sie sich am Ufer eines Flusses zum Sterben nieder, wo sie im letzten Moment von einer Gruppe der Indianer, bei denen Fawcett lebte, gefunden wurden, die mit Booten zur Jagd ausgefahren waren. In der Medizinhütte des Stammes kam Fawcett wieder zu sich. Der Häuptling hatte den Weißen in die Obhut seiner Schwester gegeben. Sie sollte ihren künftigen Gemahl gesund pflegen. Der geschwächte Engländer war seiner Todfeindin ausgeliefert, die ihn nur allzu gerne zu Tode gepflegt hätte. Nach der geplanten Hochzeit hätte sie nämlich ihre Machtposition als Stammesorakel verloren, die aus heiliger Tradition nur Jungfrauen vorbehalten war.
Als der Oberst wieder ansprechbar war, stellte ihm seine furchterregende Verlobte ein außergewöhnliches Ultimatum: Fawcett wollte doch die Geheimnisse der Vergangenheit um jeden Preis erfahren. Wenn er auf ihre Bedingung einging, könnte sie ihn die Stufenleiter der Zeit hinabsteigen lassen, zurück bis zu den Tagen von Atlantis. Sie würde sein inneres Auge öffnen, damit er sähe, was im Schoß der Zeit verborgen liegt. Alle Mysterien würden sich ihm erschließen, keine Frage würde unbeantwortet bleiben. Als Gegenleistung müsse er sich selbst das Leben nehmen, wenn er alles erfahren hatte. Dann wäre sie frei. Beging er nicht Selbstmord, würde sie sich mit eigener Hand töten.
Der Engländer willigte ein. Die Vorstellung, die körperliche Vereinigung nach der Stammestradition in Gegenwart eines Priesters vollziehen zu müssen, hatte ihn in Panik versetzt, und der Gedanke an ein

Leben an der Seite dieser hasserfüllten jungen Frau erschien ihm fürwahr schlimmer als der Tod. Und er wollte nicht, dass sich diese so lebendige Frau für ihn, einen alten Mann, opferte. Er sagte: „Ich gebe mich in deine Hände. Ich glaube zwar nicht, dass du das Unmögliche tun kannst, aber ich opfere dir mein Leben, weil ich nicht zulassen kann, dass eine Frau meinetwegen stirbt." Damit wurde der Pakt in die Tat umgesetzt.

Der Oberst erhielt eine spezielle Kräuterdiät. Gleichzeitig lehrte ihn die Priesterin nicht weniger spezielle Atemübungen. Sein Körper wurde schwächer, sein Geist immer klarer. Eines Abends war es so weit. Die junge Frau hielt Fawcetts Hand. Langsam löste sich der Geist vom Körper. Er glitt aus der Gegenwart in eine Welt, die zeitlos war...

Atlantis erwacht

Alle mentalen Reisen in jenes seltsame Land, das Atlantis sein sollte, begannen damit, dass Fawcett von einem Mädchen erwartet wurde. Sie war keine Indianerin, sondern viel hellhäutiger. Ihre Gesichtszüge hätten von einem altägyptischen Relief stammen können. Darum nannte er sie „Lotus". Sie führte ihn zu den überwucherten Ruinen einer Pyramide, die er selbst im Dschungel, unweit des Indianerdorfes, entdeckt hatte. Dort angekommen ereignete sich jedes Mal eine seltsame Veränderung: der Urwald um die verfallene Ruine wurde durchsichtig, eine andere Landschaft erschien wie über die vorhandene projiziert. Der naturwissenschaftlich gebildete Oberst wurde an eine Doppelbelichtung erinnert. Dann ersetzte die neue Umgebung die alte so gut wie vollständig. Die vertraute Urwaldlandschaft wandelte sich zu einem fast nicht mehr wahrnehmbaren Hintergrundmotiv. Nicht mehr als ein zarter Hauch der Gegenwart. Im „Vordergrund" sah alles anders aus. Die Pyramide war nicht länger ein trauriger Überrest im Unterwuchs des Dschungels, sondern stand in strahlender Schönheit neu und vollkommen da, als wäre ihr Bau eben erst beendet worden. Um sie herum erstreckte sich eine Stadt mit schimmernden Bauwerken weiß wie glänzendes Elfenbein. In seinen ersten Berichten spricht Fawcett davon, die weiß gekleideten Bewohner seien Ägypter. Später bezeichnet er sie als „Atlanter". Der Oberst kann sich in dieser fremdartigen Welt ungehindert bewegen. Er betrachtet die Gebäude, die Tempel, geht durch die Straßen, mischt sich unter die Menge. Alles das in einem Zustand der Nicht-Körperlichkeit, kann er doch Mauern ebenso ungehindert durchdringen wie Menschen, die seinen Weg kreuzen. Er kann nichts berühren oder bewegen. Niemand reagiert auf ihn, selbst wenn er laut schreit. Er ist ein geisterhafter Beobachter lang vergangenen Geschehens. Im Zuge zahlreicher Reisen macht sich Fawcett ein umfassendes Bild von jenem Ort, der für ihn nunmehr unzweifelhaft das von ihm so lange gesuchte Atlantis ist. Seine über das Schreibmedium niedergelegten Aufzeichnungen könnten ein Dokument sein, das die gesamte Vorstellung auf den Kopf stellt, die wir von der Entwicklung der menschlichen Zivilisation haben - wenn die offizielle Geschichtsschreibung bereit wäre, sie nicht von vorne herein als Humbug abzutun. Womit mit Sicherheit nicht zu rechnen ist.

Verdichtete Elektrizität

Eine Zusammenfassung der Niederschriften enthüllt Sensationelles. Dies sind die Mitteilungen, die zu fälschen das Schreibmedium wohl kaum in der Lage gewesen wäre.
O-Ton Fawcett: „Die Menschen waren so zivilisiert wie die Europäer heute. Ihre Zivilisation fußte nur auf anderen Grundlagen. Ihre Religion war die Sonne, denn aus ihr schöpften sie die materiellen Kräfte. Nun hört genau zu: Kein heutiger Wissenschaftler weiß genau, was Elektrizität ist. Die Atlanter wussten mehr um sie, benutzten sie aber auf eine andere Weise - nicht nur, um Licht zu erzeugen, sondern auch um Lasten zu heben. Der Bau der Pyramiden wird erklärbar, wenn man weiß, dass die riesigen Steinquader durch eine Art von *Schub-Elektrizität* bewegt werden konnten.
Ihr werdet glauben, ich sei verrückt, wenn ich von elektrifizierter Luft spreche, denn ihr wisst nicht um die Gesetze zwischen Luft und Elektrizität und um die Rolle, die das Sonnenlicht dabei spielt. Die moderne Wissenschaft ist noch nicht darauf gekommen, dass komprimierte Luft und gespeicherte Elektrizität sich miteinander verbinden lassen und dann ein ungeheures Kraftreservoir darstellen. Ich bin in die unterirdischen Hallen hinabgestiegen, in denen die Atlanter Elektrizität und Luft miteinander verbanden und verschmolzen. Glaubt mir, diese Zivilisation verstand mehr von Materie, Licht und Äther, als es das zwanzigste Jahrhundert sich träumen lässt.
Stellt euch riesige unterirdische Kammern vor, in denen diese elektrisch geladene Druckluft gelagert wird. Die meilenlangen Stollen unserer Bauwerke sind nichts im Vergleich zu diesem Wabennetz von Reservoirs, zu deren Bedienung und Bewachung eine ganze Armee von Atlantern bereitstand. Ihr werdet unter der Erdoberfläche von Zentral-Südamerika keine Spuren mehr davon finden. Die Gewölbe sind bei der großen Katastrophe eingestürzt, das ganze Land veränderte sein Gesicht. Die wenigen erhalten gebliebenen Ruinen sind nur ein winziger Bruchteil dessen, was einmal war.
Damit komme ich zum Kernpunkt: Atlantis wurde durch Menschen zerstört, nicht durch Naturkräfte. Oder vielmehr - die Menschen trieben diese unterirdische Stauung elektrifizierter Luft so weit, dass sie schließlich ihrer Kontrolle entglitt und Mensch und Erde in einer Ex-

plosion von unvorstellbaren Ausmaßen gen Himmel schleuderte. Über die Ränder des zerrissenen Kontinents brach das Meer ein. Riesige Strecken Landes wurden überschwemmt, während die hoch geschleuderte Erde an anderen Stellen neue Länder entstehen ließ. Ich beschreibe das alles auf eine sehr ungehobelte Weise. Aber es leuchtet sicher ein, dass mit einer Kraft, die Steinquader beim Pyramidenbau bewegen kann, nicht zu spaßen ist. Wenn diese Energie durch Verfeinerung der Methoden schließlich noch um das Millionenfache gesteigert wird, dann ist der Gefahrenpunkt erreicht.

Ich hoffe, unsere Wissenschaftler werden die Gesetze dieser Schub-Elektrizät niemals finden, denn sie kann als Zerstörungswaffe benutzt werden und ist besonders gefährlich, da sie unsichtbar ist."

Wie gewannen die Atlanter diese Energie? Fawcett beschreibt zahlreiche weiße Türme, mit denen der Atmosphäre Energie entzogen und in die unterirdischen Reservoirs geleitet wurde. Der Brite drückte das mit dem Wissensstand vom Anfang des zwanzigsten Jahrhunderts so aus: „Die Türme saugten die Luft ein und siebten alles außer den benötigten Elektronen aus ihr fort. (Das erinnert frappant an die geheimnisvollen Türme von Nicola Tesla, die abgerissen und deren Geheimnis verloren wurde. Anmerkung des Autors.) Die konzentrierten Elektronen wurde dann für tausend verschiedene Zwecke eingesetzt - Heizung, Licht und Lastenbeförderung an erster Stelle. Die Elektronen wurden für medizinische Zwecke benutzt, aber auch für kriegerische. So wie die Sonne die Erde mit Elektronen bombardiert, so konnten die Atlanter ihre Feinde mit ‚Elektronenwerfern' bedrängen, und zwar über sehr beträchtliche Entfernungen. Diese unsichtbaren Waffen wurden ihnen schließlich zum Verhängnis.

Die Atlanter hatten die Schubelektrizität in ihren unterirdischen Kammern nur langsam zu größeren Vorräten aufspeichern können, denn sie wussten, dass eine zu schnelle Extraktion aus der Luft gesundheitliche Gefahren verursachen konnte. Aber im Laufe vieler Jahre war ein derartiges Maß an umgewandelter Sonnenenergie aufgestaut worden, dass der kritische Punkt überschritten war: Als der Krieg ausbrach, setzten die Atlanter ihre Elektronenwerfer so plötzlich und in solchem Umfang ein, dass die unter Druck stehenden unterirdischen Reservoirs explodierten. Eine fürchterliche Katastrophe war die Folge. Ich sagte euch ja schon, dass sie das Gesicht der Erde veränderte."

Fawcett bezeichnete die Überlebenden dieser apokalyptischen Stunde - vermutlich Bewohner der Randgebiete - als „Atlanter zweiten Ranges (lesser Atlanteans)". Seinen Berichten nach versuchten sie, andere Teile der Erde zu kolonisieren. Ägypten, meinte Fawcett, sei, wenn auch nicht für lange, eine solche Kolonie gewesen. Wörtlich: „Nur in Ägypten und auf einigen Inseln in seiner Nähe wurde ein Fragment atlantischer Weisheit bewahrt. Die Ägypter erbten jedenfalls eine heilsame Furcht vor dem Sonnengott." Mit dieser Botschaft brach die mentale Verbindung für dreizehn Jahre ab.

1948 meldete sich Fawcett wieder bei den Schreibmedien Gibbes und Cummins. In dieser zweiten Serie zwischen 1948 und 1951 gab es sechzehn Schreibsitzungen.

Der Übermittler schilderte nochmals ausführlichst sein abenteuerliches Schicksal im Dschungel, wie auch seine Atlantis-Visionen: „Ja, ich stehe zu allem, was ich damals geschrieben habe", gab er durch. Und noch einmal die Warnung: „Das Geheimnis zur Gewinnung der Schubelektrizität ist zu gefährlich, als dass es eurer Generation enthüllt werden könnte." In seinem letzten medialen Chelsea-Brief vom 12. April 1951 löste er sein Versprechen ein, die Indianer niemals an die Weißen zu verraten: „Ich habe meine Geschichte geschrieben, um die sich an mich klammernden Erinnerungen des Matto Grosso von meiner Seele zu laden. Jetzt, da ich eine neue Freiheit gewonnen habe, werde ich nicht die Freiheit und das friedvolle Leben anderer gefährden. Lasst um Himmels willen diese Indianer in Ruhe. Sie werden nur Lügen über meinen Tod erzählen; sie wagen es nicht, die Wahrheit zu sagen."

Damit endete jene exotische Verbindung, die in der parapsychologischen Forschung salopp die „Chelsea/Brasilien-Connection" genannt wird. Diese Botschaften allein, so verblüffend sie auch sind, sind noch kein wirklicher Beweis. Zu einem solchen könnten sie jedoch werden, nimmt man eine weitere astrale „Connection" unter die Lupe, die aus derselben Zeit stammt. Beide zusammen lassen sich kaum noch als Zufall abtun.

Die Blackpool/Ägypten-Connection

Am 29. Mai 1931 las der renommierte britische Ägyptologe J. Howard Hulme aus Brighton von einem Medialfall, der irgend etwas mit Ägypten zu tun hatte. Im Gegensatz zu den meisten seiner Akademikerkollegen ging er nicht mit Naserümpfen über diesen Zeitungsartikel hinweg, sondern studierte ihn mit großer Aufmerksamkeit. Der Beitrag stammte aus der Feder eines Dr. Frederic Wood, seines Zeichens Musikpädagoge in Blackpool.
Wood berichtete über seine Erfahrungen mit einem Medium, aus dem ein Wesen namens „Nona" gesprochen haben sollte. Nona schien eine Ägypterin gewesen zu sein, die vor über dreitausend Jahren gelebt hatte. Nona war kein eindeutiger Name aus der Geschichte Ägyptens, konnte aber durchaus der ägyptischen Sprache zugerechnet werden. Die römische Göttin der Schwangerschaft Nona könnte davon abgeleitet sein. In Altägyptisch bedeutete Nona „namenlos". Ein „astrales Pseudonym?"
Hulmes Interesse war trotz des unorthodoxen Drumherums geweckt. Da er schon über sechzig Jahre alt war, konnte er es sich leisten, sich mit Dingen zu befassen, die einem jüngeren Kollegen die akademische Karriere nachhaltig ruiniert hätten. Er schrieb an Dr. Wood.
Jahre später gestand er, dass er bestenfalls mit ein oder zwei Aussagen des Mediums gerechnet hatte. Tatsächlich jedoch führte der Kontakt von Hulme, Wood und dem Medium, einer jungen Volksschullehrerin aus Blackpool, die als Miß Ivy B. festgehalten ist, zu einem dermaßen umfangreichen Material, dass der Ägyptologe und der Musiklehrer im Juli 1934 gemeinsam das Buch „Ancient Egypt Speakes" (Das alte Ägypten spricht) herausbringen konnten.
Selbst damals ließ sich Hulme nicht träumen, dass damit noch nicht der Endpunkt gesetzt war. Die mediale Quelle sprudelte nämlich noch ein gutes Vierteljahrhundert, und zwar bis ins Jahr 1961, zehn Jahre über Dr. Hulmes Tod im Jahr 1951 hinaus. Als Dr. Wood 1963 starb, hinterließ er vierundzwanzig Tagebücher mit genauen Aufzeichnungen über seine Sitzungen mit dem Medium sowie mehrere dicke Bände, in denen auch die vielen Tausend ägyptischen Vokabeln stehen, die Nona übermittelt hatte. Sie waren sorgfältig nach den beiden ägyptologischen

Standardwerken - dem Wörterbuch von Sir Wallis Budge und der Grammatik von Sir Alan Gardiner - geordnet.

Was sich in diesen umfangreichen Aufzeichnungen verbirgt, ist in mehrfacher Hinsicht sensationell. Es versorgte nicht „nur" die offizielle Ägyptologie mit einer Fülle von Informationen, die auf „normalem" Wege wohl kaum jemals erlangt worden wären, sondern schlug auch eine esoterische Brücke zu den Fawcett-Botschaften, ein Faktum, das damals niemandem aufgefallen ist. Erst viele Jahre später wurden die Parallelen im Inhalt von Fawcetts wie auch von Nonas Botschaften von Parapsychologen und Schriftstellern realisiert, darunter die Autoren Peter Andreas und G. Adams, die darüber in ihrem Buch „Was niemand glauben will" ausführlich berichteten. Nonas Durchgaben gelten als einer der erstaunlichsten Fälle von Jenseitsbotschaften und sind unter der Bezeichnung „Rosemary Records" in die Annalen der parapsychologischen Wissenschaft eingegangen. Ivy B. sollte später unter dem Namen Rosemary ein bekanntes Medium werden. Damit zu den Informationen aus der geheimnisvollen Quelle namens Nona:

Ivy B. war 1928 plötzlich von „fremden Gedanken" heimgesucht worden. Obgleich sie bis dato mit medialen Verbindungen nichts am Hut gehabt hatte, vertraute sie sich Dr. Wood an, von dem sie wusste, dass er sich mit solchen Dingen befasste. Der Musikprofessor erkannte die schlummernden Fähigkeiten in der jungen Frau und machte einige Standardversuche mit ihr. In kurzer Zeit war Ivy/Rosemary in der Lage mentale Botschaften zu empfangen. Die ersten sind für uns nicht von Bedeutung. Dann, im Oktober 1928, kam Nona - die „Namenlose".

Drei Jahre lang kommunizierte sie unter diesem Namen, auch dann noch, als Howard Hulme sich Dr. Wood angeschlossen hatte und mit der „namenlosen" Ägypterin bereits einen regen Dialog führte. Nach zahlreichen Sitzungen, bei denen Nona aus Rosemarys Mund sowohl in stockendem Englisch als auch in Altägyptisch sprach, gab sie ihre Identität preis. Die vormals Namenlose entpuppte sich als eine babylonische Prinzessin, die dem Pharao Amenhotep III. als eine seiner Frauen geschenkt worden war. Ihr nunmehriger ägyptischer Name lautete *Telikha Venitu.*

Hulme fand heraus, dass *Ta Likha(t)* auf Ägyptisch „weise Frau" bedeutet. Sehr wahrscheinlich hatte sich Thelikha Venitu als Name für jene unter Amenhoteps Frauen eingebürgert, die den Historikern als

„kluge Frau von Asien" bekannt ist. Nichts davon konnte das Medium wissen, von der grundsätzlichen Unmöglichkeit ganz abgesehen, dass eine junge Engländerin aus heiterem Himmel plötzlich in der Lage sein sollte, mit einem pensionierten Ägyptologen in einer Weise in Altägyptisch zu sprechen, die diesem laufend neue, als richtig bewertete Erkenntnisse vermittelte. Nonas Sprache stimmte zudem mit dem klassischen Idiom der 18. Dynastie überein, in welcher Zeit Amenhotep III. gelebt hatte.

Nach vier Jahren gemeinsamer Arbeit mit Howard Hulme hatte Dr. Wood eine so überzeugende Fülle von Informationen über die altägyptische Sprache gesammelt, dass er eine Einladung des „International Institute of Psychic Research" annahm, in London eine Tonbandaufnahme von Rosemary/Ivy zu machen. Sie erfolgte am 4. Mai 1936 in Gegenwart von Zeugen und wurde von dem angesehenen Parapsychologen Dr. Nandor Fodor nach striktesten Versuchsbedingungen geleitet. Die Tonbänder befinden sich im Besitz des Nachlassverwalters von Dr. Wood. In seinem Testzeugnis schreibt Dr. Fodor: „Ich glaube, dass das Studium des außergewöhnlichen Rosemary-Falles von großer Bedeutung ist und möchte ihr sowie Dr. Wood und Mr. Howard Hulme meine Anerkennung für die selbstlose Hingabe aussprechen, mit der sie sich für die Restaurierung einer erloschenen Sprache einsetzen." Eine hieb- und stichfeste Beweisführung dafür, dass Nonas Sprache *nicht* die des alten Ägyptens der 18. Dynastie war, findet sich bis dato in *keiner* ernsthaften ägyptologischen Abhandlung.

Ein kleines, aber signifikantes Beispiel ist Nonas Richtigstellung des Wortes *setan*. Ägyptologen waren der Meinung gewesen, damit würde ein Schachbrett bezeichnet. Im Gespräch mit Nona/Telikha ergab sich jedoch, dass es sich dabei um ein Plissierbrett gehandelt hatte. Diese Deutung erwies sich später als die richtige. In Woods Aufzeichnungen finden sich sogar Tempelmelodien und ägyptische Volkslieder einschließlich ihres Textes. Der Umstand, dass Wood Musikpädagoge war, war eine große Hilfe bei der späteren Feststellung, dass diese Aufzeichnungen mit dem damaligen ägyptischen Tonskalensystem übereinstimmten. Die Noten befinden sich im Besitz seines Nachlassverwalters. Unter dem ungeheuren Schatz an Wissen, der sich aus dem Munde des Mediums ergossen hat, gibt es eine Aussage von Nona, die getrennte Puzzlesteine zu einem stimmigen Bild vereinigt.

Nonas Warnung

Um sogar die exotische Möglichkeit auszuschließen, Ivy/Rosemary könnte vielleicht die Antwort auf die eine oder andere der Fragen, die Hulme stellte, telepathisch aus seinem Gedächtnis holen, fragte der Ägyptologe großteils nach Informationen, die ihm selbst unbekannt waren, aber verifiziert werden konnten.
Als Dr. Wood Nona eines Tages Genaueres über das Wissen und die Weisheit der Vorväter ihres Pharao erfahren wollte, erhielt er eine Antwort, die uns unversehens in jene ferne Vergangenheit versetzt, von der die Fawcett-Botschaften fast zeitgleich verkündet haben.
Die Ägypterin antwortete durch den Mund ihres Mediums: „Die weisen Männer Ägyptens besaßen ein Wissen, das eure Welt heute hoch schätzen würde, wenn es wiederbelebt werden könnte. Sie verstanden die Elemente besser als eure Wissenschaftler. Die Adepten der alten Zeit *konnten Elektrizität aus der Luft einfangen und benutzen.*"
Das klingt in der Tat wie ein Zitat aus den Fawcett-Botschaften. Die wurden allerdings erst zwanzig Jahre später veröffentlicht und waren Dr. Wood, Dr. Hulme und Rosemary mit absoluter Sicherheit unbekannt.
Noch frappierender ist Nonas angeschlossene Warnung: „Wenn ihr diese Kraft zähmen könntet, dann hättet ihr ein Mittel in euren Händen, das die Welt zerstören könnte. Es wird nicht dadurch gewonnen, dass die Materie in immer kleinere Fragmente zerspalten wird, sondern aus den Kräften der Atmosphäre, die die Erde umgibt." (Schon wieder Tesla? Anmerkung des Autors.)
Damit hat Nona Skeptikern und Wegrationalisierern eine weitere Nuss serviert, an der sich diese bis dato auch die Zähne ausgebissen haben. Wie, so muss man fragen, konnten 1936 ein englischer Musikpädagoge und eine junge Lehrerin auch nur die leiseste Ahnung von der Kernspaltung haben? Neun Jahre vor Hiroshima und Nagasaki! Das ist aber beileibe nicht alles, denn durch Nonas Erwähnung der mächtigen „Luft-Elektrizität" und ihrer Wirkungsweise erweist sich Fawcetts geheimnisvolle „Schub-Elektrizität" als andere Bezeichnung für Bulwer-Lyttons „Vril-Kraft." Die offenkundigen Parallelen zwischen Bulwer-Lyttons Beschreibungen und den Jahrzehnte später gemachten medialen Aussagen über Atlantis von Colonel Fawcett und von Nona lassen

sich nicht vom Tisch wischen. Damit wurde einer langen Kette von Indizien das letzte Glied hinzugefügt.

Der Kreis hat sich geschlossen. Gestützt auf solide und großteils kaum bekannte Quellen sind wir den Spuren einer Vergangenheit gefolgt, die vielleicht noch gar nicht vorbei ist. Unser Weg hat in der bedrohlichen Gegenwart begonnen und vom legendären Thule nach Atlantis bis in die bewohnten Tiefen unseres Planeten geführt - durch die Jahrtausende und rund um die Welt. Er war gesäumt von archäologischen Ungereimtheiten, von den Erinnerungen der Völker, von verschwiegenen Katastrophen und vertuschten Forschungen, von Rätseln der Evolution, von geheimem Wissen und vernichteten Erkenntnissen, von der handfesten Supertechnik der „Götter" und von den Schatten der „Anderen", mit denen wir möglicherweise unsere Welt teilen ohne es zu wissen. Und wir sind der Frage nachgegangen, ob fremde Mächte uns vielleicht seit Jahrtausenden am Gängelband führen und zugleich einen Plan für die Zukunft der Menschheit und der Erde verfolgen.

Nach all dem könnte die Grundthese dieses Buches ausreichend Substanz gewonnen haben. Sie lautet, nochmals kurz zusammengefasst: „Jene, die all diese Spuren, Hinweise und Artefakte hinterlassen haben, könnten heute noch unter der Erdoberfläche hausen, bereit den in den Abgrund donnernden Karren der Menschheit vielleicht im letzten Augenblick noch anzuhalten." An dieser Stelle und zum Abschluss wollen wir uns ein Gedankenspiel leisten, wie ein solches Eingreifen vor sich gehen könnte. Höchste Zeit wäre es ja bereits...

Ausklang: Retter aus der Vergangenheit?
Es ist fünf nach Zwölf!

Seit dem 11. September 2001 ist die Welt anders geworden. Dabei herrschte auch vor diesem schicksalhaften Datum auch ohne Terrorismus kein Mangel an drohenden Desastern. Viele davon sind bereits im vollen Anmarsch. Düster schaut's aus am Beginn des Dritten Jahrtausends, von dem sich alle rätselhafterweise goldene Zeiten erwarten. Weniger Schwarmgeistige gehen davon aus, dass das unglaublich *bluttriefende zwanzigste Jahrhundert* ein barockes Schäferspiel gewesen sein dürfte, verglichen mit dem bereits grimmig begonnenen einundzwanzigsten Jahrhundert. Nicht nur für Pessimisten stehen in den nächsten Jahren großflächige Wasser- und Ökokriege, Massensterben und Massenausrottungen, pandemische Seuchen durch immer resistenter werdende Viren und Bakterien, riesige Migrationsströme, atomare Stammesfehden, Nuklear- und Biowaffenterroristen, Vernichtungswettbewerbe durch hemmungslose Globalisierung/Privatisierung, Wirtschaftskonflikte und Wirtschaftskollapse, totale Umwelt- und Ressourcenvernichtung, Weltbürgerkrieg, steigende Inhumanisierung, galoppierender Werteverfall und unaufhaltsamer Zerfall gewachsener Strukturen sowie weitere Apokalypsen ins Haus.

Wenn die Rettung des Planeten aus den Tiefen der Erde hervorbrechen sollte, dann müsste sie schon bald beginnen, Vielleicht hat sie schon begonnen und wir wissen es nur nicht. Vielleicht sind „sie" bereits am Werke. Wenn ja, dann sicher nicht hochoffiziell und mit Pauken und Trompeten.

Wir können daher lediglich spekulieren, wenn auch nicht völlig ins Blaue hinein. Ein wenig beachtetes Buch aus dem Jahr 1956 kann unserer Spekulation eine Richtung geben. Es wird von Insidern als Schlüsselroman angesehen, und das nicht nur weil sich darin erstaunliche Hinweise auf Atlantis finden...

Nur ein Roman?

Das Buch, von dem die Rede ist, erschien unter dem Titel „Menschen aus Agarta" in einem fast anonym zu nennenden Frankfurter Verlag mit dem bezeichnenden Namen „Die Dreizehn". Bei dem Autorennamen R. Janson dürfte es sich um ein Pseudonym handeln. Bereits der Klappentext liest sich unangenehm aktuell:
Bedrückende Ungewissheit über die Zukunft lastet auf der Menschheit. Die furchtbaren Möglichkeiten, die sich im Laufe der aktuellen Entwicklung ergeben können, nimmt die Verfasserin zum Anlass, um in einer fesselnd geschriebenen Handlung ihren Lesern einen Blick in die Zukunft zu eröffnen. Unruhe und Anarchie machen sich breit. Aber es gibt Menschen, die die Hoffnung nicht aufgeben. Sie finden unerwartet Hilfe, als durch einen seltenen Zufall vier junge Menschen auf einer Expedition im Himalaya-Gebirge den auf einer weit höheren Kulturstufe stehenden bisher völlig unbekannten Staat *Agarta* entdecken...
Im Inhalt selbst geht es noch klarer zur Sache. So fallen beispielsweise einem der Protagonisten des Romans Aufzeichnungen in die Hände, in denen er folgendes liest:
„Fast überall in der Welt waren die Atlanter gewesen, im Westen und Süden lagen ihre Kolonien, dorthin verpflanzten sie ihre Kultur, aber von dort brachten sie auch fremde Anschauungen heim, die die heiligen Gesetze des Landes verletzten. Grausamkeit an den Sklaven, Betrug, Diebstahl und sogar Mord häuften sich, und man war gezwungen neue Gesetze zu erlassen, an die man früher nicht gedacht hatte. Der Untergang nahte, aber die Götter schwiegen. In aller Stille bereiteten sich die Priester auf die Flucht vor. Sie sammelten aufrechte und mutige Männer mit ihren Familien um sich, Männer, die ihr höheres Sein bewahrt hatten und die nicht allein ihr Leben, sondern auch den heiligen Glauben der Atlanter, ihre Weisheit und ihre geistige Kultur retten wollten. Dann wanderten sie aus, immer weiter mit der Sonne, immer weiter von fremden Völkern getrieben, bis ihnen die Berge des Himalaya Schutz boten."
An anderer Stelle geht es so weiter: In diesen Tausenden von Jahren musste sich unser Volk naturgemäß vermehren und dann wäre kein

Platz für alle in der Heimat. Die Zahl unserer Einwohner darf aber nicht überschritten werden, und da griffen wir zu einem Mittel, das eigentlich grausam erscheint. Es werden immer eine Anzahl von jungen Männern oder Mädchen erwählt, die mit ihrem eigenen Einverständnis und dem ihrer Eltern in anderen Staaten ausgesetzt werden. Sie kehren nie zurück. Um unsere staatliche Struktur zu wahren und vor fremdem Einfluss zu schützen - denn wir haben früher böse Erfahrungen damit gemacht - darf die Welt von unserer Existenz nichts wissen. So müssen auch diese Menschen ihre Herkunft und Agarta vergessen. Unsere Erziehung und unser Erbe bleibt ihnen erhalten, so dass sie in der Fremde durchaus sichere Lebensbedingungen finden. Außerdem bleiben wir geistig mit ihnen in Verbindung und unsere Kräfte verleihen ihnen die Fähigkeit, ihren Weg zu gehen.
Ihr Vergessen geschieht nach dem Befehl des Hohenpriesters. Mit unseren Flugzeugen und mit reichen Mitteln versehen setzen wir sie in dem von ihnen selbst gewählten Land ab, und von da an beginnen sie ein neues Leben. Diejenigen, die in die Fremde gehen sollen, wählen schon vorher nicht allein das Land, sondern auch den Ort, wo sie sich niederlassen wollen. Wenn sie außerhalb des Ortes aufwachen, so wissen sie, dass sie hierher gehören, und wenn sie auch nicht die nötigen Papiere und das übliche Geld haben, so besitzen sie genügend Edelsteine, die sie verkaufen und dadurch ihr Leben aufbauen können. Sie gehen ihrem Berufe nach, den sie bei uns erlernt haben."
Damit wollen wir zu einer Stelle in dem erstaunlichen Werk aus dem Jahr 1956(!) kommen, die wie die blanke Gegenwart anmutet (Stichwort Klimakatastrophe und Turobkapitalismus):
Obgleich auf einer Pressekonferenz aller Länder die Gelehrten das Problem zu bagatellisieren versuchten, so war davon schon so viel in die Öffentlichkeit gedrungen, dass die Bevölkerung der südlichen Kontinente endlich die Erklärung zu finden glaubte, warum die so früh eintretenden Fröste ihre Ernte nicht ausreifen ließen und sie von Jahr zu Jahr ärmer machte. Es kam hier und da zu Panikstimmung, wobei viele Farmer ihre Ländereien zu billigen Preisen verkauften und nach dem Norden zogen. Die Aufkäufer waren natürlich gewissenlose Schieber und Geldmacher, die an nichts glaubten und - auf die Dummheit und Leichtgläubigkeit der Farmer bauend - hofften, das Erworbene nachher für hohe Preise wieder zu verkaufen.

Die Panikstimmung ergriff aber immer weitere Kreise und verbreitete sich bis nach Indien und zu den Südseeinseln. Wenn auch die Regierungen und die Wissenschaftler schweigen, so verursachten doch die Kapitalisten eine wirtschaftliche Verwirrung dadurch, dass sie ihre Geschäfte liquidierten und ihr Kapital in die nördlichen Staaten verschoben. Trotz vieler Verbote und strenger Grenzkontrollen flossen die Werte des Landes dahin. Als Begleiterscheinung ergab sich Verarmung und Hungersnot der Arbeiter. Es bot sich für die Kommunisten eine günstige Gelegenheit, um ihre Propaganda zu betreiben und mit ihrer Ideologie die breiten, halbverhungerten Massen gegen die Regierungen und Kapitalisten aufzuhetzen. Als ihre Verbündeten traten ausnahmsweise die Sektierer mit ihren Weltuntergangsprophezeiungen auf und stifteten in den verwirrten Köpfen noch mehr Unruhe.

Die Demonstrationen auf den Straßen rissen nicht ab. Da marschierten die Kommunisten im Takte ihrer revolutionären Lieder mit roten Fahnen und Transparenten; da gingen die Sektierer mit frommen Liedern, um auf den freien Plätzen ihre Predigten neben den kommunistischen Rednern abzuhalten. Es war nicht ausgeschlossen, dass dieselben Menschen, die im Augenblick mit den Kommunisten marschierten, im nächsten sich den Sektierern anschlössen.

Polizei und aufgebotenes Militär hatten den Befehl erhalten, die Demonstranten zu zerstreuen und im Notfalle auf die Masse zu schießen. Dieser Befehl wurde in allen Ländern verschieden aufgenommen und ausgeführt. In den südamerikanischen Staaten besaßen die Kommunisten mehr Initiative und schritten zu Gewalttaten. Die bewaffneten Gruppen umstellten die Regierungsgebäude, um sie zu besetzen und die Macht an sich zu reißen.

Es kam in vielen Städten zu unvermeidlichem Blutvergießen, aber in den letzten Augenblicken stellten sich vor die entfesselten und fanatischen Massen Männer von unbekannter Nationalität und Volkszugehörigkeit. Sie strömten eine ausgeglichene Ruhe und Besonnenheit aus, ihre Gesichter durchleuchteten ernste Güte und Entschlossenheit. Vor ihrem unerschrockenen Auftreten senkten sich unwillkürlich alle Waffen. Die Polizei und das Militär warteten ab, was sich abspielen würde, und die Aufrührer glaubten, eine neue, anfeuernde Hetzrede anhören zu können. Die wohlklingende Stimme mit der Anrede „Brüder" nahm sie alle sofort gefangen. „Brüder, ihr denkt, dass euch jetzt die Gelegenheit geboten worden ist, gegen die Kapitalisten vorzugehen, um das Land selbst regieren zu können? Aber könnte es euch denn nicht ganz egal sein, wer regiert und wer reich ist, wenn ihr an den Weltuntergang glaubt? Glaubt ihr, dass die Schuldigen dabei vernichtet werden und nur ihr am Leben bleibt? Ihr wollt für die Ideologie der Gleichheit und Gerechtigkeit kämpfen, aber ein jeder von euch hofft im stillen, die letzten Tage vor dem Untergang noch in Reichtum und Macht schwelgen zu können."

Eine Unruhe ging durch die bisher still lauschenden Massen. Diese Worte der Wahrheit trafen den einzelnen mit voller Wucht und entblößten seine geheimen Wünsche. Hasserfüllte Rufe drohten den Redner niederzuschreien, aber unbeirrt fuhr er fort: „Es wird aber keinen Weltuntergang geben, sondern eine noch nie da gewesene Naturkatastrophe, wobei keiner weiß, wann sie eintritt und wie groß sie sein wird. Es werden dabei viele ihr Leben lassen müssen, aber viele werden sich auch retten können."

Eine Stille trat wieder ein, dann: „Es haben doch viele von euch, Brüder, Frau und Kind, denkt an sie. Ihr habt vielleicht bis jetzt um eure Existenz kämpfen müssen, wenn aber die Katastrophe eintritt, dann trifft sie jeden, ob er arm oder reich, ob er hohes Regierungsmitglied oder Beamter ist. Dann muss ein jeder um sein eigenes Leben und um das Leben seiner Familie kämpfen, denn der Reichtum hilft dann keinem mehr. Ihr denkt mit Geld alles erreichen zu können, vergesst aber dabei, dass nur die geistige Kraft eines jeden von euch zur Lebensrettung dienen kann. Ich werde nicht von Gott zu Euch sprechen, denn ihr glaubt ja nicht an ihn, sondern über die geistige Macht, die jedem Menschen innewohnt. Schaut euch gegenseitig an. Wir sind alle Menschen mit gleichen Gefühlen und Wünschen und sind also Brüder. Wenn über dich..." er zeigte mit der Hand auf den Nächststehenden „... eine Gefahr hereinbricht, und dein Nachbar, der jetzt neben dir steht, unter Einsatz des eigenen Lebens dich rettet, so beweist er damit seine geistige Stärke. Wenn du vielleicht nicht mehr imstande sein wirst, ihm dafür zu danken, so kann er sicher sein, für die gute Tat im Augenblick der Gefahr selbst von einem anderen gerettet zu werden. Und so geht diese geistige Kraft von einem zum anderen über und bildet eine Kette, wobei nur der eine Gedanke, nur der eine Wille herrscht - dem Nächsten zu helfen und ihm in der Not beizustehen. Das ist für den Men-

schen das Gesetz und die Aufgabe seines Lebens. Was hilft hier das Geld und das irdische Gut, wenn auch die Reichen in dieselbe Lage kommen werden und vielleicht viele von ihnen auch euch die Hand zur Hilfe reichen oder auf die eure angewiesen sein werden?"
Seine Rede wurde von den enttäuschten Massen mit feindlichen Beschimpfungen und hasserfüllten Zurufen unterbrochen, so manches Gewehr erhob sich, um zielsicher den lästigen Mahner zu treffen, aber die Macht, die von diesem Menschen ausging, befahl lautlos immer von Neuem, die erhobene Hand wieder sinken zu lassen.
Die Stimmen erstarben allmählich, die erhitzten Gemüter beruhigten sich, und der Redner ging unbemerkt auf die Erklärung des ewigen Lebens und die Ausübung der Nächstenliebe über. Seine Worte besaßen die Kraft der Überzeugung, gaben vielen von den Zuhörern den verlorenen Glauben wieder und richteten die Verzweifelten auf. Alle Zeitungen der Welt brachten über die weiter sich verbreitenden Unruhen die neuesten Nachrichten, aber diese stillen, in ihrem Wesen bescheidenen Redner, die mit ihren eindrucksvollen Worten das Volk von Plünderungen und Gewaltakten abhielten, wurden darin nicht erwähnt.
In den Ländern, wo Buddhismus vorherrschte, waren es Mönche, meistens noch junge Männer, die nach ihren eigenen Angaben aus den Bergen stammten, aus Klöstern, deren Namen keinem bekannt waren, und nicht alle sprachen die verschiedenen Dialekte fehlerfrei. Sie sprachen von der Vergänglichkeit der Welt, Aufhebung der Wiedergeburt und dem Nirwana. (Zitat-Ende).
Was in dem erstaunlichen Buch gesagt wird, klingt wie reine Utopie angesichts des globalen Chaos, der Gier- und Egoismus-Exzesse, der Natur- und Umweltvernichtung, der Bevölkerungsexplosion, der Massaker und Bombenteppiche im Namen des Guten. Trotzdem könnte mehr als ein Fünkchen Wahrheit darin enthalten sein. Vergessen wir nicht: es wurde vor rund einem halben Jahrhundert geschrieben, einem Zeitraum, in dem Unerwartetes, ja für unmöglich Gehaltenes mehr als einmal eingetreten ist. Eine präzisere Prognose der Zustände von heute kenne ich aus diesen Jahren nicht. Und auch keinen besseren Fingerzeig auf möglicherweise Kommendes. Schließen wir daher mit der tröstlichen Ungewissheit: Wer kann schon sagen, was geistige Kraft, gepaart mit einer uralten Wissenschaft, zu bewirken vermag. Die Zukunft wird es zeigen. Vielleicht schon bald...

Resümee: Indizien für Hartnäckige

Manche Leser werden nach der Lektüre dieses Buches nicht sofort bereit sein, ihr vertrautes Geschichtsbild komplett über Bord zu werfen. Das ist verständlich. Für sie, wie auch für jene, deren Interesse noch weiter geht, lege ich als „Nachschlag nach dem Nachwort" ein ausgewähltes Sortiment an zusätzlichen Puzzlesteinen auf den Tisch. Damit sollen die bislang im Buch präsentierten Stücke nicht neu gemischt, sondern vielmehr ergänzt und zu einem alternativen Geschichtsbild zusammengefügt werden...

Anachronistisches Wissen

Das Wissen unserer Vorfahren über Astronomie übertraf das unsere bei weitem. Sie wussten, dass sich die Sonne, der Mond und die Planeten im Vergleich zum unbewegten Himmelsgewölbe drehen. Sie kannten den genauen Umfang unseres Planeten - er ist in vielen verschiedenen Längenmess-Systemen auf der ganzen Welt integriert. Mathematiker und Techniker können das in der Architektur alter Gebäude beweisen, die nach den absolut exakten Formeln errichtet wurden. Solche genauen Zahlen konnte unsere Wissenschaft erst errechnen, nachdem der Sputnik die Erde 1957 umkreist hatte. Mathematiker haben herausgefunden, dass die Maßeinheiten in vielen alten Kulturen auf dem Umfang des Planeten beruhen. Aber wie konnten sie den ermitteln? Bekanntlich konnte der Umfang der Erde mit ihrer unregelmäßigen Oberfläche erst in den 1950er-Jahren mit den ersten Satelliten genau gemessen werden. Luftaufnahmen und -vermessungen sind ein neuralgischer Begriff; Stichwort *Piri-Reis*.
Zu ihrem stetigen Ungemach kann die Wissenschaft nach wie vor die Existenz der berühmten „Piri-Reis-Karte" nicht erklären, besser gesagt weg-erklären. Durch Naturwissenschaftler und Historiker bestätigt, zeigt die Karte die exakte Küstenlinie der Antarktis, was die offizielle Geschichtsschreibung in schwere Bedrängnis bringt, da die Karte 1513 gezeichnet wurde - mehr als dreihundert Jahre vor der Entdeckung der Antarktis. Noch irritierender ist die Tatsache, dass die Karte Küstenteile zeigt, die heute unter tausendfünfhundert Metern Eis liegen. Eine von westlichen Wissenschaftlern 1949 durchgeführte seis-

mische Untersuchung bestätigt den auf der Karte eingezeichneten ursprünglichen Küstenverlauf. Das wiederum bedeutet, dass die Karte eine Periode darstellt, in der die Antarktis noch eisfrei war und damit eine Zeit vor sechs- bis dreizehntausend Jahren, als unsere Vorfahren sich noch in Felle gehüllt in dunkle Höhlen kuschelten, wenn es donnerte. Der Zeichner der Karte, ein türkischer Admiral, gab an, seine Karte basiere auf anderen, weit älteren Quellen. Vielleicht auf jenen Quellen, die das „Dogon-Rätsel" gespeist haben. Damit sind wir bei einem für die Fachwelt besonders ärgerlichen Phänomen.

Wie konnte der Stamm im afrikanischen Mali seit undenklichen Zeiten darüber Bescheid wissen, dass ein unsichtbarer Zwergstern den großen Hauptstern im Sirius-System alle 49,9 Jahre umkreist? Die riesige Zahl von Tongefäßen, die für eine uralte Zeremonie zur Feier der jeweiligen Umkreisung stets extra angefertigt werden, beweist, dass diese Kenntnis seit Jahrtausenden vorhanden ist. Desgleichen ebenso alte Scharrzeichnungen der Dogon, die relativ exakt den Orbit des Begleitsterns Sirius B zeigen, den Alvan Graham Clark (1832-1897) erst 1862 mit einem leistungsstarken Teleskop entdeckt hatte. Weiterhin wussten die Dogon, dass Sirius B viel dichter als Sirius und somit ein weißer Zwerg ist, eine Tatsache, die erst 1915 entdeckt wurde, auch wenn sie das nicht mit diesen Worten ausdrücken, sondern davon sprechen, dass eine Handvoll des kleineren Begleiters, den sie „Po Tolo" nennen, so schwer sei wie die ganze Wüste. Der Stamm besaß niemals auch nur die einfachsten Fernrohre, obwohl er die genaue Anzahl der Jupitermonde kannte und lange vor der modernen Wissenschaft wusste, dass der Saturn von Ringen umgeben ist.

Nicht so krass wie das Dogon-Rätsel ist die dennoch ungelöste Frage, woher unsere primitiven Vorfahren wissen konnten, dass das Himmelszelt fixiert ist und die Planeten sich um die Sonne drehen? Woher kannten sie das kreiselnde Schwanken der Erdachse (Präzession), wodurch sich eine langsame Änderung unserer Position im Verhältnis zu den Konstellationen im All ergibt? Westliche Astronomen haben dies erst vor dreihundert Jahren entdeckt. Noch unglaublicher ist, dass zur Messung dieses Effekts ohne modernste Mittel Tausende von Jahren nötig sind - um genau zu sein: 25.776 Jahre. Dessen ungeachtet, kannten unsere Vorfahren diesen Effekt und nannten einen vollständigen Zyklus ein „Großes Jahr". Haben sie fast 26.000 Jahre lang gemessen oder hat es ihnen jemand gezeigt? Vielleicht jene, die vor Tausenden von Jahren eine künstliche Sprache unter die Leute gebracht haben?

„Aymara", beziehungsweise „Aymare altiplanico" ist die Sprache der nicht ganz zwei Millionen Aymara-Indianer von Bolivien und Peru, die auf dem Plateau um den Titicaca-See leben. Manche halten sie für die älteste Sprache der Welt. Für andere ist sie schlichtweg ein Rätsel. Für den bolivianischen Mathematiker und Computerspezialisten Iván Guzmán de Rojas ist das mindestens 4000 Jahre alte Aymara eine vollkommen „unnatürliche" Sprache, die wirkt, als wäre sie bewusst von Grund auf entworfen worden. Ihre künstlich anmutende Syntax und die extrem straffe Struktur sind so unzweideutig, dass sie synthetisch zu sein scheinen. Absolut künstlich in einem Ausmaß, das in organischen Sprachen bisher nicht gefunden wurde. Normalerweise entwickelt sich eine Sprache über eine lange Zeit hinweg. Aymara hingegen entwuchs nicht einer linguistischen Kindheit. Sie war „geschaffen" und mit einer „mathematischen Syntax" ausgestattet worden, was zu dem von Rojas geprägten Fachbegriff des „Aymara-Algorithmus" geführt hat. Aymara lässt sich nämlich ganz leicht in einen Computer-Algorithmus umwandeln, der als „Brückensprache" verwendet werden kann. Verständlicher ausgedrückt: Die Sprache eines Originaldokuments kann in Aymara übersetzt und dann in alle anderen Sprachen zurückübersetzt werden. Aymara ist wie ein fertiges Übersetzungsprogramm. Linguisten halten es für unschätzbar. Guzmán war der erste, der ein Translationsprogramm zur Übersetzung von Englisch in andere Sprachen geschrieben hat, wobei er Aymara als Brückensprache verwendete und damit einen völlig neuartigen Ansatz kreierte. So entwickelte er das revolutionäre multilinguale Übersetzungssystem „ATAMIRI". Guzmán: „Wer immer diese Sprache entwickelt hat, muss einen hohen Wissensstand gehabt haben, denn er kannte die Regeln der modernen Algebra und der dreiwertigen Logik."

Noch eins drauf setzt die Tatsache, dass man auf eine fast identische Aussage im fernen indischen Kulturkreis stoßen kann. So erklärt im Mahabharatha-Epos Indra, der höchste der Götter, seinem treuen Vasallen Arunja, von dem wir noch hören werden: „Die Zeit ist der Same des Universums." Verblüffend. Wem das alles zu ungreifbar ist, dem kann mit Handfestem gedient werden.

Anachronistische Zeugnisse in Stein

Auf der ganzen Erde finden wir riesige Megalithe. Einige wiegen über sechshundert Tonnen. Moderne Techniker zweifeln daran, dass sich diese Steinblöcke mit unserer heutigen Technik in einem Stück bewegen ließen. Dennoch wurden sie von Menschen, die nach offizieller Lesart nicht über Verbrennungsmotoren, Atomkraft, Elektrizität oder selbst das Rad verfügten, in einem Stück über große Distanzen transportiert und mit der Präzision eines Lasers geschnitten. Riesige Megalith-Strukturen mit Steinblöcken, die sich praktisch nicht tragen oder bewegen lassen, wurden in den Pyramiden von Ägypten und in Cuzco verwendet. Sowohl in Ägypten wie auch in Südamerika werden Steinblöcke, die so groß sind, dass wir sie nicht transportieren können, von Klammern aus Metalllegierungen zusammengehalten, die es offiziell erst in der Neuzeit gibt. Ebenso anachronistisch ist die Tatsache, dass unsere frühen Vorfahren Platin verwendeten, ein Metall, das erst bei tausendsiebenhundert Grad schmilzt, und Aluminium, das nach unserer Geschichtsschreibung erst im 19. Jahrhundert entdeckt wurde und nur durch Elektrolyse aus Bauxit gewonnen werden kann.

Der große Sphinx wurde nach der herkömmlichen Anschauung etwa 2500 vor Christus von Pharao Khafre erbaut. So wird es in den Schulen unterrichtet. Neuere Geologen entdeckten jedoch unter Verwendung moderner Techniken zur geologischen Datierung, dass der Sphinx viel älter sein muss. Tatsächlich können die Erosionsspuren auf dem Sphinx nur durch schwere, über eine lange Zeit andauernde Regenfälle hervorgerufen worden sein, aber Ägypten ist seit vier- oder fünftausend Jahren knochentrocken. Vor zehn- bis fünfzehntausend Jahren regnete es hingegen sehr viel. Der Sphinx und andere vorgeschichtliche Zeugen in Stein müssen daher wohl davor erbaut worden sein. Und zwar von einer Zivilisation, die sich offenbar technologisch nicht nur mit der unseren messen konnte, sondern buchstäblich den ganzen Globus umspannte.

Weltumspannender Gleichklang

Die in den Haarfollikeln ägyptischer Mumien festgestellten Kokain- und Haschischspuren beweisen, dass die Ägypter im Besitz von Pflanzen waren, die ausschließlich im Tausende Meilen entfernten Südamerika wuchsen. Anthropologen sind seit jeher von den Parallelen ebenso fasziniert wie beunruhigt, die bei scheinbar voneinander unabhängigen Völkern auftreten, von denen manche durch Tausende von Meilen oder durch Ozeane getrennt sind.

Das Augen-Symbol ist eine solche Parallele. Abbildungen oder Statuetten der Augen-Göttin finden sich in unzähligen alten Kulturen rund um die Welt. Sei es im alten Ägypten oder im Europa in der Zeit vom siebten bis fünften vorchristlichen Jahrtausend. Diese frühen Völker Südosteuropas hatten eine einzigartige Zivilisation geschaffen, die nichts den Kulturen des Nahen Ostens verdankte, sondern sich sogar vor ihnen entwickelt hatte. Aber wie die Ägypter verehrten sie ein einfach dargestelltes rechteckiges Auge. Es findet sich auf rudimentären Schnitzereien und Statuetten aus verschiedenen Teilen des Globus, sogar bei den geheimnisumwitterten Dogon in Mali.

Die Wahrheit hinter den Mythen

Für manche hat die menschliche Rasse vergessen, woher sie kommt. Nur noch in den Mythen wird die Vorgeschichte der Menschheit aufbewahrt. Auch und ganz besonders in den zahllosen Überlieferungen von weltweiten Katastrophen, die die Menschheit beinahe ausrotteten. Kühne Historiker sind mittlerweile der Ansicht, der moderne Mensch hätte sich nicht aus der Steinzeit heraus entwickelt, sondern er wäre in die Steinzeit zurückgeworfen worden - durch ein globales Unheil, das unsere zivilisierten Vorfahren gemeinsam mit ihren weniger fortgeschrittenen Brüdern und Schwestern beinahe vom Planeten weggewischt hat. Platon behauptet in zwei von seinen Büchern, konkrete Beweise dafür gesehen zu haben, dass periodische Katastrophen unseren Planeten verwüsten und nur wenige Überlebende übrig lassen würden. Mit seinen Worten gesprochen, waren sie der Wissenschaft und Bildung beraubt worden, um wie Kinder ganz von vorn wieder anzufangen. Es existieren über fünfhundert ähnliche Untergangslegenden aus der ganzen Welt, eine komplette Geschichte der Beinahevernichtung unserer Spezies und von den wenigen Überlebenden: Noah für die Hebräer, Utnapischtim für die Sumerer, die Tezpi aus Mittelamerika, die Erzählungen der Maya über den Großen Vater und die Große Mutter, die die Zerstörung überlebt haben, um die Erde wieder zu bevölkern. Die Inuit glauben, die große Flut sei von einem Erdbeben begleitet gewesen, das sich so schnell ereignet habe, dass nur ein paar davonkamen. Die Luiseno-Indianer aus dem mexikanischen Niederkalifornien sind der Meinung, diese Überlebenden seien auf die höchsten Gipfel geflohen, bis das Wasser zurückging. Die Karen aus Birma erzählen von zwei Brüdern, die sich auf einem Floß vor der Flut retteten. In Vietnam überlebten ein Bruder und eine Schwester in einer Holzkiste - zusammen mit zwei Exemplaren jeder Tierart. In Malaysia glaubt das Volk der „Che Wong", dass ihre Welt - sie nennen sie Erde Sieben - hin und wieder auf den Kopf gestellt und alles überflutet und zerstört wird. Samoer, Japaner, Griechen, Ägypter - die Liste ist unendlich. Und dann gibt es noch die Mythen von den „leuchtenden" Wissensbringern *nach* der Apokalypse...

Diese „Leuchtenden" treten in der Geschichte von Dutzenden von Kulturen auf. Es gibt unzählige mündliche und schriftliche Überlieferungen über Fremde, die beträchtlich größer als die Einheimischen waren, Bärte trugen und leuchtende Gesichter mit großen funkelnden Augen hatten. Sie werden in hebräischen Texten erwähnt, unter anderem im Buch Enoch. Dort steht: „Ihre Gesichter leuchteten wie die Sonne, und ihre Augen brannten wie Lampen." Sogar Daniel und einige andere alttestamentarische Propheten erwähnen diese Gestalten. Im tibetischen „Buch von Dyzan" ist von leuchtenden Söhnen die Rede, die die Schöpfer der „Gestalt aus dem Ungestalteten" waren. Ein paar tausend Meilen entfernt werden dieselben leuchtenden Wesen in mehreren sumerischen Texten wie dem „Kharsag-Epos" erwähnt. Die elf Tontafeln des Kharsag-Epos berichten von einer Gruppe von „leuchtenden Weißen", die den Menschen die Eckpfeiler der Zivilisation brachten: Schrift, Metallverarbeitung, Ackerbau und Baukunst. Dort heißt es weiter, dass vor der Ankunft der Leuchtenden niemand wusste, wie man Kleider anfertigt oder Häuser baut. Wörtlich: „Die Menschen krochen auf allen vieren in ihre Behausungen, aßen Gras mit dem Mund wie Schafe und tranken Wasser aus den Flüssen."

Ganz gleich, ob die Mayas, die Sumerer, die Ägypter oder andere über die Leuchtenden sprachen, ob sie als Viracocha, Quetzalcoatl, Kukulkan oder Elohim rings um die Welt bekannt waren, stets haben die Leuchtenden die Einheimischen unterrichtet und Gesetz und Ordnung gebracht. Es gibt Berichte, sie wären mit einem „Feuerschiff" vom Himmel gekommen und hätten die Macht besessen, Felsen schweben zu lassen und andere Wunder zu vollbringen.

Zum endgültigen Abschluss und zum Nachdenken ein paar Zahlenspielereien

Im Osiris-Mythos der alten Ägypter spielt die Zahl 72 eine wichtige Rolle. Dem Mythos zufolge hat die Gottheit des Bösen, bekannt als Seth, eine Gruppe von 72 Verschwörern in einem Komplott zur Ermordung von Osiris, des Gottes der untergehenden Sonne und des Totenreichs, angeführt. Frappierend daran ist die Tatsache, dass 72 die auffälligste Zahl bei der Erdpräzession, der Schwankung der Erdachse, ist (die Zahl der Jahre, die für das Vorrücken der Tag-und-Nacht-Gleiche um ein Grad in der Ekliptik benötigt wird). Noch verblüffender ist, dass alle Mythen über die großen Katastrophen mit den Zahlenwerten der Erdpräzession zusammenhängen. Die Zahlen tauchen auch in der Architektur auf. Der kambodschanische Tempel in Angkor scheint als eine gewaltige Versinnbildlichung der Erdpräzession gebaut worden zu sein. Fünf Tore werden von gigantischen Steinfiguren flankiert – 108 in jeder Straße, 54 auf jeder Seite, insgesamt 540 Statuen. Das sind alles Zahlen, die mit der Präzession verknüpft sind. Ein Tempel in Borobudur auf Java besitzt 72 glockenförmige Stupas. 54 Säulen umgeben den Tempel im libanesischen Baalbek. In der hebräischen Kabbala gibt es 72 Engel, die man beschwören kann, wenn man ihre Namen kennt.
Jane Sellers entdeckte bei einer Analyse des Osiris-Mythos, dass er die entscheidenden Zahlen enthielt, um den Verschiebungen der Tag-und-Nachtgleichen zu folgen, und zwar 360, 12 und 30. Das sind fünf Tage weniger, als das Jahr hat, und in der Tat sagt eine Formulierung in dem Mythos, dass die fünf Extratage „vom Mond gewonnen worden sind". Deshalb hat das Jahr dreihundertfünfundsechzig Tage. Forscher stellten die Behauptung auf, dass man die Zahlen des Osiris-Mythos in einen logischen Zusammenhang setzen kann und dabei zu

astronomischen Kennzahlen kommt, die interessanterweise in diversen Mythen eine wesentliche Rolle spielen. An prominenter Stelle 4320, die Zahl der Jahre, die die Sonne benötigt, um in der Ekliptik 60 Grad (oder zwei vollständige Sternzeichen) weiter zu wandern.

Ein norwegischer Mythos erzählt von 432.000 Kriegern, die von Walhalla auszogen, um gegen „den Wolf" (Fenris) zu kämpfen. Alte chinesische Überlieferungen, die sich auf einen weltweiten Kataklysmus beziehen, sind in einem großen Text, der aus 4320 Bänden bestand, niedergelegt worden. Tausende von Meilen entfernt hat der babylonische Historiker Berossus eine Chronologie der mythischen Könige aufgestellt, die das Land Sumer regierten. Sie umfaßt 432.000 Jahre. In den Veden, dem alten Buch der indischen Mythologie, stehen genau 10.800 Strophen, bestehend aus jeweils 40 Silben, so dass die gesamte Dichtung aus exakt 432.000 Silben aufgebaut ist. Und in Indien finden wir 10.800 Ziegel in dem Feueraltar „Agnicayana".

Mit diesem Streifzug durch das unbekannte Land unserer Vergangenheit will ich es endgültig bewenden lassen. Ich hoffe, dass er einen weiteren Anstoß zu einer kritischen Sicht unserer Vorgeschichte geben konnte, auf dass wir nicht alles für bare Münze nehmen, was als offizielles Wissen deklariert wird. Oder wie es Nies Bohr ausdrückt: „Die Wirklichkeit ist nicht seltsamer, als wir uns vorstellen, sondern sie ist seltsamer, als wir uns vorstellen *können*."

Bibliographie und weiterführende Literatur

Klarstellung: Sämtliche herangezogenen Werke sollen die Bandbreite der Überlegungen möglichst komplett darstellen. Es liegt in der Natur der Sache, dass einige wenige der herangezogenen Quellen umstritten sein mögen. Der überwiegende Großteil erfüllt alle Anforderungen an seriöses Quellenmaterial. Meine Empfehlung geht dahin, die eigene Meinung ebenso wenig von abstrusen Theorien beeinflussen zu lassen wie von Schönfärbereien, Lügen und Verzerrungen. Mehr über meine Bücher findet sich auf meiner Homepage **www.farkas.at**.

Agrippa von Nettesheim: Die Magischen Werke (Wiesbaden 1997)
Aldred C.: Echnaton, Gott und Pharao Ägyptens (Augsburg 1990)
Alexandersson Olof: Lebendes Wasser (Steyr 1993)
Alper Frank: Erkenntnisse aus Atlantis (Weilersbach 1991)
Andreas P./Adams G.: Was niemand glauben will (Berlin 1977)
Apelt Otto: Platon - Sämtliche Dialoge (Hamburg 1988)

Bacon Francis: Neu-Atlantis (Stuttgart 1982)
Bahn Dr. Peter/Gehring Heiner: Der Vril-Mythos (Düsseldorf 1997)
Balabanova S./Parsche F./Pirsing W.: First identification of drugs in Egyptian Mummies (Berlin 1992)
Bauval Robert/Hancock Graham: Keeper of Genesis. A Quest for the Hidden Legacy of Mankind (London 1997)
Becker Walt: Missing Link (New York 2003)
Beckley Timothy Green: Subterran World Inside Earth (New Brunswick 1980)
Begich Nicholas J./Manning Jeane: Advances in Tesla-Technology (Anchorage 1996)
Berlitz Charles: Das Atlantis Rätsel (München 1976)
Berlitz Charles: Der 8. Kontinent (Wien/Hamburg 1984)
Berlitz Charles: Die Suche nach der Arche Noah (München 1991)
Bjorkman Edwin: The Search for Atlantis (New York 1927)
Blavatsky Helena Petrowna The Secret Doctrine (Madras 1938)
Blavatsky Helena Petrowna: Die Geheimlehre (Leipzig 1901)
Blumrich Josef: Kásskara und die sieben Welten - Die Geschichte der Menschheit in der Überlieferung der Hopi-Indianer (München 1985)

Braghine Alexander: The Shadow of Atlantis (New York 1940)
Brennan J. H.: Occult Reich (Aylesbury 1974)
Bromwell James: Lost Atlantis (London 1937)
Brugger Karl: Die Chronik von Akakor (Rotenburg 2000)
Brunngraber: Die Engel in Atlantis (Wien 1947)
Brunton Wilfried: Great Ones of Ancient Egypt (London 1929)
Bulwer-Lytton Lord Edward: The Coming Race (Ruttledge 1871)
Bulwer-Lytton Lord Edward: Zanoni (Ruttledge 1842)
Burckhardt Georg: Gilgamesch (Wiesbaden 1958)
Bürgin Luc: Geheimakte Archäologie (Essen 2000)
Bürgin Luc: Hochtechnologie im Atlertum (Rottenburg 2003)

Carter Joseph: The Awesome Life Force (Illinois 1990)
Cayce Edgar/Cayce Hugh Lynn: Edgar Cayce on Atlantis (New York 1968)
Cayce Evans: Atlantis - Fact or Fiction (Virgina Beach 1962)
Ceram W.A. Götter, Gräber und Gelehrte (Reinbek 1952)
Charroux Robert: Die Meister der Welt (Düsseldorf 1972)
Charroux Robert: Unbekannt, geheimnisvoll, phantastisch (München 1973)
Charroux Robert: Verratene Geheimnisse (Berlin 1970)
Charroux Robert: Verratene Geheimnisse (München 1967)
Cheney Margaret: Nikola Tesla - Erfinder, Magier, Prophet (Düsseldorf 1995)
Chossudovsky Michel: Gobal brutal (Frankfurt 2004)
Collins Andrew: Neue Beweise für Atlantis (München 2001)
Coon C. S.: Origin of the Races (New York 1962)
Cremo Michael/Thompson Richard: Forbidden Archeology - The Hidden History of the Human Race (Alachuta 1993)
Crick Francis: Das Leben selbst (München 1983)
Cummins Geraldine: Mind in Life and Death (London 1956)
Cummins Geraldine: The Fate of Colonel Fawcett (London 1955)

Däniken Erich von: Der Tag, an dem die Götter kamen (München 1984)
Däniken Erich von: Die Augen der Sphinx (München 1989)
Däniken Erich von: Die Augen der Sphinx (München 1991)
Däniken Erich von: Der Götter-Schock (München 1992)
Däniken Erich von: Im Namen des Zeus (München 1999)
Däniken Erich von: Die Götter waren Astronauten! (München 2003)
Däniken Erich von: Wir alle sind Kinder der Götter (München 1987)

Doberer Kurt: Elektrokrieg. Maschine gegen Mensch (Wien 1938)
Doberer K.K.: The Goldmakers (London 1948)
Donnelly Ignatius (Edmund Boisgilbert): Atlantis: The Antediluvian World (New York 1882)
Donnelly Ignatius: Atlantis. The Antediluvial World (London 1882)
Dopatka Ulrich: Das Lexikon der Prä-Astronautik (Düsseldorf 1988)
Dutt Nazh M.: The Ramayana (Kalkutta 1891)
Dutt Romesh C.: The Ramayana & the Mahabharata (London 1910)

Eigler O. (Hrsg.): Platon (Darmstadt 1972)
Eisen Jonathan (Hrsg.): Suppressed Inventions and other Discoveries (Auckland 1994)
Ewing Maurice: Lost Continent Called Myth (New York 1949)

Farkas Viktor: Aus dem Meer in den Sumpf (Andromeda 4/1979)
Farkas Viktor: Das SF-Quizbuch (München 1984)
Farkas Viktor: Unerklärliche Phänomene (Frankfurt 1988)
Farkas Viktor: Jenseits des Vorstellbaren (Wien 1996)
Farkas Viktor: Rätselhafte Wirklichkeiten (München 1998)
Farkas Viktor: Zukunftsfalle - Zukunftschance. Leben und Überleben im Dritten Jahrtausend (Frankfurt 2000)
Farkas Viktor: Neue Unerklärliche Phänomene (Peiting 2001)
Farkas Viktor: Schatten der Macht (Rottenburg 2003)
Farkas Viktor/Krassa Peter: Lasset uns Menschen machen (Berlin 1987)
Fawcett P.H.: Geheimnisse im brasilianischen Urwald (Zürich 1953)
Feix Josef (Hrsg.): Herodot (München 1988)
Fiebag Peter: Geheimnisse der Naturvölker (München 1999)
Fischer Hans: Weltwenden. Die großen Fluten in Sage und Wirklichkeit (Leipzig 1926)
Fort Charles: The Complete Books (Dover 1974)
Freeman John: Suppressed and Incredible Inventions (Mokelumne Hill 1987)
Freska Martin: Das verlorene Atlantis - Die Geschichte der Auflösung eines alten Rätsels (Frankfurt 1999)
Frobenius Leo: Atlantische Götterlehre (Jena 1926)
Fühmann Franz: Prometheus - Die Titanenschlacht (Berlin 1974)

Galanopoulos A. G./Bacon F.: Atlantis, The Truth behind the Legend (London 1969)
Gentes Lutz: Die Wirklichkeit der Götter - Raumfahrt im frühen Indien (Essen 1999)
Gentes Lutz: Die Wirklichkeit der Götter. Raumfahrt im frühen Indien (München 1996)
Godwin Joscelyn: Das Buch von der Hohlen Erde (Peiting 1997)
Grenzmer Felix (Übers.) Die Edda (Köln 1956)

Haaf Günther: Adam und Eva (Gütersloh 1982)
Haase Michael: Im Zeichen des Re - Die geheimnisvollen Sonnenkönige Ägyptens (München 1999)
Habeck Reinhard: Die letzten Geheimnisse (Wien 2003)
Homet Marcel F.: Auf den Spuren der Sonnengötter. Die abenteuerliche Suche nach Zeugnissen der Atlantiden im Amazonasgebiet (Berlin 1992)
Honor P. In Quest Of The White God (London 1963)
Hörbiger Hans/Soeser S.: Welteis - Roman eines Weltbildes (Wien 1951)
Horn Roland: Und Atlantis gab es doch (Berlin 1980)

Jamblichus: Über die Geheimlehren (Leipzig 1922)
Janson R.: Menschen aus Agarta (Frankfurt 1956)
Jantsch Erich: Die Selbstorganisation des Universums (München 1979)

Kaminski Heinz: Atlantis - Die Realität (München 1997)
Kanjilal Dileep Kumar: Vimana in Ancient India (Kalkutta 1991)
Kaplan Reinhard W.: Der Ursprung des Lebens (Stuttgart 1972)
Kentat Theodore C.: Genetic Engineering Yes, No or Maybe? (New York 1998)
King Francis: Satan and Swastika (St. Albans 1976)
Knight Christopher/Lomes Robert: Uriels Auftrag (München 2003)
Kohlenberg Karl F. Enträtselte Vorzeit (München 1970)
Kohlenberg Karl F. Apokalypse (München 1981)
Krassa Peter/Habeck Reinhard: Das Licht der Pharaonen (München 1992)
Krassa Peter: Der Wiedergänger (München 1998)
Krassa Peter: Sie kamen aus den Wolken (Rottenburg 2003)
Kurnitzky Horst: Die unzivilisierte Zivilisation (Frankfurt 2002)
Kurz Robert: Weltordnungskrieg (Bad Honnef 2003)

Langeveld L.A: Der Graf von Saint-Germain (Berlin 1930)
Lewis Spence: The Problem of Atlantis (Rider 1924)
Lewis Spence: Atlantis in America (Rider 1925)
Lindemann Peter A.: A History of Free Energie Discoveries (Bayside 1986)
Luce J.V.: Atlantis - Legende und Wirklichkeit (Bergisch Gladbach 1969)
Luce John V.: The End of Atlantis (New York 1969)
Ludwig Alfred: Der Rigveda. Die Heiligen Hymnen der Brahmanen (Prag 1876)

Maclellan Alec: The Lost World of Agharti - The Mystery of Vril-Power (Guernsey 1996)
Maclellan Alec: Das Geheimnis der Hohlen Erde (Rottenburg 2000)
Mani V. Raja: The Cult of Weapons (Delhi 1985)
Manning Jeane: Freie Energie - Die Revolution des 21. Jahrhunderts (Düsseldorf 1997)
Marg Walter: Hesiod - Sämtliche Werke (Zürich 1991)
Masters David: German Jet Genesis (Landon 1966)
McCloud Russell: Die Schwarze Sonne von Tashi Lhunpo (Vilsbiburg 1991)
Mooney Richard: Colony Earth (Greenwich 1975)
Muck Otto: Alles über Atlantis (München 1978)
Muck Otto: Atlantis - die Welt vor der Sintflut" (Düsseldorf 1954)

Nooberger René: Secret of the Lost Races (London 1978)
Norman Eric: This Hollow Earth (London 1972)

O'Neill John: Prodigal Genius - The Life of Nikola Tesla (London 1968)
Ossendowski Dr. Ferdinand Dr: Tiere, Menschen und Götter - Beast, Men and Gods (Frankfurt 1924)
Ossendowski Dr. Ferdinand The Face of Asia (London 1926)

Pauwels Louis/Bergier Jacques: The Morning of the Magicians (New York 1973)
Pavel Olivia: Solon (Konstanz 1988)
Pitman Walter/Ryan William: Die Sintflut (Bergisch Gladbach 1999)
Proklos Diadochos (410-485 n Chr.): Kommentare zu Platons Schriften (Berlin 1938)
Rao S.R.: The Lost City of Davaraka (Neu Dehli 1999)
Reden Sibylle von: Die Megalithkulturen (Köln 1987)

Reichholf Josef H.: Das Rätsel der Menschwerdung (München 1992)
Roerich Constantine Nicholas Altai-Himalay: A Travel Diary (New York 1929)
Roerich Constantine Nicholas Heart Of Asia (New York 1929)
Roerich Constantine Nicholas Shamballah (New York 1930)
Roerich Constantine Nicholas Himalayas - Abode Of Light (Bombay 1947)
Rosemary Records (1936)
Roy Patrap Chandra: The Mahabharata (Kalkutta 1888)
Rudolf Biedermann: Kaspar Hauser - Neue Forschung und Aspekte (Offenbach 1998)

Sachmann Hans-Werner: In Schutt und Asche - Die Arsenale der Unsterblichen (Baden-Baden 1989)
Saurat Denis: Atlantis und die Herrschaft der Riesen (Stuttgart 1955)
Schele Linda/Freidel. D.: Die unbekannte Welt der Maya (München 1991)
Schrödinger Erwin: Was ist Leben? (Bern 1951)
Schulten Adolf: Tartessos (Hamburg 1922)
Scott-Elliot W. The Story of Atlantis (London 1898)
Singh Simon: Geheime Botschaften (Frankfurt 2000)
Spanuth Jürgen: Das enträtselte Atlantis (Stuttgart 1953)
Spanuth Jürgen: Atlantis (Tübingen 1965)
Spanuth Jürgen: Die Atlanter (Tübingen 1989)
Spanuth Jürgen: Die Rückkehr der Herakliden (Tübingen 1989)
Spence Lewis: The Problem of Atlantis (London 1924)
Spence Lewis: The History of Atlantis (London 1928)
Stahel H. R.: So entstand Atlantis (Zürich 1980)
Stearn Jess: Der schlafende Prophet (Genf 1980)
Steiner Rudolf: Unsere atlantischen Vorfahren (Berlin 1918)
Stöber Harald: Herr der Götter - Wissen und Weisheit aus dem Weltall (Düsseldorf 1987)
Suchhardt C.: Schliemanns Ausgrabungen (Berlin 1890)
Sünner Rüdiger: Schwarze Sonne (Freiburg 1999)

Tarde Gabriel: Underground Man (New York 1905)
Tashi Lama III: The Way To Shamballah (München 1915)
Temple Robert: Die Kristallsonne - Eine verlorengegangene Technologie des Altertums wiederentdeckt (Rottenburg 2003)
Thomas Andrew: Das Geheimnis der Atlantiden (Stuttgart 1971)

Tollmann Alexander und Edith: Und die Sintflut gab es doch (München 1993)
Tributsch Helmut: Die gläsernen Türme von Atlantis (Frankfurt 1986)

Waddell W.G. (Hrsg.): Manetho (London 1959)
Waters Frank: Book of the Hopi (New York 1963)
Wendt Victor K.: Das Geheimnis der Hyperboreer (Basel 1984)
West L. M.: Hesiod - Theogony (Oxford 1966)
Wie geschah es wirklich? - Den Geheimnissen der Weltgeschichte auf der Spur (Stuttgart 1990)
Wil F.: Auf Odysseus' Spuren (Affloltern 1950)
Wilkins T. H.: Mysteries of Ancient South America (New Jersey 1978)
Wood Frederic H./Hulme Howard A. J: Ancient Egypt Speakes (London 1934)
Wood Frederic H./Hulme Howard A. J: This Egyptian Miracle (London 1955)
Wright S. Fowler: The World Below (New York 1929)

Zangger Eberhart: Atlantis - Eine Legende wird entziffert (München 1994)
Ziegler Jean: Die neuen Herrscher der Welt (München 2004)
Zillmer Hans-Joachim Darwins Irrtum (München 1998)
Zillmer Hans-Joachim: Irrtümer der Erdgeschichte (München 2000)

Weiters zahlreiche Publikationen aller Art, darunter:

Ancient Skies, THE X FACTOR, Bild der Wissenschaft, Spektrum der Wissenschaft, Scientific American, UFO-Kurier, Trendletter, Der Spiegel, FOCUS, FAZ, Nature, Illustrierte Wissenschaft, FATE, Welt der Wunder-Magazin, Pursuit, HORIZONT, World Watch, Discovery, Nexus, Fortean Times, ANDROMEDA, Future Life, New Scientist, OMNI, Bewusst sein, DISKUSSION, The Ecologist, NEW AGE, Magazin 2000, Fortune, Wired, PM-Magazin, Science, Ancient Skies, Bulletin of Concerned Scientists, Quest New York Times, The New American, Washington Times, Newsweek, For Knowledge, Zur Zeit, Raum und Zeit, Sagenhafte Zeiten, MUFON-CES-Reports, Medical Tribune, The Lancet, Science News, National Geographic Magazine, Time, Fortune, Life, Naturwissenschaftliche Rundschau sowie unterschiedliche Tageszeitungen, Wochen- und Monatsperiodika wie auch TV- und andere Dokumentationen sowie das Internet.

Namens- und Sachregister

A)

Aal-Mysterium 75-77
Agharti 188, 190, 191, 193-197, 200, 215, 220, 225, 226
Agneya (Götterwaffe) 152
Agrippa von Nettesheim (Heinrich Cornelius) 138
Ägypten 76, 79, 93, 103, 104, 107, 112, 115-120, 122-124, 126, 138, 141, 144, 165, 260, 261, 263, 264, 268
Ahnenerbe (SS Stiftung) 45
Ahura Mazda 92, 144, 147
Akascha-Chronik 115, 231
Aldebaran 54
Alexander der Große 144, 149, 150, 209
Al-Makrizi 113
Alphabet des Lebens 36
Alvarez Louis 111
Amenhotep III. (Pharao) 262, 263
Amenti (Land der Toten) 118
Ancient Egypt Speakes (Das alte Ägypten spricht) 261
Andhakas 252, 153
antike Roboter/Automaten 138
Antilla 78, 80
Apollo(n) 44, 46, 68, 69, 70, 97
Archive Lagaschs in Sumer 144
„Area 51" 185, 186
Arier 43, 44, 92
Arktisch-atlantische Rasse 84
Artensterben 27
Arunja 155
Ashoka, der Große, Kaiser 150, 209
Asimov Isaak 16, 18
Astounding Science Fiction 231
Astras (Flugmaschinen) 202, 204
Atahualpa 123
Atala 80

ATAMIRI 273
Athene 51
Atlantika 48
Atlantis 43, 49-61, 64, 66, 71, 73-81, 84-87, 90, 91, 95-97, 99-104, 106, 108, 109, 116-118, 122-124, 127, 156, 165, 183, 188, 189, 191, 204, 205, 215, 220, 222, 230, 232, 247, 250, 255, 257, 260, 264-266
Attala 78
Aurignac-Kultur 89
Auroras 72
Ausbreitung der Wüsten 21, 22
Awesta (das heilige Buch der Parsen) 144
Axolotl (Molch) 169
Aymare (indianische Kunstsprache) 273
Azteken 78, 103, 122, 123
Aztlan 78, 79, 122, 123

B)

Baalbek 92, 141
Bacon Sir Francis, Viscount of St. Albans 49, 50, 55, 166
Bacstrom Dr. Sigismund 65
Bahn Dr. Peter 231
Barbarossa (König) 214
Basaler Neocortex 32
Belagerung von Tyros (332 v. Chr.) 149, 157
Bergier Jacques 178
Bevölkerungsexplosion/politik 15-20, 23, 24, 166, 238, 240, 268
Bhagavata Purana 64
Bharadvajy der Weise 203, 204
Bibliothek des Assurbanipal in Ninive 144
Bibliothek von Alexandria 51, 144
Bibliothek von Karthago 144
Bibliothek von Nippur 144
Bibliothek von Pergamon 143
Billroth Theodor 15
Black Budgets (Schwarze Budgets) 185
Blavatsky Petrowna Helena 43, 45, 52, 54, 181, 192, 221, 225
Blitzwaffen 147-149
Blumrich Joseph 85-87, 204

Blyth Benjamin 174
Boscovich Rudjer 176-178
Bovis Antoine 110
Brahma 91, 154
Brasseur de Bourbourg Abbé 82
Bulwer-Lytton Lord Edward 166, 225, 226, 230, 232, 243, 244, 246-248, 264

C)

Campa-Indianer 120
Campanella 166
Casanova Giacomo 180, 214
Cayce Edgar 52-54, 73, 117, 230, 231
Cayce-Redadings 52, 53, 73, 117, 230
Cephren-Pyramide 111
Chanfray Richard (Graf von St. Germain?) 179
Charroux Robert 89, 90, 98, 108
Chelsea/Brasilien-Connection 253, 260
Cheops/Khufu/Chufu 110, 113, 116, 117
Chilam Balam 92
Codex Madrid 176
Codex Tira, Das Buch der Wanderungen 79
Codex Vindobonensis 125
Codex-Troano/Troano-Manuskript 82, 119
Colburn Zerah 169
Crantor aus Soloi 51, 117
Crom (Sonnengott) 119, 121
Cromlech 121
Cross-Correspondence 252
Cummins Geraldine (Schreibmedium) 252, 253, 260

D)

Däniken Erich von 48, 89, 141, 145, 164
Darwinismus 132
Das Buch Dzyan 43
Das neue Atlantis 49
David-Neel Alexandra 191

da Vinci Leonardo 21, 176
de Camp Sprague 162
Dekhan (Halbinselhochland) 162, 209, 212
Der teuflische Regelkreis 19
Die Geheimlehre 43, 192
Dinosaurier-Meteor 27, 62, 111
Diodorus Siculus 67, 69, 80
Dixon Waynman 112
Djerba (Insel) 102, 108, 109
Doberer K. K. 183
Dogon/Sirius-Rätsel 273
Donnelly Ignatius 55, 56
Dorje-Stab 159, 160, 235
Dougherty Island 72, 73
Dreieinigkeit/Dreifaltigkeit 119-121
Drioton Etienne 115
Drona Parva 146, 155
Dvaraka 162, 205

E)

Eckart Dietrich 41, 67
Edda 44, 160, 215
El Lutak 84
„Element 94" 178
Elixier der Alchimisten 143
Ellin Stanley 31
Enoch 93
Esoterische „Ur-Rassen" 37, 43
Euler Leonard 176, 177
„Executive Order Nr. 12985" 185
Exkalibur (König Artus Zauberschwert) 160

F)

Fawcett Oberst Percy Harrison 142, 189, 222, 249-260, 262, 264
Federal Emergency Management Agency FEMA 187
Feuerbach Paul Johann Anselm Ritter von 172
Fiebag Dr. Johannes 56

Fiebag Dr. Peter 129
Fliegende Schilde 149, 157, 205
Fodor Dr. Nandor 263
FOIA (Freedom Of Information Act) 185
Foo-Fighter 158
Forrester Jay W. 19, 20
Fulcanelli 182
Funkenkammer 111

G)

Gadeirische Lande 59, 74
Ganges-Rätsel 212
Gantenbrink Rudolf 112
Gapennes 219
Gepardenrätsel 133
Gerbert'd Aurillac (Papst Silvester II) 137
Germanenorden 231
Gibbes E. Beatrice (Schreibmedium) 252, 253, 260
Gilgamesch-Epos 91, 151, 156
Glenn T. Seaborg 178
Gorbovsky Alexander 162
Goro (Hohepriester des Königs der Welt) 196, 197
Gran Moxo 141
Greenbank- oder Drake-Gleichung 30
Gurdjew Georg Iwanowitsch 41
Guzmán Iván de Rojas 273, 274

H)

Hakenkreuz (Swastika) 41, 43
Hanuman (indischer Gott) 147
Hanussen Erik Jan 67
Harappa (Rishi-Metropole) 162
Harras-Felder 165
Harris-Papyrus 93
Hatschepsut (Königin) 93
Hauser Kaspar 171, 172
Haushofer Karl 41, 226

Heinemann Gustav 26
Helbronner Andre 178
Helgoland 58, 59
Hellanikos von Lesbos 48
Hermes 65, 113, 115, 116, 120, 215
Herodot 44, 67, 113, 116
Heyerdal Thor 124
Hilton James 189
Hissarlik 59, 101
Histoire des Vierges (Geschichte der Jungfrauen) 216
Hitler Adolf 44, 193, 225, 226, 232
Höhle von Lascaux 89, 94
Homo erectus 36
Homo sapiens 7, 9, 11, 16, 18, 19, 27, 32, 36, 62, 166, 169, 175, 201, 202, 211,
Hopi-Legenden 85, 87, 88, 204, 205
Horak Dr. Antonin 217, 218
Horus 70, 105, 118
Horus-Rasse 118
Hoyle Sir Fredrick 16, 18
Huecas (heilige kosmische Eier) 120
Hulme J. Howard 261-264
Huxley Aldous 15
Hy-Brazil 222
Hyperborea 43, 44, 67, 193

I)

Icosameron - Edouard und Elisabeth oder die Reise in das Innere unseres Erdballs 214
Idris 113
I-Ging 65
Impakte 55, 61, 62
Indra 119, 154, 155, 159, 274
Isis 65, 104, 105, 115, 140, 221
Izmachi 78

J)

Jacolliot Louis 212, 213, 215
Juvenal 138

K)

Kachinas 87
Kaira (indischer Verwaltungsbezirk) 20
Kalachakra Tantra 207
Kali-Yuga (Zeitalter) 206, 208
Kariben 125
Kásskara 85-87
Kauravas (Göttergeschlecht) 151, 152, 155
Kem (verbranntes Dunkel) 112
Kenyanthropus platyops 37
Kircher Athanasius 55
Kiß Edmund 47
Kon-Tiki (Gott des Donners und des Blitzes) 129
Koom-Posh (die Regierungsform der Unwissenden) 245
Kraftsteine 230
Krantor von Soloi 51, 117
Krassa Peter 181
Kreuz-Korrespondenz 252
Kritias-Dialog 48, 51, 74, 122
Kronos 101, 103, 106
Kukumatz/Kukulkan 124, 127
Kulagina Nina 170
Kulturpflanzen 127-130

L)

Lamarck Jean-Baptiste de 131
Lamarckismus 131
Lao-Tsin Dr. 189, 191
Leakey Maeve 37
Lebenszeit von Zivilisationen 30
Le Plongeon Auguste 82
Lemesurier Peter 78
Lemuria 54, 205, 215
Ley Willy 231
Lichtreligionen 46
Liebenfels Lanz von 44
List Guido von 44

Lop Nor 165
Lots Weib 153
Luft-Elektrizität 264
Luzifers Hofgesind 46

M)

Magdalenenzeit 89, 90
Mahabalipuram 208
Mahabharatha-Epos 78, 91, 148, 150-155, 162
Mahatmas 43
Mahynga 196, 198
Mahytma 196, 198
Mais 22, 127, 129, 148
Malthus Thomas Robert 15
Manetho 103-105, 113-116
Manu 91, 92
Marduk 147
Marmara-Meer 59, 60
Masma-Kultur 121
Matto Grosso 141, 142, 249-251, 260
Maurjareich 209
Mavrothalassitis Christos 102. 108
May Karl 80, 181
Maya 79, 82, 84, 92, 93, 95, 103, 104, 119, 123, 129, 145, 188, 219
Maya-Kodex 92
Mead G.R.S. 115, 116
Mégamicres (die „Großen Kleinen") 214
Meningjarder (Thors Kraftgürtel) 161
Menhire 69, 121
Menschen aus Agarta 267
Merowiniger 172
Mexico City 23
Milgram Stanley 28
Milgram-Experiment 28
Mineralisierung 21
Minerva Glaucopis (die Grünäugige) 97, 140
Misor 103
Miss Ivy B. 261, 262, 264

Mjölnir (Thors Hammer) 43, 160, 161
Mohenjodaro (Rishi-Metropole) 162
Molina Christobal 94
Montezuma 123
Morphogenetisches Feld 230
Mount Ampère 56-58
Mount Weather 186
Mu 205
Muck Otto 49, 55, 56, 75, 76
Multiregionale Hypothese 36
Mundus Subterraneus („Untergegangene Welt") 55
Mutanten 34, 169

N)

Nandi (Himmelsstier) 119
Neith-Tempel 51, 104
Neun Bücher der Macht 210, 211
Neun Unbekannte 208-213
Nightmare Hall 185
Nona, die Namenlose 261-265
Nova Atlantis (Das neue Atlantis) 49
Nuklearer Winter 91

O)

Ochlapi (Priester) 116
Odyssee 97
Oera Linda-Boek 65, 66
Offenbarung 146, 154
Om 193
Oreichalkos (Metall der Atlanter) 102
Orito (Hügel auf der Osterinsel) 164
Osiris (Dionysos) 104, 105
Ossendowski Dr. Ferdinand 191, 192, 194, 195, 197, 199, 200
Ostara (Hefte) 44
Ouechua-Indianer 214
Out of Africa-Hypothese 36

P)

Pacha-Kama (Schöpfer der Sonne) 120
Pacha-Mama (Erdmutter) 120
Palmblatt-Bibliothek 205, 215
Pandavas (Göttergeschlecht) 151-153, 155
Papst Silvester II (Gerbert'd Aurillac) 137
Papyrus von Ipuwer 93
Parvati (Gattin Shivas) 148, 155
Pateneit (Hohepriester) 51, 116
Pelasger 68, 97
Petrovskij (sowjetisches Forschungsschiff) 56-58
„Pyramid Rover" 112
Piri Reis-Karte 272
Platon oder Plato 43, 48, 50, 51, 52, 55, 59-61, 64, 74, 76, 91, 97, 108, 116, 117, 120, 122, 166, 218
Plutarch 115, 140, 157
Plutonium (Ordnungszahl 94) 178
Poe Edgar Allan 72
Popul Vuh 79, 93, 123
Poseidon 42, 48, 49, 74, 80, 97
Priamos 97, 101
Proklus 116
Prometheus 125, 146
Prophezeiung des Königs der Welt 199-201
Ptah (Gott) 126, 144, 231
Puranas 78
Pyramiden-Energie (Patent) 111
Pytheas von Marseille 41, 46, 67

Q)

Quechua-Indianer 125
Quetzalcoatl 70, 78, 122-125
Quiché-Mayas 79
Quilcas 145
Quipus (Knotenschrift) 145

R)

Radioaktivität 34, 162, 212
Rahn Otto Rahn 46, 47
Rama-Imperium 156, 202
Ramajana 202, 204
Ramayana-Epos 147
Rana-Kao (Vulkan auf der Osterinsel) 164
Rasa (Quecksilber) 152
Rätsel Hund 131, 132
Rätselhafte Lichter 140-142
Reichshammerbund 231
Rigweda 119, 202, 203, 205, 206, 208, 211, 231
Rishis (Weise) 91, 156, 162, 202
Roerich Professor Nicolas Constanine 39, 189, 191, 206
Rosemary Records 262-264
Rosenkreuzer(manifest) 49, 50, 225, 226, 231

S)

Sais 50, 51, 74, 99, 103, 104, 107, 114, 116, 117
Sammlung des Brucheion 144
Sanchuniathon 107
Saurid (König) 113
Schar-e-Suchten (Rishi-Metropole, die „verbrannte Stadt") 162
Schliemann Dr. Paul (Enkel von Heinrich) 82, 98, 99, 100, 102, 106
Schliemann Heinrich (sen.) 59, 97, 98, 107
Schliemanns Testament 98-107
Schlummernde Genprogramme 169
Schöne Neue Welt 15
Schubelektrizität 259, 260, 264
Schwarze Sonne 43, 54
Schweres Wasser 143
Sebottendorff Rudolf von (Rudolf Glauer) 41, 42, 54, 231
Senmuth (Baumeister) 93
Sent (Pharao) 103
Sete Ciddaes 164
Shamballah 189-191, 195, 206, 207, 215
Shangri La 189

Shasta (Berg) 215-217, 223
Sheldrake Rupert 230
Shiva-Kult 119, 121, 148, 155
Singschwäne von Atlantis 47
Sintflut-Sage 43, 55, 60, 68, 74, 91-93, 113, 116, 122, 147, 227
Sirius/Sothis 115, 273
Smaragdene Tafel 65
Snyder Ernest E. 15
Soddy Frederick 146, 188
Solon 50, 51, 74, 95, 117, 250
Sonnenkulte 45, 46, 79, 119, 120, 121
Spanuth Jürgen 49, 58
Sprechende Statuen 138
Sprechender Kopf 137
St. Germain Graf von 176, 179-181
Staatsutopien 166
„Stadt der Bücher" des König Sargon von Uruk 144
Steiner Rudolf 171, 225, 247
Steinverglasungen 161-166
Stonehenge 43, 121
Subduktion 60
Sünner Dr. Rüdiger 43
Sybillinischen Bücher 144
Syncella Georg von 116
Syrische Bibliotheken 144

T)

Taláwaitichiqua 85
Tannhäuser 214
Tap O'Noth 164
Telikha Venitu, die kluge Frau von Asien 262, 263
Tenochitlan 122
Terman Lewis 33, 34
Terman-Studie 33, 34
Tesla Nicola 259, 264
Thomson Dr. J. Ford 33, 34
Thomson-Studie 33, 34
Thot/Hermes Trismegistos 65, 103, 114-116, 120, 124

Thule-Gesellschaft 41, 42, 231, 232
Thule-Mythos 41-43, 45-47, 78, 265
Tihuanaco 71, 101
Tilak Bai Gangadhar 45
Timaios-Dialog 48, 51, 122
Titicaca-See 71
Tollmann Edith und Alexander 56, 61
Tolteken 79, 94, 122, 125
Transmutation 143
Troano-Manuskript 82, 119
Troglodyten (Höhlenbewohner) 89
Troja 41, 59, 97, 98, 100, 101, 103, 107, 108, 162
Tschuden 206
Tunnel im Inneren der Erde 48, 66, 185, 190, 214-216, 218, 219-223, 226
Tupac Cauri Paschacuti (Inkaherrscher) 145
Turm zu Babel 79, 94, 122, 163
Tusto celo 166

U)

Unterirdische Städte 184-186, 216, 219, 220
Untersberg 214
Upunaut , 74, 112
Uschebtis 117
Utnapischtim 91

V)

Vailixi (Flugmaschinen) 204
Vana Prava 155
Vatannan-Alphabet 197
Verdichtete Elektrizität 258
Vimanas 70, 152-154, 202-205
Viracocha 122, 124, 125
Vorobyeva Yuliya 169, 171
Vril 225, 229, 230, 233-236, 241
Vril oder Eine Menschheit der Zukunft/The Coming Race 225, 246
Vril-Gesellschaft 231

Vril-Kraft 54, 230-237, 247, 264
Vril-Mythos 225-248
Vrilstab 236, 239
Vrilya 225, 226, 238, 243-246, 248
Vrishnis 152, 153

W)

Wachsmut Dr. Guenther 246, 248
Wasser 17, 19, 23-25, 60, 72, 92, 143, 227, 266
Wasserentsalzung 24
Wasserforschung 23, 24
Wasserkriege 24, 25, 266
Wawilov N. 127-130
Weiße Götter 122, 123
Weissen-Szumlanska Marcelle 115
White Bear Fredericks 85-88, 204
Wirth Herman 45
Wood Dr. Frederic 261
Wunderkinder 33, 34, 172, 173
Wüstenglas 165

Y)

Yima (persischer Patriarch) 92
Yuga-Feuer (Götterwaffe) 155

Z)

Zangger Eberhard 59
Zanoni 225
Zauberspiegel 66, 138
Zend Avesta 92
Zikkurat/Ziggurat (babylonische Pyramiden) 163
Zimbardo Philip 28
Zimbardos Hölle 28
Zoroaster/Zarathustra 95, 144, 231

Viktor Farkas, Jahrgang 1945, Journalist, Referent und renommierter Sachbuchautor, ist für seine gründlichen Recherchen ebenso bekannt wie für seine packende Sprache. Er greift heiße Eisen an und nennt Brisantes beim Namen. Seine Bücher umfassen ein breites Spektrum brisanter, kontroversieller und aktueller Themen. Er verbindet sachliche Information mit kühner, aber nicht abwegiger Spekulation. Das Phantastische wird unter die Lupe genommen, das Absurde als solches enthüllt. Selbst bei umstrittenen Themen schafft er den Spagat, Unseriöses beiseite zu lassen und gleichzeitig aufzurütteln.
Als Fachmann für Science Fiction verfasste er anlässlich des Orwell-Jahres 1984 mit dem ersten deutschen „SF-Quizbuch" ein im deutschen Sprachraum einmaliges Compendium zu SF und Fantasy, das jetzt aktualisiert und erweitert - neben anderen Farkas-Titeln - als e-book unter **www.readersplanet.de/Autorenliste** F/Sachbücher **erhältlich ist.**
Zu seinen bekanntesten Werken zählt der in mehreren Sprachen und Ausgaben erschienene Langzeitbestseller „UNERKLÄRLICHE PHÄNOMENE". Dieses vergriffene grenzwissenschaftliche Grundlagenwerk ist nunmehr in überarbeiteter und erweiterter Form als „Neue UNERKLÄRLICHE PHÄNOMENE" beim Michaels-Verlag erhältlich. Noch brisanter und aktueller als zuvor! Weitere Titel: „LASSET UNS MENSCHEN MACHEN - Schöpfungsmythen beim Wort genommen", „ESOTERIK eine verborgene Wirklichkeit", „Jenseits des Vorstellbaren", „ZUKUNFTS*FALLE* - ZUKUNFTS*CHANCE*", „Geheime Bünde & Verschwörungen", „Rätselhafte Wirklichkeiten", „VERTUSCHT - wer die Welt beherrscht" und „SCHATTEN DER MACHT. Bedrohen geheime Langzeitpläne unsere Zukunft?"
Die weltweite Auflage der in vielen Ländern veröffentlichten Bücher des Bestsellerautors geht in die Hunderttausende. Sein jahrzehntelanger Erfolg belegt, dass er mehr als kompetent ist, über Themen zu schreiben, an denen andere scheitern. Mehr dazu auf seiner Homepage **www.farkas.at**.
Viktor Farkas überzeugt nicht „nur" als Autor. Bei diversen TV-Auftritten, u.a. bei Arabella oder im Focus-TV, zeigt sich der Journalist auch bei kritischen Fragen sattelfest und kompetent.

Michaels Vereinigte Verlagsauslieferung GmbH
Ammergauer Str. 80 - 86971 Peiting, Tel.: 08861-59018
Fax: 08861-67091, e-mail: mvv@michaelsverlag.de
Internet: www.michaelsverlag.de

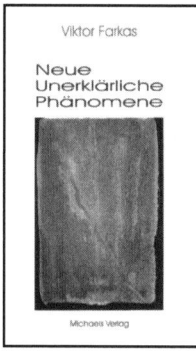

Viktor Farkas

Neue Unerklärliche Phänomene

EUR 24,90 ISBN 3-89539-073-9 (Hardcover)
Neue UNERKLÄRLICHE PHÄNOMENE jenseits des Begreifens. Das vergriffene Kultbuch und Standardwerk: wesentlich erweitert, aktualisiert und noch brisanter! Der Sensationsseller der achtziger und neunziger Jahre im neuen Gewande – exklusiv beim Michaels Verlag. Hier finden Sie schier Unglaubliches von Mensch, Tier und Erde. Das Buch informiert über die Rätsel um uns, verläßt nie die Ebene der wissenschaftlichen Vernunft und ist von atemberaubender Spannung, wie wir sie vom Bestsellerautor Viktor Farkas kennen. Der Leitfaden für das einundzwanzigste Jahrhundert! Ein Feuerwerk des Phantastischen – randvoll mit Informationen für Wissensdurstige, Phantasiebegabte wie Skeptiker – das niemanden mehr losläßt!

David Hatcher Childress

Technologie der Götter

EUR 26,90 ISBN 3-89539-234-0 (Hardcover)
David Hatcher Childress führt uns in die erstaunliche Welt der antiken Technologie, er untersucht die gewaltigen Bauten aus riesigen Steinblöcken und viele erstaunliche Fundstücke aus aller Welt. Er berichtet von Kristalllinsen, sog. Ewigen Feuern und elektrischen Geräten aus Ägypten, wie z.B. der Bundeslade und elektrischer Beleuchtung. Handelte es sich bei der großen Pyramide von Gizeh vielleicht sogar um ein riesiges Kraftwerk?
Weiterhin werden Beweise für Atomkriege im antiken Indien, Großbritannien, Amerika und Nahen Osten vorgelegt, durch welche ganze Zivilisationen ausgelöscht wurden.

Michaels Vereinigte Verlagsauslieferung GmbH
MVV Ammergauer Str. 80 - 86971 Peiting, Tel.: 08861-59018
Fax: 08861-67091, e-mail: mvv@michaelsverlag.de
Internet: www.michaelsverlag.de

Grazyna Fosar / Franz Bludorf
Fehler in der Matrix
304 Seiten, EUR 24,80 ISBN: 3-89539-236-7 (Hardcover)
Die Matrix ist allgegenwärtig. Die Realität, die wir erleben, ist ein Produkt der Matrix.
In ihrem aufsehenerregenden neuen Sachbuch konfrontieren die Autoren ihre Leser mit verblüffenden Fakten. Der Bogen ist weit gespannt - von neuesten Erkenntnissen in Kosmologie und atomphysik über die umstrittenen Forschungen in den Bereichen Genetik, Klonen und Nanotechnologie bis hin zur Chaosforschung, die endgültig den wahren Charakter der Matrix enthüllt.

Grazyna Fosar / Franz Bludorf
Im Netz der Frequenzen
ca. 190 Seiten, EUR 18,80 ISBN: 3-89539-237-5 (Hardcover)
Das Frequenz-Zeitalter entlässt seine Kinder, und die Kinder haben viele Namen: Gesundheitliche Nebenwirkungen, am Arbeitsplatz und zu Hause, Nachweismöglichkeiten, Grenzwerte, Entstörung, Neutralisierung, Schutz. „Im Netz der Frequenzen" ist kein Buch für Experten, sondern für Jedermann, vom Teenager bis zum Großvater. Schließlich machen die Frequenzen da auch keinen Unterschied. Ein Buch, das in jeden Haushalt gehört!
Frequenzen beherrschen unsere Welt. Der moderne Mensch lebt besorgt zwischen Angst und Hoffnung. Tagtäglich telefoniert er mit dem Handy, während er sein mikrowellengekochtes Essen zu sich nimmt. Er lehnt Kernkraft ab, fürchtet sich vor Mobilfunkmasten und hofft, dass das Ganze zumindest ihm dennoch nicht schaden wird. Im Dienst von Überwachung und Bewusstseinskontrolle· Kompetente Antworten auf viele häufig gestellte Fragen. · „Who ist Who?" - Das Lexikon der Frequenzen

Michaels Vereinigte Verlagsauslieferung GmbH
MVV Ammergauer Str. 80 - 86971 Peiting, Tel.: 08861-59018
Fax: 08861-67091, e-mail: mvv@michaelsverlag.de
Internet: www.michaelsverlag.de

Die Zeitschrift für neue Wege in Wissenschaft, Politik und Kultur.

MATRIX3000

Einzelheft: EUR 6,50; Abo (6 Ausg.):
Inland: EUR 39,00
Ausland: EUR 48,00

Themen: Zins essen Seele auf, Dorntherapie, Zeitexperimente, Vergessene Kriege, mit Delphinen sprechen, Palästinahilfe, Geheimdienste, Gütekraft, Tauschring, Kennedy-Mord, Freimaurerlogen, Pearl Harbor, Antigravitation, Gralsimpulse, Mobilfunk, Irak-Krieg, United States of Aggression, Atlantis, Levitation, Doppelgänger in der Matrix, 11. September, Wasser, Weltherrschaft Neue Weltordnung, Supersinne der Tiere ...

Wir veröffentlichen Beiträge u.a. von:
Hans Andeweg, Ulrike Banis, T.E. Bearden, Marco Bischof, Bludorf/Fosar, Mathias Bröckers, Stefan Brönnle, Michael Chossudovsky, Paulo Coelho, Prof. H. P. Dürr, Prof. Duesberg, Manfred Ehmer, Viktor Farkas, F. Ferzak, Patrick Flanagan, Bob Frissell, Dr. Michael Galle, Gernot Geise, Wilfried Hacheney, Dr. Geerd Hamer, Günther Hannich, Friedrich Hechelmann, Ulrich Heerd, Bert Hellinger, Ingo Benjamin Jahrsetz, Bernd Jacobi, Jasmuheen, Tony Judt, Ralph Kampfwirth, Peter W. Köhne, Petra Kühne, Helmut Lammer, Brian O'Leary, Jonathan May, Ernst Meckelburg, Drunvalo Melchizedek, Michaela Merten, Prof. Konstantin Meyl, Bärbel Mohr, Dagmar Neubronner, Ramtha, Armin Risi, Walter Russell, H.-J. Scheiner, Chr. Schneider, Hubertus v. Schoenebeck, Barbara Simonsohn, Prof. Kurt Tepperwein, Nikola Tesla, Hans Tolzin, H.-J. Zillmer, Siegfried Zwerenz.